utb 4678

Eine Arbeitsgemeinschaft der Verlage

Böhlau Verlag · Wien · Köln · Weimar
Verlag Barbara Budrich · Opladen · Toronto
facultas · Wien
Wilhelm Fink · Paderborn
A. Francke Verlag · Tübingen
Haupt Verlag · Bern
Verlag Julius Klinkhardt · Bad Heilbrunn
Mohr Siebeck · Tübingen
Nomos Verlagsgesellschaft · Baden-Baden
Ernst Reinhardt Verlag · München · Basel
Ferdinand Schöningh · Paderborn
Eugen Ulmer Verlag · Stuttgart
UVK Verlagsgesellschaft · Konstanz, mit UVK / Lucius · München
Vandenhoeck & Ruprecht · Göttingen · Bristol
Waxmann · Münster · New York

Heinz-Dieter Neef

Taschenwörterbuch
Hebräisch und Aramäisch
zum Alten Testament

Mohr Siebeck

Heinz-Dieter Neef, geboren 1955; Studium der ev. Theologie in Marburg und Tübingen; 1979–1983 Studium semitischer Sprachen in Tübingen; 1985 Promotion; 1993 Habilitation; seit 2000 apl. Professor für Altes Testament an der Evangelisch-theologischen Fakultät der Universität Tübingen.

ISBN 978-3-8252-4678-5 (UTB 4678)

Die Deutsche Nationalbibliothek verzeichnet diese Publikation in der Deutschen Nationalbibliographie; detaillierte bibliographische Daten sind im Internet über *http://dnb.dnb.de* abrufbar.

© 2016 Mohr Siebeck Tübingen.

Das Werk einschließlich aller seiner Teile ist urheberrechtlich geschützt. Jede Verwertung außerhalb der engen Grenzen des Urheberrechtsgesetzes ist ohne Zustimmung des Verlags unzulässig und strafbar. Das gilt insbesondere für Vervielfältigungen, Übersetzungen, Mikroverfilmungen und die Einspeicherung und Verarbeitung in elektronischen Systemen.

Das Buch wurde von Gulde Druck in Tübingen auf alterungsbeständiges Werkdruckpapier gedruckt und gebunden.

Für unsere Kinder, ihre Partner und Familien
John mit Teresa und Tilda
Ann mit Giorgio, Chiara und Naemi
Meike mit Niklas
Joachim mit Maria
und auch
Julian mit Ijeoma und Credo
ברכת יהוה אליכם Psalm 129,8

Vorwort

Das Taschenwörterbuch Hebräisch und Aramäisch zum Alten Testament ist eine Auftragsarbeit des Verlages Mohr Siebeck Tübingen. Der Anstoß dazu ging vom Verlagsleiter Herrn Dr. Henning Ziebritzki aus, dem ich an dieser Stelle herzlich für das entgegengebrachte Vertrauen danke. Ich habe seine Anregung sehr gerne aufgenommen und das Taschenwörterbuch in den Jahren 2013-2016 ausgearbeitet. Die Arbeit wurde kräftig von Herrn stud. theol. Thorben Haase unterstützt. Er hat Wort für Wort des handschriftlichen Manuskriptes in den Computer eingegeben und darüber hinaus viele wertvolle Vorschläge zur Verbesserung des Manuskriptes gemacht. Ich danke ihm aufrichtig für seine entsagungsvolle Arbeit. Ich habe sehr gerne mit ihm zusammengearbeitet. Bei den Korrekturarbeiten haben mich dankenswerterweise meine beiden Tutoren für die Hebräischkurse im Wintersemester 2015/16 und Sommersemester 2016 Frau stud. theol. Britta Jacobi und Herr stud. theol. Yannick Schanz unterstützt. Ich danke ihnen für das genaue Lesen des Manuskriptes und die Beseitigung vieler Fehler. Mein aufrichtiger Dank geht auch an die Mitarbeiter des Verlages Mohr Siebeck, stellvertretend möchte ich Herrn Matthias Spitzner nennen.

Möge das Taschenwörterbuch die Freude am Hebräischen und Aramäischen wachhalten, die Übersetzung alttestamentlicher Texte fördern und so die biblische Botschaft in die Sprache unserer Zeit einbringen.

Tübingen, den 8.6.2016   Heinz-Dieter Neef

Inhaltsverzeichnis

Vorwort VII
Einführung IX
   Die biblischen Bücher – Altes Testament XII
   Hebräische Stammesmodifikationen XIII
   Aramäische Stammesmodifikationen XIII
   Abkürzungen XIII
   Zeichen XIV
I.   Hebräisches Taschenwörterbuch zum Alten Testament 1
II. Biblisch-Aramäisches Taschenwörterbuch zum Alten Testament ... 177
III. Vokabeln nach Häufigkeit 193
   Hebräische Wörter 194
   Biblisch-Aramäische Wörter 201

Einführung

Das Taschenwörterbuch Hebräisch und Aramäisch zum Alten Testament enthält alle Vokabeln des Alten Testaments, d.h. der Hebräischen Bibel, unter Einschluss der aramäischen Teile Gen 31,47; Jer 10,11; Dan 2,4b-7,28; Esr 4,8-6,18; 7,22-26. Ebenso sind alle Eigen-, Orts- und sonstige Namen des Alten Testaments enthalten. Nicht aufgenommen wurden die Vokabeln des Buches Jesus Sirach sowie anderer nichtbiblischer Bücher und Texte, beispielsweise aus Qumran.

Das Taschenwörterbuch versteht sich als Ergänzung und Arbeitshilfe zu den beiden Lehrbüchern „Arbeitsbuch Hebräisch, utb 2429, Tübingen 2015[6]" und „Arbeitsbuch Biblisch-Aramäisch, Tübingen 2009[2]". Es fußt vor allem auf folgender Literatur, wobei die vielen konsultierten Spezialuntersuchungen, Monographien und Kommentare bezüglich textlich und philologisch problematischer Stellen nicht aufgenommen wurden:

Arnet, S., Wortschatz der Hebräischen Bibel. Zweieinhalbtausend Vokabeln alphabetisch und thematisch geordnet, Zürich 2006 (und weitere Auflagen)

Beyse, K.-M./Goßmann, H.-C./Männchen, Julia/Stiegler, S., Wortkunde des Hebräischen, Frankfurt/M 1995

Botterweck, G.J./Ringgren, H./Fabry, H.-J., (Hg.), Theologisches Wörterbuch zum Alten Testament I-X, Stuttgart u.a. 1973-2016

Clines, D.J.A., (Ed.), The Dictionary of Classical Hebrew Volume I – VIII, Sheffield 1993-2001

Dietrich, W./Arnet, S., (Hg.), Konzise und aktualisierte Ausgabe des Hebräischen und Aramäischen Lexikons zum Alten Testament, Leiden u.a. 2013

Fohrer, G./ Hoffmann, H.W./Huber, F./Vollmer, J./ Wanke, G., Hebräisches und aramäisches Wörterbuch zum Alten Testament, Berlin u.a. 1971 (und weitere Auflagen)

Gesenius, W., Hebräisches und Aramäisches Wörterbuch über das Alte Testament, begonnen von Rudolf Meyer, bearbeitet und herausgegeben von Herbert Donner, Heidelberg u.a. 2013[18]

Hoppe, Juni in Zusammenarbeit mit *Josef Tropper*, Hebräisch Lernvokabular, Hebraica et Semitica Didactica 1, Kamen 2009 (und weitere Auflagen)

Jenni, E., Das hebräische Pi‛el. Syntaktisch-semasiologische Untersuchung eine Verbalform im Alten Testament, Zürich 1968

Jenni, E., Nif‛al und Hitpa‛el im Biblisch-Hebräisch, in: ders., Studien zur Sprachwelt des Alten Testaments III, hrsg. von Hanna Jenni, H. P. Mathys und S. Sarasin, Stuttgart 2012, S. 131-303

Jenni,E./Westermann, C. (Hg.), Theologisches Handwörterbuch zum Alten Testament I + II, München 1975^2 + 1976

Lisowsky, G., Konkordanz zum Hebräischen Alten Testament, Stuttgart 1958

Mandelkern, S., Veteris Testamenti Concordantiae Hebraicae atque Chadaicae I + II, Graz 1975 (Nachdruck 1937)

Matheus, F., PONS Kompaktwörterbuch Althebräisch 2006^8

Reymond, P., Dictionnaire d'Hébreu et d'Araméen Bibliques, Marigny-le-Châtel 1991

Stähli, H.-P., Hebräisch Vokabular, Grundwortschatz, Formen, Formenanalyse, Göttingen 1984

Das Taschenwörterbuch kann und möchte die neueren herausragenden wissenschaftlichen Lexika keinesfalls ersetzen. Dem Studenten und der Studentin, dem Pfarrer und der Pfarrerin sowie allen Interessierten ist bei ihrer Arbeit dringend der Gebrauch eines dieser Wörterbücher zu empfehlen. Im Unterschied zu diesen Wörterbüchern soll das *Taschen*wörterbuch „zum Hausgebrauch" dienen, d.h. bei der eigenen – (noch) unwissenschaftlichen – Übersetzung eines biblischen Buches oder Textes, bei Vorbereitungen zu Predigt und Unterricht, beim Übersetzen im kleinen Kreis im Rahmen von Bibelkursen oder Examensgruppen oder auch zur ersten Orientierung bei der Suche nach der Wiedergabe und Bedeutung von Vokabeln.

Bei der Wiedergabe der Übersetzung der Vokabeln wurde eine Auswahl von Übersetzungsmöglichkeiten getroffen. Diese orientiert sich in erster Linie an der Häufigkeit des Vorkommens. Gelegentlich wurde bei der Übersetzung in Klammern die Häufigkeit der Vokabel im Alten Testament angegeben (Zahl + x).

Das Taschenwörterbuch verzichtet auf die Wiedergabe von Bibelstellen. Lediglich bei schwierigen Textstellen wurde die betreffende Textstelle angegeben, um so eine Weiterarbeit zu ermöglichen.

Im III. Teil findet sich eine Zusammenstellung der häufiger vorkommenden und m.E. wichtigen hebräischen und aramäischen Vokabeln. Diese sind in im hebräischen Teil mit einem Kreuz (x) gekennzeichnet. Die Zusammenstellung kann als Ausgangspunkt für die freie Repetition und Erweiterung des eigenen Vokabelschatzes dienen.

Die biblischen Bücher – Altes Testament

Genesis .... Gen	Richter .... Ri
Exodus .... Ex	1. Samuel 1Sam
Leviticus .... Lev	2. Samuel 2Sam
Numeri .... Num	1. Könige 1Kön
Deuteronomium .... Dtn	2. Könige 2Kön
Josua .... Jos	Jesaja .... Jes

Jeremia	Jer	Psalm	Ps
Ezechiel	Ez	Sprüche	Spr
Hosea	Hos	Hiob	Hi
Joel	Jo	Hoheslied	Hhld
Amos	Am	Ruth	Ruth
Obadja	Ob	Klagelieder	Klgl
Jona	Jon	Prediger	Pred
Micha	Mi	Esther	Est
Nahum	Nah	Daniel	Dan
Habakuk	Hab	Esra	Esr
Zephanja	Zeph	Nehemia	Neh
Haggai	Hag	1.Chronik	1Chr
Sacharja	Sach	2.Chronik	2Chr
Maleachi	Mal		

Hebräische Stammesmodifikationen

hi	Hifᶜil	pi	Piᶜel
hištafᶜel	Hištafᶜel	pil	Piᶜlel
hitp	Hitpaᶜel	pilp	Pilpel
hitpalp	Hitpalpel	po	Poᶜel
hitpo	Hitpoᶜel	poᶜal	Poᶜal
hitpol	Hitpolel	pol	Polel
hitpolp	Hitpolpal	polal	Polal
ho	Hofᶜal	polp	Polpal
hotp	Hotpaᶜal	pu	Puᶜal
hotpaᶜel	Hotpaᶜel	pul	Puᶜlal
ni	Nifᶜal	q	Qal
nitp	Nitpaᶜel	q pass	Qal passiv
peᶜ afᶜal	Peᶜalᶜal	tifᶜel	Tifᶜel

Aramäische Stammesmodifikationen

af	Afᶜel	itpa	Itpaᶜel
haf	Hafᶜel	pa	Paᶜel
hištaf	Hištafᶜel	pe	Peᶜal
hitpe	Hitpeᶜel	po	Poᶜal
hitpa	Hitpaᶜel	šaf	Šafᶜel
ho	Hofᶜal		

Abkürzungen

adv.	Adverb	Dem.-Pr.	Demonstrativpronomen
Akk.	Akkusativ	Du.	Dual
architekt	Architektonisch	etw.	etwas
ba.	Biblisch-Aramäisch	f.	für
c.	cum	f. + fem.	Femininum
ca.	circa	g.	Gramm
com	communis	gg.	gegen
cs.	constructus	Imp.	Imperativ

Impf.	Imperfekt
inf.cs	Infinitiv constructus
inf.abs	Infinitiv absolutus
Interj.	Interjektion
jmd./jdn.	jemand(em/en)
K	Ketib
Kj.	Konjektur
koll.	Kollectivum
kult.	kultisch
l	Liter
l	lies
m.	masculinum
metaph.	metaphorisch
militär.	militärisch
n.dei	*nomen dei*
n. fl.	*nomen fluminis*
n. g.	*nomen gentilicium*
n. geogr.	*nomen geographicum*
n. l.	*nomen loci*
n. montis	*nomen montis*
n.populi	*nomen populi*
n. pr. f.	*nomen proprium femininum*
n. pr. m.	*nomen proprium masculinum*

Zeichen

I/II ... gleiche Wurzel bzw. Konsonanten, aber verschiedene Bedeutung
? ... unsicher

n. t.	*nomen terrae*
n. tribus	*nomen tribus*
n.unitatis	*nomen unitatis*
neutr	Neutrum
o.ä.	oder ähnlich
od.	oder
pass.	Passiv
Pl.	Plural
poet.	poetisch
Pron. sep.	*pronomen separatum*
prp	*propositum*
ptz	Partizip
Q	Qere
Schreibf.	Schreibfehler
sep.	*separatum*
Sg.	Singular
st. abs.	*status absolutus*
term. techn.	*terminus technicus*
text. corr.	*textus corruptus*
u.	und
übertr.	übertragen
zeitl.	zeitlich
z.	zum
→	siehe
*	rekonstruiert
<	zusammengesetzt aus

I. Hebräisches Taschenwörterbuch
zum
Alten Testament
Hebräisch - Deutsch

א

אָב (leiblicher) Vater, Stammvater/ Ahnherr (ca. 1200x)
אֵב* Trieb, Knospe
אֹב → אוֹב
אַבַגְתָא Abagtha n. pr. m.
אבד q umherirren, sich verlaufen, sich verlieren, zugrunde gehen, umkommen (117x) pi zugrunde richten, austilgen, verlieren, in die Irre gehen lassen (41x) hi vernichten, verschwinden lassen (26x)
אֹבַד Dauer
אֲבֵדָה etw. Verlorenes
אֲבַדֹּה Unterwelt
אֲבַדּוֹן Untergang, Totenreich, Abgrund
אַבְדָן Vertilgung, Untergang
אבה q wollen, willig sein (54x)
אֵבֶה Papyrusboot
אֲבוֹי Wehe
אֵבוּס Krippe, Futtertrog
אִבְחָה* Schlachtung (?)
אֲבַטִּיחַ* Wassermelone

I אֲבִי o dass doch!
II אֲבִי Abi n. pr. m. → חִירָם
אֲבִי Abi n. pr. f.
אֲבִיאֵל Abiël n. pr. m.
אֲבִיאָסָף Abiasaph n. pr. m.
אָבִיב koll Ähren, Ährenmonat
אֲבִיגַיִל Abigail n. pr. f.
אֲבִידָן Abidan n. pr. m.
אֲבִידָע Abida n. pr. m.

אֲבִיָּה Abia n. pr. m. + f.
אֲבִיָּהוּ Abijahu n. pr. m.
אֲבִיהוּא Abihu n. pr. m.
אֲבִיהוּד Abihud n. pr. m.
אֲבִיחַיִל Abihail n. pr. f.
אֶבְיוֹן arm, elend, unglücklich, Armer (61x)
אֲבִיּוֹנָה Kapernfrucht
אֲבִיחַיִל Abihail n. pr. m.
אֲבִיטוּב Abitub n. pr. m.
אֲבִיטָל Abital n. pr. f.
אֲבִיָּם Abijam n. pr. m.
אֲבִימָאֵל Abimael n. pr. m.
אֲבִימֶלֶךְ Abimelech n. pr. m.
אֲבִינָדָב Abinadab n. pr. m.
אֲבִינֹעַם Abinoam n. pr. m.
אֲבִינֵר Abiner n. pr. m.
אֶבְיָסָף Ebjasaf n. pr. m.
אֲבִיעֶזֶר Abieser n. pr. m.
אֲבִיעֶזְרִי Abiesrit n. g.
אֲבִי־עַלְבוֹן Abialbon n. pr. m.
אָבִיר* Herr (für Jahwe)
אַבִּיר stark, mächtig, Stier
אֲבִירָם Abiram n. pr. m.
אֲבִישַׁג Abisag n. pr. f.
אֲבִישׁוּעַ Abisua n. pr. m.
אֲבִישׁוּר Abisur n. pr. m.
אֲבִישַׁי Abisai n. pr. m.
אֲבִישָׁלוֹם Absalom n. pr. m.
אֶבְיָתָר Ebjatar n. pr. m.
אבך hitp aufwirbeln
I אבל q trauern, klagen (18x) hi in Trauer versetzen (2x) hitp Trauerbräuche beachten (19x)
II אבל q austrocknen, verdorren
I אָבֵל trauernd
II אָבֵל Bestandteil eines n. l. Abel-

	אָבֵל Trauer, Trauerfeier		אֲגַמּוֹן / אַגְמוֹן Schilf, Schilfhalm
	אֲבָל ach, aber, nein		אַגָּן* Schale
	אֻבָל Strom, Fluss, Kanal		אֲגֻדָּה* Schar, Truppe
I	אֶבֶן (f.) Stein, Gewichtstein (ca. 270x)		אגר q (Ernte) einbringen
			אַגַּרְטָל* Gefäß
II	אֶבֶן Bestandteil eines n. l. Eben-		אֶגְרֹף Faust
			אִגֶּרֶת Brief
	אֹבֶן* Töpferscheibe		אד Wasserstrom
	אֲבָנָה → אֲמָנָה		אדב hi verschmachten
	אַבְנֵט Gürtel, Schärpe		אַדְבְּאֵל Adbeel n. pr. m.
	אַבְנֵר Abner n. pr. m.		אֲדַד Hadad n. pr. m.
	אבס q mästen		אִדּוֹ Iddo n. pr. m.
	אֲבַעְבֻּעֹת Geschwüre		אֱדוֹם / אֱדֹם Edom n. pr. m.; n. g.; n. t.
	אֶבֶץ* Ebez n. l.		
	אִבְצָן Ibzan n. pr. m.		אֲדֹמִי → אֲדֹמִי
	אבק ni ringen		אָדוֹן → אֲדֹן
	אָבָק Staub, Ruß		אֲדוֹן / אָדֹן Herr (ca. 770x)
	אֲבָקָה* Gewürzpulver		אֲדוֹרַיִם Adoraim n. l.
	אבר hi sich aufschwingen		אֲדוֹרָם → אֲדֹנִירָם
	אֵבֶר Flügel, Schwinge		אוֹדוֹת → אֹדוֹת
	אֶבְרָה Schwungfeder, Schwinge		אַדִּיר gewaltig, herrlich
			אֲדַלְיָא Adalja n. pr. m.
	אַבְרָהָם Abraham n. pr. m.		אדם q rot sein
	אַבְרֵךְ aufgepasst (o.ä. ?)		pu ptz rot gefärbt
	אַבְרָם Abram n. pr. m.		hi rot sein/ werden
	אֲבִשַׁי → אֲבִישַׁי		hitp sich röten
	אֲבְשָׁלוֹם Absalom n. pr. m.	I	אָדָם Mensch, Menschheit (ca. 540x)
	אֹבֹת Oboth n. l.		
	אָגֵא Age n. pr. m.	II	אָדָם Adam n. l.
	אֲגַג / אֲגָג Agag n. pr. m.		אָדֹם / אָדוֹם rot
	אֲגָגִי ein Agagiter n. g.		אֱדֹם → אֱדוֹם
	אֲגֻדָּה Band, Strick, Bündel, Schar, Gewölbe		אֹדֶם Edelstein, Rubin (?)
			אֲדַמְדָּם* rötlich
	אֱגוֹז Walnuss	I	אֲדָמָה Erde, Ackerboden (ca. 218x)
	אָגוּר Agur n. pr. m.		
	אֲגוֹרָה* Bezahlung	II	אֲדָמָה Adama n. l.
	אֵגֶל* Tropfen		אַדְמָה Adma n. l.
	אֶגְלַיִם Eglaim n. l.		אַדְמוֹנִי / אַדְמֹנִי rot, rotbraun
	אֲגַם Sumpf, Binsen (?)		אַדְמֹנִי
	אָגֵם* traurig		אֲדֹמִי Edomiter n. g.

אֲדָמִי הַנֶּקֶב	Adami–Nekeb n. l.		I	אהל	hi hell scheinen
אֲדָמִים	Adummim n. l.		II	אהל	q mit Zelten weiterziehen
אַדְמָתָא	Admatha n. pr. m.				pi zelten
אֶדֶן*	Fußgestell, Sockel				
אַדָּן	Addan n. l.		I	אֹהֶל	Zelt (ca. 340x)
אֲדֹנָי	Adonai, →Jahwe		II	אֹהֶל	Ohel n. pr. m.
אֲדֹנִי־בֶזֶק	Adonibesek n. pr. m.		III	אהל*	Aloeholz
אֲדֹנִיָּה	Adonia n. pr. m.			אֹהֶל	→ אֵלָה 1Kön 7,45
אֲדֹנִיָּהוּ	Adonijahu n. pr. m.			אָהֳלָה	Ohola n. pr. f.
אֲדֹנִי־צֶדֶק	Adonizedek n. pr. m.			אֲהָלוֹת	→ אהל* III
אֲדֹנִיקָם	Adonikam n. pr. m.			אָהֳלִיאָב	Oholiab n. pr. m.
אֲדֹנִירָם	Adoniram n. pr. m.			אָהֳלִיבָמָה*	Oholibama n. pr. f.; n. g.
אדר	ni sich verherrlichen		I	אֲהָלִים	→ אהל* III
	hi verherrlichen, als mächtig erweisen		II	אֲהָלִים	Eiskraut
				אַהֲרֹן	Aaron n. pr. m.
אֲדָר	Adar (Monatsname, Februar/ März)			אוֹ	od., אוֹ...אוֹ sei es...sei es (ca. 300x)
אַדָּר	Addar n. pr. m.; n. l.			אוּאֵל	Uël n. pr. m.
אֶדֶר	Herrlichkeit			אוֹב	Grube, Totengeist (?)
אֲדַרְכּוֹן*	Dareike (pers. Goldmünze)			אוֹבִיל	Obil n. pr. m.
				אוּד	Holzscheit, Brandscheit
אֲדֹרָם	Adoram n. pr. m.			אֵאדוֹת/*	Veranlassung, immer
אַדְרַמֶּלֶךְ	Adrammelech n. pr. m.			עַל אֹדוֹת	mit wegen, um willen
אֶדְרֶעִי	Edrei n. l.		I	אוה	pi wünschen, begehren hitp gelüsten nach
אַדֶּרֶת	Herrlichkeit, Pracht				
אדש	q dreschen		II	אוה	hitp sich niederlassen
אהב	q lieben (ca. 190x) ni liebenswert, liebenswürdig (1x) pi ptz Freund, Liebhaber (16x)			אַוָּה*	Begehren (7x)
				אוּזַי	Usai n. pr. m.
				אוּזָל	Uzal n. l.
				אֱוִי	Evi n. pr. m.
				אוֹי	wehe!
אַהַב*	Liebesgeschenke, Liebreiz			אוֹיָה	wehe!
				אֱוִיל	närrisch, Tor, Dummkopf
אֹהַב*	Liebe, Liebesfreuden				
אַהֲבָה	Liebe (40x)			אֱוִיל מְרֹדַךְ	Ewil-Merodach n. pr. m.
אֹהַד	Ohad n. pr. m.			אוּל*	Leib, Wanst
אֲהָהּ	ach!, wehe!			אֱוִלִי	töricht, schlecht, unbrauchbar
אֲהָוָא	Ahawa n. l.; n. fl.				
אֵהוּד	Ehud n. pr. m.		I	אוּלַי	vielleicht (45x)
אֱהִי	(?) Wo?		II	אוּלַי	Ulai n. fl.

I	אוּלָם	hingegen, nichtsdestoweniger			ungs-, Wunderzeichen (79x)
II	אוּלָם	→ אֵילָם*		*אוֹת	q willfahren
III	אוּלָם	Ulam n. pr. m.		אָז	damals, dann (141x)
	אִוֶּלֶת	Torheit, Dummheit		אֵזוֹב	→ אָזוֹב
	אוֹמָר	Omar n. pr. m.		*אֶזְבַּי	Esbai n. pr. m.
	אָוֶן	Unrecht, Unheil, Frevel, Lüge (77x)		אָזוֹב/אֵזוֹב	Ysop (Wedel)
I	אוֹן	Vermögen, Kraft		אֵזוֹר	Schurz
II	אוֹן	On n. pr. m.		אֲזַי	dann (Nebenform zu אָז)
	אֹנוֹ / אוֹנוֹ	Ono n. l.		אַזְכָּרָה	Azkara (der Gott zuerkannte Teil d. Opfers)
	אוֹנָם	Onam n. pr. m.			
	אוֹנָן	Onan n. pr. m.	I	אזל	q fortgehen, schwinden
	אוּפָז	Uphas n. l.; n. t.	II	אזל	pu gesponnen (?)
	אוֹפִיר / אוֹפִר	Ophir n. pr. m.; n. l.		*אָזֵל	l הַלָּאז der da
	אוֹפָן / אוֹפַן	Rad	I	אזן	hi hören, hinhören (39x)
	אוץ	q drängen, bedrücken hi in jmd. dringen	II	אזן	pi wägen
				*אֹזֶן	Gerät
	אוֹצָר	Vorrat, Vorratsraum, Schatz		אֹזֶן	Ohr (188x)
				אֹזֶן שֶׁאֱרָה	Ussen-Seera n. l.
	אור	q hell sein, werden, leuchten (6x) ni erleuchtet werden (2x) hi leuchten lassen, erleuchten (33x)		אַזְנוֹת תָּבוֹר	Asnot Thabor n. l.
				אָזְנִי	Osni n. pr. m.; n. g.
				אֲזַנְיָה	Azanja n. pr. m.
				*אֲזִקִּים	Handfesseln
	אוֹר	Licht, Lebenslicht (122x)		אזר	q umgürten, schürzen ni umgürtet werden pi umgürten hitp sich gürten
I	אוּר	Lichtschein, Feuer			
II	אוּר	Los (Orakel)			
III	אוּר	Ur n. l.		אֶזְרוֹעַ	Arm
IV	אוּר	Ur n. pr. m.		אֶזְרָח	Einheimischer, Vollbürger
I	אוֹרָה	Licht, Glück			
II	אוֹרָה	Kraut: Malve (?)		אֶזְרָחִי	Esrachiter n. g.
	אֲוֵרוֹת	→ אֲרָוָה	I	אָח	Bruder, Stammesgenosse (630x)
	אוּרִי	Uri n. pr. m.			
	אוּרִיאֵל	Uriel n. pr. m.	II	אָח	ach! wehe!
	אוּרִיָּה	Uria n. pr. m.		אָח*	Kohlenbecken
	אוּרִיָּהוּ	Urijahu n. pr. m.		אֹחַ	Eule (?), Hyäne (?)
K	אֲרוֹנָא	→ אֲרַוְנָה Q		אַחְאָב	Ahab n. pr. m.
	אוֹת	Zeichen, Feld-, Erinner-		אֶחָב	→ אַחְאָב
				אַחְבָּן	Achban n. pr. m.

אחד

	אחד	hitp sich rückwärts wenden (?)
	אֶחָד	einer, eine, eines, erster, irgendeiner (970x)
	אָחוּ	Sumpf-, Riedgras
	אֵחוּד	→ אֵהוּד
I	אַחֲוָה	Bruderschaft, Kongregation
II	אַחֲוָה	Darlegung
	אָחוּז*	eingebaut, Auflager (bautechn. Ausdruck)
	אָחוֹחַ	Ahoach n. pr. m.
	אֲחוֹחִי	Ahoachiter n. g.
	אֲחוּמַי	Ahumai n. pr. m.
	אָחוֹר	Rückseite, hinten, Westen
	אָחוֹת	Schwester, Geliebte, Stammesgenossin (114x)
	אחז	q ergreifen, etw. halten, festhalten (56x) ni ergriffen, gefangen werden (7x) pi überziehen (1x) ho gefasst (1x)
	אָחָז	Ahas n. pr. m.
	אָחֻז*	haltend
	אֲחֻזָּה	Besitz, Grundbesitz
	אַחְזַי	Achsai n. pr. m.
	אֲחַזְיָהוּ	Achasjahu n. pr. m.
	אֲחֻזָּם	Ahusam n. pr. m.
	אֲחֻזַּת	Ahussat n. pr. m.
	אֲחֹתִי	→ אֲחוֹחִי
	אֵחִי	Ehi n. pr. m.
	אֲחִי	Ahi n. pr. m.
	אֲחִיאָם	Ahiam n. pr. m.
	אֲחִיָּה	Ahia n. pr. m.
	אֲחִיָּהוּ	Ahijahu n. pr. m.
	אֲחִיהוּד	Ahihud n. pr. m.
	אַחְיוֹ	Achjo n. pr. m.
	אֲחִיחֻד	Ahihud n. pr. m.
	אֲחִיטוּב/ אֲחִטוּב	Ahitub n. pr. m.
	אֱחִילוּד	Ahilud n. pr. m.
	אֲחִימוֹת	Ahimot n. pr. m.
	אֲחִימֶלֶךְ	Ahimelech n. pr. m.
	אֲחִימַן/ אֲחִימָן	Ahiman n. pr. m.
	אֲחִימַעַץ	Ahimaaz n. pr. m.
	אַחְיָן	Achjam n. pr. m.
	אֲחִינָדָב	Ahinadab n. pr. m.
	אֲחִינֹעַם	Ahinoam n. pr. m.
	אֲחִיסָמָךְ	Ahisamach n. pr. m.
	אֲחִיעֶזֶר	Ahiezer n. pr. m.
	אֲחִיקָם	Ahikam n. pr. m.
	אֲחִירָם	Ahiram n. pr. m.
	אֲחִירָמִי	Ahiramiter n. g.
	אֲחִירַע	Ahira n. pr. m.
	אֲחִישַׁחַר	Ahischahar n. pr. m.
	אֲחִיתֹפֶל	Ahitophel n. pr. m.
	אַחְלָב	Achlab n. l.
	אַחֲלֵי/ אַחֲלַי	ach, dass doch
	אַחְלַי*	Achlai n. pr. m.
	אַחְלָמָה*	roter Edelstein, Amethyst (?)
	אֲחַסְבַּי	Ahasbai n. pr. m.
	אחר	q verweilen, zögern pi zögern, säumen hi (?) zögern
I	אַחֵר	folgender, zweiter, ein anderer, fremd (166x)
II	אַחֵר	Aher n. pr. m.
	אַחַר	Sg. hinten, hinter, nachdem Pl. Ende, hinter, nachdem (ca. 700x)
	אַחֲרוֹן	hinterer, letzter, zweiter, künftig
	אַחְרַח	Achrach n. pr. m.
	אֲחַרְחֵל	Aharhel n. pr. m.
	אַחֲרֵי	zuletzt, nachher
	אַחֲרֵיכֵן	danach

	אַחֲרִית	Ende, Schluss, Rest, Nachkommen (61x)		אִיכָבוֹד	Ikabod *n. pr. m.*
	אֲחֹרַנִּית	rückwärts, rücklings		אֵיכָה	wie? wo?
	אֲחַשְׁדַּרְפָּן*	Satrapen, Statthalter		אֵיכֹה	wo?
	אֲחַשְׁוֵרוֹשׁ/אֲחַשְׁוֵרֹשׁ	Ahasver, Xerxes I *n. pr. m.* (486-465/4)	I	אַיִל	wie? Widder, Mächtiger, Gewalthaber
	אֲחַשְׁרֵשׁ	→ אֲחַשְׁוֵרוֹשׁ	II	אַיִל	großer, gewaltiger Baum, Terebinthe
	אֲחַשְׁתָּרִי*	Ahastariter *n. g.*	III	אַיִל	Wandpfeiler, Torpfeiler
	אֲחַשְׁתְּרָן*	herrschaftlich, königlich		אֵיל פָּארָן	El-Pharan *n. l.*
	אַט	leise, sanft		אֱיָל	Kraft
	אַט	→ אִטִּים		אַיָּל	Reh, Dammhirsch
	אָטָד	Bocksdorn (Pflanze)		אַיָּלָה	weibl. Reh, Ricke od. Hirschkuh, Hinde
	אֵטוּן	Leinwand			
	אטט	murmeln, leise knurren → אַט		אֵילוֹ	→ אִי II
	אִטִּים	Totengeist		אַיָּלוֹן	Ajjalon *n. l.*
	אטם	*q* verstopfen, verschließen	I	אֵילוֹן	Elon *n. pr. m.*
	אטר	*q* schließen	II	אֵילוֹן	Elon *n. l.*
	אֵטֶר	Ater *n. pr. m.*		אֵילוֹת	→ אֵילַת
	אִטֵּר	verkrümmt, gelähmt		אֱיָלוּת*	Stärke, Hilfe
	אֵי / אַי	wo? was? welcher? (39x)		אוּלָם*	Vorhalle, Ulam (im Tempel Salomos)
I	אִי*	Heuler, Schakal		אֵילִם	Elim *n. l.*
II	אִי	wehe!		אֵילַת / אֵילוֹת	Elat *n. l.*
III	אִי	Küstenland, Insel		אַיֶּלֶת	→ אַיָּלָה
IV	אִי	nicht		אָיֹם	schrecklich, furchtbar
	איב	*jmd.* feind sein		אֵימָה	Schrecken, Angst
	אֹיֵב / אוֹיֵב	Gegner, Widersacher, Feind, Feindin (ca. 280x)	I	אֵימִים / אֲמִים	Emiter *n. g.*
	אֵיבָה	Feindschaft, Feindseligkeit	II	אַיִן	Nichtvorhandensein, nicht, ohne (ca 780x)
	אֵיד	Unglück, Not, Verderben		אַיִן*	woher? wo?
I	אַיָּה	Greifvogel: Geier, Milan, Falke, Bussard		אִין	→ אַי (?)
II	אַיָּה	Ajja *n. pr. m.*		אִיעֶזֶר	Jeser *n. pr. m.*
	אַיֵּה	wo? (45x)		אִיעֶזְרִי	Jesrit *n. g.*
	אִיּוֹב	Hiob *n. pr. m.*		אֵיפָה / אֵפָה	Epha, Trockenmaß
	אִיזֶבֶל	Isebel *n. pr. f.*		אֵיפֹה	wo?
	אֵיךְ	wie? wie!		אֵיפוֹא	→ אֵפוֹא
				אִישׁ	Mann, Mensch; jeder (ca. 2160x)
				אִישׁ בֹּשֶׁת	Isch-Boschet *n. pr. m.*

	אִישָׁהוֹד	Ischhod *n. pr. m.*		אֲכְשָׁף	Achschaph *n. l.*
	אִישׁוֹן	Augapfel, Pupille		אַל	nicht (ca. 730x)
	אִישׁ טוֹב	Istob *n. pr. m.*	I	אֵל	Stärke, Gewalt
	אִישַׁי	Isai *n. pr. m.*	II	אֵל	Gott, El (236x)
	אִיתוֹן	Eingang	III	אֵל	diese → אֵלֶּה
	אִיתַי	Itai *n. pr. m.*		אֶל־	zu, nach, in Richtung auf
	אִיתִיאֵל	Itiel *n. pr. m.*			(ca. 5500x)
	אִיתָמָר	Ithamar *n. pr. m.*		אֵלָא	Ela *n. pr. m.*
I	אֵיתָן / אִיתָן	ständig fließend, dauerhaft		אֶלְגָּבִישׁ	Hagel, Eisstücke
				אַלְגּוּמִּים	→ אַלְמֻגִּים
II	אֵיתָן	Ethan *n. pr. m.*		אֶלְדָּד	Eldad *n. pr. m.*
	אַךְ	gewiss, ja!, allein, nur, aber (ca. 160x)		אֶלְדָּעָה	Eldaa *n. pr. m.*
				אֱלֹהַּ	→ אֱלוֹהַּ
	אַכַּד	Akkad *n. l.*	I	אלה	*q* fluchen
	אָכְזָב	trügerisch			*hi jmd.* schwören lassen, *jmd.* eine Selbstverfluchung auferlegen
	אַכְזִיב	Achsib *n. l.*			
	אַכְזָר	tapfer, hart, grausam			
	אַכְזָרִי	tapfer, hart, schrecklich			
	אַכְזְרִיּוּת*	Grausamkeit	II	אלה	*q* wehklagen
	אֲכִילָה	Essen	III	אלה	→ יאל II
	אָכִישׁ	Achis *n. pr. m.*		אָלָה	Fluch, Verfluchung
	אכל	*q* essen, fressen (ca. 740x); *q pass* verzehrt werden (4x) *ni* gegessen werden, verzehrt werden (41x) *pu* → *q pass* (4x) *hi jmd. etw.* zu essen geben, genießen lassen (19x)	I	אֵלָה	großer Baum, Terebinthe
			II	אֵלָה	Ela *n. pr. m.; n. l.*
				אַלָּה	Terebinthe; → אֵלָה I
				אֵלֶּה	diese (Dem.-Pr. Pl. com) (ca.740x)
				אֱלֹהַּ	→ אֱלוֹהַּ
				אֱלֹהִים	Gott, Götter (ca. 2600x)
				אִלּוּ	wenn
				אֱלוֹהַּ	Gott (57x)
	אֹכֶל	Essen, Speise, Nahrung		אֱלוּל	Monatsname: Elul (August/ September)
	אָכָל*	Uchal *n. pr. m.* (?) od. Impf. von יכל (?)			
			I	אַלּוֹן	großer Baum, Terebinthe
	אָכְלָה	Essen, Speise, Nahrung	II	אַלּוֹן	Elon *n. pr. m.*
	אָכֵן	ja! gewiss!, aber, dennoch	I	אַלּוֹן	großer Baum, Eiche
			II	אַלּוֹן	Allon *n. pr. m.*
	אכף	*q* bedrängen, *jmd.* zusetzen	I	אַלּוּף	vertraut, Freund
			II	אַלּוּף	Stammesoberhaupt, Häuptling
	אֶכֶף*	Drängen			
	אִכָּר	Bauer, Landarbeiter		אָלוּשׁ	Alus *n. l.*

אֵלוֹת → אֵילַת
אֶלְזָבָד Elsabad *n. pr. m.*
אלח *ni* verdorben sein
אֶלְחָנָן Elhanan *n. pr. m.*
אֱלִיאָב Eliab *n. pr. m.*
אֱלִיאֵל Eliël *n. pr. m.*
אֱלִיאָתָה Eliatha *n. pr. m.*
אֱלִידָד Elidad *n. pr. m.*
אֶלְיָדָע Eljada *n. pr. m.*
אַלְיָה Fettschwanz d. Fettschwanzschafes
אֵלִיָּה Elia *n. pr. m.* → אֵלִיָּהוּ
אֵלִיָּהוּ Elia *n. pr. m.*
אֱלִיהוּ Elihu *n. pr. m.*
אֱלִיהוּא Elihu *n. pr. m.*
אֶלְיְהוֹעֵינַי Eljehoënaj *n. pr. m.*
אֶלְיוֹעֵינַי /אֶלְיוֹעֵנַי Eljoënaj *n. pr. m.*
אֶלְיַחְבָּא Eljachba *n. pr. m.*
אֱלִיחֹרֶף Elihoreph *n. pr. m.*
אֱלִיל / אֱלַל Nichtigkeit, Götze, Nichts
אֱלִימֶלֶךְ Elimelech *n. pr. m.*
אֶלְיָסָף Eljasaph *n. pr. m.*
אֱלִיעֶזֶר Eliëser *n. pr. m.*
אֱלִיעֵינַי Eliënaj *n. pr. m.*
אֱלִיעָם Eliam *n. pr. m.*
אֱלִיפַז Eliphas *n. pr. m.*
אֱלִיפָל Eliphal *n. pr. m.*
אֱלִיפְלֵהוּ Eliphelehu *n. pr. m.*
אֱלִיפֶלֶט Eliphelet *n. pr. m.*
אֱלִיצוּר Elizur *n. pr. m.*
אֱלִיצָפָן Elizaphan *n. pr. m.*
אֱלִיקָא Elika *n. pr. m.*
אֶלְיָקִים Eljakim *n. pr. m.*
אֱלִישֶׁבַע Elischeba *n. pr. f.*
אֱלִישָׁה Elisa *n. pr. m.*
אֱלִישׁוּעַ Elischua *n. pr. m.*

אֶלְיָשִׁיב Eljaschib *n. pr. m.*
אֱלִישָׁמָע Elischama *n. pr. m.*
אֱלִישָׁע Elisa *n. pr. m.*
אֱלִישָׁפָט Elischaphat *n. pr. m.*
אֱלִיאָתָה Eliatha *n. pr. m.* → אֱלִיאָתָה
*אלל q schwach sein → אֱלִיל
אֱלָל → אֱלִיל
אַלְלַי wehe!
I אלם *pi* Garben binden
II אלם *ni* stumm sein, verstummen
אֹלֶם Verstummen (?)
אִלֵּם stumm
אֻלָם → אוּלָם I
אֻלָם → אֵילָם
אַלְמֻגִּים Edelholzart, Almuggimholz
*אֲלֻמָּה Garbe
אַלְמוֹדָד Almodad *n. pr. m.*
אַלַּמֶּלֶךְ Allammelech *n. l.*
אַלְמָן Witwer
אַלְמֹן Witwenschaft
אַלְמָנָה Witwe (55x)
*אַלְמָנוּת Witwenschaft
אַלְמֹנִי < אַל־מֹנֶה nicht zählend ein bestimmter, ein gewisser
אַלֹּן → אֵילוֹן
*אֵלֹנִי Eloniter *n. g.*
*אֶלְנַעַם Elnaam *n. pr. m.*
אֶלְנָתָן Elnathan *n. pr. m.*
אֶלָּסָר Ellasar *n. l.*
אֶלְעָד Elead *n. pr. m.*
אֶלְעָדָה Eleada *n. pr. m.*
אֶלְעוּזַי Elusai *n. pr. m.*
אֶלְעָזָר Eleasar *n. pr. m.*

	אֶלְעָלֵה/	Eleale *n. l.*		III	אָמוֹן	Amon (Gottesname)
	אֶלְעָלָא				אָמוֹן	zuverlässig, treu
	אֶלְעָשָׂה	Eleasa *n. pr. m.*			אָמוֹן	→ אָמֵן
I	אלף	*q* kennenlernen *pi* lehren, belehren			אֱמוּנָה	Festigkeit, Treue, Redlichkeit (49x)
II	אלף	*hi* sich tausendfach mehren			אָמוֹץ	Amos *n. pr. m.*
I	אֶלֶף*	Rind			אַמּוֹת	1 מֵאוֹת (Ez 42,16)
II	אֶלֶף	tausend (ca. 490x)			אַמִּי	Ami *n. pr. m.*
III	אֶלֶף	Tausendschaft			אֵימִים	→ אֵימִים
IV	אֶלֶף	Elef *n. l.*			אַמִּינוֹן	Amnon *n. pr. m.*
	אֶלְפָּלֶט	→ אֱלִיפֶלֶט			אַמִּיץ / אַמִּץ	stark
	אֶלְפַּעַל	Elpaal *n. pr. m.*			אָמִיר	Zweig, Geäst
	אלץ	*pi* bedrängen			אמל	*pul* verwelken, welken
	אֶלְצָפָן	Elzaphan *n. pr. m.*			אָמֵל*	fieberheiß
	אַלְקוּם	Aufgebot (?)			אֲמָלָל	schwach, verschmachtend
	אֶלְקָנָה	Elkana *n. pr. m.*			אֻמְלָל	elend, ohnmächtig
	אֶלְקֹשׁ*	Elkos *n. l.*			אָמָם	Amam *n. l.*
	אֶלְקֹשִׁי	Elkosit *n. g.*			אמן	*q ptz* Erzieher, Wärter, gestützt
	אֶלְתּוֹלַד	Eltholad *n. l.*				*ni* fest, beständig sein, treu sein (45x)
	אֶלְתְּקֵה/	Eltheke *n. l.*				*hi* glauben, vertrauen (51x)
	אֶלְתְּקָא					
	אֶלְתְּקֹן	Eltekon *n. l.*			אָמָּן	Handwerker, Künstler
	אֵם	Mutter (220x)			אָמֵן	zuverlässig, wahrlich, gewiß (30x)
	אִם	wenn, ach wenn doch, als, ob; אִם ... הֲ entweder ... oder; אִם ... אִם sei es ... sei es (ca. 1060x)			אָמוֹן	→ אָמוֹן II
					אֹמֶן	Wahrheit, Treue, Zuverlässigkeit
	אָמָה	Sklavin, Nebenfrau (56x)			אֹמֶן	Zuverlässigkeit
I	אַמָּה	Elle (ca. 50 cm), Türzapfen		I	אֲמָנָה	Abmachung, Anordnung
				II	אֲמָנָה	Amana *n. t.; n. fl.*
II	אַמָּה	Amma *n. l.*		I	אֲמָנָה	Wahrheit
	אִמָּה	→ אֵימָה		II	אָמְנָה	Pflege, Erziehung
	אֻמָּה*	Stamm, Geschlecht			אֲמָנָה	→ אֱמוּנָה
I	אָמוֹן	Werkmeister, Liebling (Spr 8, 30)			אֲמָנָה*	Pfeiler, Türpfosten (?)
					אַמְנוֹן / אַמְנֹן	Amnon *n. pr. m.*
II	אָמוֹן	Amon *n. pr. m.*			אָמְנָם	gewiss, wahrlich
					אֻמְנָם	immer mit הֲ: הַאֻמְנָם

		wirklich?		אָנָה / אָנָּא	ach!
	אַמְנוֹן	→ אַמְנוֹן	I	אנה	q klagen
	אמץ	q kräftig, mutig sein, stark sein (16x) pi stark machen (19x) hitp sich stark zeigen (4x) hi stark, unverzagt sein (2x)	II	אנה	pi widerfahren lassen pu begegnen, widerfahren hitp Gelegenheit suchen
				אֲנָה*	Klage, Trauer
				אָנָה	wo? wohin?
				אָנָּה	→ אָנָּא
	*אָמֹץ	gescheckt (Pferde)		אֲנַחְנוּ	→ אֲנַחְנוּ
	אַמִּיץ	→ אַמִּיץ		אֱנָשׁ / אֱנוֹשׁ	unheilbar, unheilvoll
	אֹמֶץ	Kraft	I	אֱנוֹשׁ	Mensch (41x)
	אַמְצָה	Kraft, Stärke	II	אֱנוֹשׁ	Enos n. pr. m.
	אַמְצִי	Amzi n. pr. m.		אנח	ni seufzen, stöhnen hitp seufzen
	אֲמַצְיָה	Amazja n. pr. m.			
	אֲמַצְיָהוּ	Amazjahu n. pr. m.		אֲנָחָה	Seufzer, Seufzen
I	אמר	q sprechen, sagen (ca. 5800x) ni gesagt, mitgeteilt werden (20x) hi erklären (2x)		אֲנַחְנוּ	wir
				אֲנָחֲרַת	Anaharath n. l.
				אֲנִי	ich (ca. 870x)
				אֳנִי	koll. Schiffe, Flotte
II	אמר	hitp sich erheben, sich brüsten		אֳנִיָּה	Schiff
				אֲנִיָּה	Trauer, Klage
	אֹמֶר	→ אָמֵר		אֲנִיעָם	Aniam n. pr. m.
I	אָמֵר	Immer n. pr. m.		אֲנָךְ	Blei, Bleigewicht
II	אִמֵּר	Immer n. l.		אָנֹכִי	ich (ca 360x)
	אוֹמֶר / אֹמֶר	Spruch, Wort		אנן	hitpo klagen, sich beklagen
	אִמְרָה*	Rede, Wort		אנס	q nötigen, drängen ni belästigt werden
	אֱמֹרִי	Amoriter n. g.			
	אִמְרִי	Imri n. pr. m.		אנף	q zürnen hitp zürnen, Zorn empfinden
	אֲמַרְיָה	Amarja n. pr. m.			
	אֲמַרְיָהוּ	Amarjahu n. pr. m.			
	אַמְרָפֶל	Amraphel n. pr. m.		אֲנָפָה	Reiher (?)
	אֶמֶשׁ	gestern Abend		אנק	q stöhnen ni stöhnen
	אֱמֶת	Beständigkeit, Wahrheit, Treue (ca. 125x)			
			I	אֲנָקָה	Stöhnen
	*אַמְתַּחַת	Sack, Ladung	II	אֲנָקָה	Gecko (Eidechsenart)
	אֲמִתַּי	Amittai n. pr. m.		אנשׁ	ni schwer krank werden
	אָן	wo? wohin?		אֱנָשׁ	Schwäche, Unglück
	אָן / אוֹן	On n. l.		אֲנָשִׁים	→ אִישׁ

אָסָא Asa n. pr. m.
אָסוּךְ Gefäß, kleiner Krug
אָסוֹן tödlicher Unfall
אָסוּר Band, Fessel
אָסִיף/אָסֻף Einsammeln, Einbringen
אָסִיר Gefangener
I אַסִּיר/אָסִיר Gefangener
II אַסִּיר Assir n. pr. m.
אסם* q aufhäufen, speichern
אָסָם* Vorratskammer, Speicher
אַסְנָה Asna n. pr. m.
אָסְנַת Asnath n. pr. f.
אסף q sammeln (103x)
ni gesammelt werden, sich sammeln (81x)
pi ernten, Nachlese halten (8x)
pu eingesammelt werden (5x)
hitp sich versammeln (1x)
אָסָף Asaph n. pr. m.
אָסֻף → אָסִיף
אָסֹף* Vorräte
אֹסֶף Einsammeln, Obstlese
אֲסֵפָה Einkerkerung
אֲסֻפָּה* Sammlung
אֲסַפְסֻף* Gesindel
אַסְפָּתָא Aspata n. pr. m.
אסר q binden (65x)
q pass gefangengenommen werden (2x)
ni gefesselt werden (5x)
pu → q pass
אִסָּר Enthaltungsgelübde
אַסֵּר → אַסִּיר
אֵסַר־חַדֹּן Asarhaddon n. pr. m.
אֶסְתֵּר Esther n. pr. f.

I אַף auch, ja, sogar (133x)
II אַף Nase, Zorn (ca. 270x)
אפד q jmd. den Ephod anlegen
I אֵפֹד → אֵפוֹד
II אֵפֹד Ephod n. pr. m.
אֲפֻדָּה* Anlegen des Ephod, Überzug
אַפֶּדֶן* Palast
אפה q backen
ni gebacken werden
אֵפָה → אֵיפָה
אֹפֶה Bäcker
אֵפוֹא/אֵפוֹ nun, denn, also (zur Hervorhebung)
אֵפוֹד/אֵפֹד Ephod (Priestergewand)
אָפוּנָה → פון
אַפִּיחַ Aphia n. pr. m.
אָפִיל* spätzeitig
אַפַּיִם Appaim n. pr. m.
אָפִיק Bachrinne, Flussbett, Rohr
אָפִיק* stark
אֲפִיק → אֲפֵק
אֹפֶל Dunkelheit, dunkel
אֲפֵל Finsternis, Dunkelheit
אֲפֵלָה Finsternis
אֶפְלָל Ephlal n. pr. m.
אֹפֶן* (rechte) Zeit
אפס q aufhören, ein Ende haben
אֶפֶס Ende, Grenze, Nichts (43x) אֶפֶס כִּי nur dass
אֶפֶס דַּמִּים Ephes–Dammim n. pr. m.
אֹפֶס Knöchel
אֶפַע Wertloses (?)
אֶפְעֶה Schlangenart, Otter (?)
אפף q umgeben
אפק hitp sich stark machen,

		wagen			*pi* Leute in den Hinterhalt legen
	אֲפֵקָה	Apheka *n. l.*			*hi* einen Hinterhalt legen
	אֵפֶר	Erde, Staub		אֲרָב	Arab *n. l.*
	אֵפֶר	Binde		אֹרֶב*	Versteck, Schlupfwinkel
	אֶפְרֹחַ*	junge Vögel, Brut		אֶרֶב*	Hinterhalt
	אַפִּרְיוֹן	Tragsessel, Sänfte		אֹרֶב	→ ארב *q*
	אֶפְרַיִם	Ephraim *n. pr. m.; n. l.; n. t.*		אַרְבְּאֵל	→ בֵּית אַרְבֵּאל
	אֶפְרָתָה/ אֶפְרָת	Ephrata, Ephrat *n. pr. f.; n. l.*		אַרְבֶּה	Heuschrecke
				אָרְבָּה*	Gewandtheit (?)
	אֶפְרָתִי	Ephratiter *n. g.*		אֲרֻבָּה	Luke, Himmelsfenster
	אֶצְבּוֹן/ אַצְבֹּן	Ezbon *n. pr. m.*		אֲרֻבּוֹת	Arubbot *n. l.*
	אֶצְבַּע	Finger		אַרְבִּי*	Arbiter *n. g.*
I	אָצִיל*	Rand	I	אַרְבַּע	vier
II	אָצִיל	vornehm, edel	II	אַרְבַּע	Arba *n. pr. m.*
	אַצִּיל*	Gelenk		אַרְבָּעִים	vierzig
	אצל	*q* zurückhalten, wegnehmen		אַרְבַּעְתָּיִם*	vierfach
		ni terrassieren		ארג	*q* weben
	אֵצֶל*	Seite		אֶרֶג	Weberschiffchen
	אָצֵל	(?) lies אֶצְלוֹ (?; Sach 14,5)		אֹרֵג	Weber
				אַרְגָּב*	Erdhaufen
	אָצֵל	Azel *n. pr. m.*		אַרְגֹּב	Argob *n. t.*
	אֲצַלְיָהוּ	Azaljahu *n. pr. m.*		אַרְגָּמָן	→ אַרְגְּוָן
	אֹצֶם	Ozem *n. pr. m.*		אַרְגָּז	Behälter, Sack, Satteltasche
	אֶצְעָדָה	Armring, Armspange		אַרְגִּיעָה	→ רגע I *hi*
	אצר	*q* aufhäufen		אַרְגָּמָן	(mit rotem Purpur gefärbte) Wolle
		ni aufgehäuft werden *hi* anhäufen lassen (?)		אַרְדְּ	Ard *n. pr. m.*
	אֶצֶר	Ezer *n. pr. m.*		אַרְדּוֹן	Ardon *n. pr. m.*
	אֶקְדָּח	Edelstein, Beryll (?)		אַרְדִּי	Arditer *n. g.*
	אַקּוֹ	Wildziege		אֲרָדִי	Aridai *n. pr. m.*
	אֹר	→ אוֹר u. יְאֹר		ארה	*q* pflücken, sammeln
	אָרָא	Ara *n. pr. m.*		אֲרוֹד	Arod *n. pr. m.*
	אֲרִיאֵל	→ אֲרִיאֵל		אַרְוַד	Arwad *n. l.*
	אֲרִאֵל	→ אֲרִיאֵל		אֲרוֹדִי	Arodi *n. pr. m.; n. g.*
	אַרְאֵלִי	Areli *n. pr. m.; n. g.*		אַרְוָדִי	Arwaditer *n. g.*
	אֶרְאֶלָם	1. אֶרְאֵלִים Helden (?)		אֻרְוָה*	Krippe, Stall
	ארב	*q* lauern, im Hinterhalt liegen		אָרוּז*	fest
				אֲרוּכָה/ אֲרֻכָה	Heilung, Ausbesserung

אֲרוּמָה* Aruma n. l.
אֲרוֹמִים l. אֲדוֹמִים (2Kön 16,6)
אֲרוֹן Kasten, Lade (ca. 200x)
אֲרַוְנָה Arauna n. pr. m.
אֶרֶז Zeder
אַרְזָה koll. Täfelung aus Zedernholz
ארח q wandern, dahinziehen
אָרַח Arach n. pr. m.
אֹרַח Weg, Pfad
אֹרְחָה koll. Reisegesellschaft, Karawane
אֲרֻחָה Unterhalt, Wegzehrung
אֲרִי Löwe (35x)
אֲרִי → אוּרִי
I אֲרִיאֵל Opferherd, Ariël n. pr. m. (metaph. für Jerusalem)
II אֲרִיאֵל Führer, Held
III אֲרִיאֵל Ariël n. pr. m.
אֲרִידָתָא Aridatha n. pr. m.
I אַרְיֵה Löwe (65x)
II אַרְיֵה* Arje n. pr. m.
אַרְיָה* → אָרְוָה*
אַרְיוֹךְ Arioch n. pr. m.
אֲרִים → אוּר I
אֲרִיסַי Arisai n. pr. m.
ארך q lang sein, werden hi lang machen, verlängern
אָרֵךְ* → אָרֹךְ*
אָרֹךְ* lang, lange (zeitl.)
אֶרֶךְ Erech, Uruk n. l.
אֹרֶךְ Länge
אֲרֻכָה → אֲרוּכָה
אַרְכִּי Arkiter n. g.
אֲרָם Aram n. pr. m.; n. t.
אַרְמוֹן Wohnturm, Palast
אֲרַמִּי* Aramäer n. g.
אֲרַמִּים l אֲדֹמִים (2Kön 16,6)

אֲרָמִית auf aramäisch
אַרְמֹנִי Armoni n. pr. m.
אֲרָן Aran n. pr. m.
I אֹרֶן Lorbeerbaum
II אֹרֶן Oren n. pr. m.
אַרְנֶבֶת Hase
אַרְנוֹן / אַרְנֹן Arnon n. fl.
אֲרַנְיָה l אֲרַוְנָה
אַרְנָן Arnan n. pr. m.
אָרְנָן Ornan n. pr. m.
אַרְפַּד Arpad n. l.; n. t.
אַרְפַּכְשַׁד Arpachsad n. pr. m.
אֶרֶץ Grundstück, Land, Erde (ca. 2500x)
אַרְצָא Arza n. pr. m.
ארר q verfluchen (53x) q pass verflucht werden (1x)
ni verflucht werden (1x)
pi verfluchen (6x)
ho → q pass (1x)
אֲרָרָט Ararat n. l.
אֲרָרִי Arariter n. g.
ארש pi sich verloben
pu verlobt werden
אֲרֶשֶׁת* Verlangen, Begehren
אֹרֶת → אוֹרָה II
אַרְתַּחְשַׁשְׂתְּא / אַרְתַּחְשַׁסְתְּא Artaxerxes n. pr. m.
אֲשַׂרְאֵל Asarel n. pr. m.
אֲשַׂרְאֵלָה Asarela n. pr. m.
אַשְׂרִיאֵל Asriël n. pr. m.
אַשְׂרִיאֵלִי Asriëliter n. g.
אֵשׁ Feuer (ca. 370x)
אֵשׁ es ist/ sind vorhanden
אַשְׁבֵּל Asbel n. pr. m.
אַשְׁבֵּלִי Aschbeliter n. g.
אֶשְׁבָּן Esban n. pr. m.
אַשְׁבֵּעַ* Aschba n. pr. m.; n. l.
אֶשְׁבַּעַל Esbaal n. pr. m.

אָ֫שֶׁד*	Hang, Abhang		אַשְׁמוּרָה/	Nachtwache
אַשְׁדּוֹד	Asdod n. l.		אַשְׁמֹרֶת	
אַשְׁדּוֹדִי	Asdoditer n. g.		אִשְׁמָן*	Gesundheit, Lebenskraft
אשדת	(?) 1 אֵשׁ דָּת		אַשְׁמֹרֶת	→ אַשְׁמוּרָה
	„ein Feuer des Gesetzes"		אֶשְׁנָב	Fenstergitter
אִשָּׁה	Frau, Ehefrau, jede (ca. 780x)		אַשְׁנָה	Aschna n. l.
			אֶשְׁעָן	Eschean n. l.
אִשֶּׁה	Feueropfer		אַשָּׁף*	Beschwörer
אשויה	→ אָשְׁיָה		אַשְׁפָּה	Köcher
אֶשׁוּן	(festgesetzte) Zeit		אַשְׁפּוֹת	→ אַשְׁפֹּת
אַשּׁוּר / אַשֻּׁר	Assur n. pr. m.; n. l.; n. t.; n. populi.		אַשְׁפְּנַז	Aschpenaz n. pr. m.
			אֶשְׁפָּר	Dattelkuchen
אַשּׁוּרִי	Assuri n. t. (?)		אַשְׁפּוֹת/	Aschenhaufen,
אַשּׁוּרִים	Assuriter n. g.		אַשְׁפֹּת	Abfallhaufen
אַשְׁחוּר	Aschhur n. pr. m.		אַשְׁקְלוֹן	Askalon n. l.
אָשְׁיָה*	Zinne, Turm		אֶשְׁקְלוֹנִי*	Askaloniter n. g.
אֲשִׁימָא	Aschima n. dei	I	אשר	q einhergehen
אֲשֵׁירָה	→ אֲשֵׁרָה			pi führen, schreiten
אָישִׁ*	Mann			pu geführt werden
אֲשִׁישָׁה	Trauben-, Rosinenkuchen	II	אשר	pi glücklich preisen
				pu glücklich gepriesen werden
אֶ֫שֶׁךְ*	Hode(n)			
I	אֶשְׁכּוֹל/	Traube		אָשֵׁר	Asser n. pr. m.
	אֶשְׁכֹּל			אֲשֶׁר	Relativpartikel „von welchem gilt", dass, das, wenn, als, wie (ca. 5500x)
II	אֶשְׁכֹּל	Eskol n. l.			
III	אֶשְׁכֹּל	Eskol n. pr. m.			
	אַשְׁכְּנַז/	Askenas n. pr. m.; n. g.			
	אַשְׁכֲּנַז			אֹ֫שֶׁר*	Glück
	אֶשְׁכָּר	Abgabe, Tribut		אָ֫שֶׁר*	Glück
	אֵ֫שֶׁל	hoher Baum, Tamariske		אָשֻׁר* / אַשֻּׁר	Schritt, Spur
	אשם	q schuldig sein, sich verschulden, büßen (33x)	I	אָשֵׁר	→ אֲשֶׁר
			II	אַשּׁוּר	→ אַשּׁוּר
				אֲשַׂרְאֵלָה	→ אֲשַׂרְאֵלָה
		ni zugrunde gehen		אֲשֵׁרָה/	Aschera (Göttin;
		hi büßen lassen		אֲשֵׁירָה	Kultpfahl), Aschere
	אָשָׁם	Schuld, Verschuldung, Sühneabgabe		אֲשֵׂרִי	Asserite n. g.
				אשש	hitpol sich ermutigen, sich festigen (?)
	אָשֵׁם	schuldig, schuldbeladen			
	אַשְׁמָה	Schuld, Verschuldung		אֶשֶׁת	→ אִשָּׁה
				אֶ֫שֶׁת*	Maulwurf

	אֶשְׁתָּאֵל/	Esthaol n. l.		בָּאָה	Eingang
	אֶשְׁתָּאוֹל			באר	pi verdeutlichen, erklären
	אֶשְׁתָּאֵלִי	Esthaoliter n. g.			
	אֶשְׁתּוֹן	Esthon n. pr. m.	I	בְּאֵר	Wasserloch, Grundwasserbrunnen
	אֶשְׁתְּמֹה	→ אֶשְׁתְּמֹעַ			
	אֶשְׁתְּמֹעַ	Esthemoa n. l.	II	בְּאֵר	Beër n. l.
	אַתְּ	→ אַתָּה		בֹּאֵר	→ בּוֹר
	אַתְּ	du (f)		בְּאֵר אֵילִים	Beër–Elim n. l.
I	אֵת	nota accusativi		בְּאֵר לַחַי רֹאִי	Beër–Lahay–Roï n. l.
II	אֵת	bei, mit		בְּאֵר שֶׁבַע	Beërseba n. l.
III	אֵת*	Pflugschar, Karst		בְּאֵרָא	Beëra n. pr. m.
	אֹת	→ אוֹת		בְּאֵרָה	Beëra n. pr. m.
	אֲתָא	→ אתה		בְּאֵרוֹת	Beëroth n. l.
	אֶתְבַּעַל	Ethbaal n. pr. m.		בְּאֵרִי	Beëri n. pr. m.
	אתה/אתא	q kommen hi bringen		בְּאֵרֹת בְּנֵי יַעֲקָן	Beëroth Bene Jaakan n. l.
	אַתָּה	du (m)		בְּאֵרֹתִי/ בֵּרֹתִי	Beërotiter n. g.
	אָתוֹן	Eselin		באשׁ	q stinken
	אַתּוּק*	→ אַתִּיק			ni verhasst werden
	אַתִּי	→ אַתְּ			hitp sich verhasst machen bei
	אִתַּי	Ittai n. pr. m.			hi stinkend machen, verhasst machen, Gestank verbreiten
	אַתִּיק	Absatz, Stufe, Galerie (?)			
	אַתֶּם	ihr (m)		בְּאֹשׁ	Gestank
	אֶתָם	Etham n. l.		בְּאֻשׁ*	unreife Weinbeere
	אֶתְמוֹל/ אִתְמוֹל	gestern, vorgestern, früher		בָּאְשָׁה	Taumellolch (Stinkkraut)
	אֵתָן	→ אֵיתָן		בָּבָה*	Pupille
	אַתֵּן / אַתֵּנָה	ihr (f)		בֵּבַי	Bebai n. pr. m.
	אֶתְנָה	Dirnenlohn		בָּבֶל	Babel n. l.; n. t.
	אֶתְנִי	Ethni n. pr. m.		1 בַּז	Beute (Ez 25,7)
I	אֶתְנָן	Geschenk		בגד	q treulos handeln
II	אֶתְנָן	Ethnan n. pr. m.	I	בֶּגֶד	Untreue, Abfall
	אֲתָרִים	Atharim n. l.	II	בֶּגֶד	Kleid, Decke (215x)
				בֹּגְדוֹת	Verstocktheit, Treulosigkeit
	ב			בָּגוֹד*	treulos
				בִּגְוַי	Bigwai n. pr. m.
	בְּ	in, unter, auf, an, bei, mit, durch		גָּלַל	→ גָּלַל
				בִּגְתָא	Bigtha n. pr. m.

	בִּגְתָן / בִּגְתָנָא	Bigthan/ Bigthana *n. pr. m.*		בֶּהָלָה	versetzen (3x) Bestürzung, Schrecken
I	בַּד	Stück, Alleinsein, gesondert		בְּהֵמָה	Getier, Tiere, (meist) Vierfüßler u. Haustiere (190x)
II	בַּד*	Stange, Glied, Zweig		בְּהֵמוֹת	großes Tier, Nilpferd
III	בַּד	Stück Tuch, Leinen		בֹּהֶן	Daumen, große Zehe
IV	בַּד	Geschwätz, Lüge		בֹּהָן	Bohan *n. pr. m.*
V	בַּד*	Orakelpriester		בֹּהַק	Bohak, Hautfleck
	בדא	*q* ersinnen, erdenken		בַּהֶרֶת	weißer Hautfleck
	בדד	*q* einsam, abgesondert sein		בוא	*q* hineingehen, kommen, untergehen (Sonne) (ca. 2000x)
	בָּדָד	Alleinsein, allein			*hi* hineinführen, bringen (ca. 550x)
	בְּדַד	Bedad *n. pr. m.*			*ho* hineingeführt werden
	בְּדֵי	→ דַּי		בוז	*q* verachten, geringschätzig behandeln
	בְּדְיָה	Bedja *n. pr. m.*			
	בְּדִיל	Schlacke, unedles Metall, Zinn			
	בדל	*ni* sich absondern, trennen, ausgesondert werden (10x)	I	בוּז	Spott, Verachtung
		hi trennen, unterscheiden (32x)	II	בּוּז	Bus *n. pr. m.*
	בָּדָל*	Teil, Stück		בּוּזָה	Verachtung
	בְּדֹלַח	Bdellium (Harz)		בּוּזִי	Busiter, Bus *n. g.; n. pr. m.*
	בְּדָן	Bedan *n. pr. m.*		בַּוַּי	Bawai *n. pr. m.* (?) Schreibfehler für בִּנּוּי
	בדק	*q* ausbessern			
	בֶּדֶק	Riss, Leck		בוך	*ni* bestürzt sein, umherirren
	בִּדְקַר	Bidkar *n. pr. m.*	I	בּוּל*	Gabe, Tribut
	בֹּהוּ	Leere, Einöde, Chaos	II	בּוּל*	dürres Holz, Holzklotz
	בְּהוֹן	Daumen, große Zehe	III	בּוּל	Bul (Monatsname, Oktober/ November)
	בַּהַט	Bahat (Edelstein)			
	בָּהִיר	glänzend, hell		בֻּן	→ בִּין
	בהל	*ni* erschreckt sein, werden, eilen, hasten (24x)		בּוּנָה	Buna *n. pr. m.*
		pi (*jmd.*) erschrecken, eilen (10x)		בּוּנִי	Bunni *n. pr. m.*
		pu beschleunigt werden (2x)		בוס	*q* zertreten, niedertreten *pol* zertreten, entweihen *ho* zertreten sein *hitpol* strampeln
		hi (*jmd.*) in Schrecken			

בּוּץ Byssus (feine, weiße Leinwand)
בּוֹצֵץ Boses n. l.
בּוּקָה Leere, Öde
בּוֹקֵר Rinderhirt
בּוּר q prüfen, sichten
בּוּר → בַּיִר
בּוֹר Zisterne, Brunnen, Grube, Gefängnis (ca. 66x)
בּוֹר הַסִּרָה Bor Hassira n. l.
בּוֹר־עָשָׁן Bor Aschan n. l.
I בּוֹשׁ q beschämt, zuschanden werden, sich schämen müssen (95x)
hi I jmd. Schande machen, zuschanden werden lassen (hi I+II, 33x)
hi II zuschanden, beschämt werden
hitpol sich voreinander schämen (1x)
II בּוֹשׁ pol verzögern, sich verzögern
בּוּשָׁה Beschämung, Scham, Schande
בַּז Beute, Plünderung, Raub
בזא q fortschwemmen
בזה q geringschätzen (31x)
ni gering, wertlos sein (10x)
hi verächtlich machen, herabsetzen (1x)
בִּזָּה Beute
בזז q rauben, erbeuten, ausplündern (38x)
q pass geraubt, geplündert werden (1x)
ni ausgeplündert werden (3x)

pu → q pass (1x)
בִּזָּיוֹן Missachtung, Verachtung
וּבְנוֹתֶיהָ בְּזִיּוֹתֶיהָ 1 (Jos 15,28)
בָּזָק 1 בְּרָק (Ez 1,14)
בֶּזֶק Besek n. l.
בזר q streuen, austeilen
pi zerstreuen
בִּזְתָא Bistha n. pr. m.
בָּחוֹן Metallprüfer, Prüfer
*בַּחוּן Festung, Wachturm (Jes 23,13)
בָּחוּר (noch lediger) junger Mann, Krieger (44x)
*בְּחוּרוֹת Jünglingsalter, Jugend
*בְּחוּרִים Jünglingsalter, Jugend
בַּחוּרִים/ Bahurim n. l.
בַּחֻרִים
בַּחִין → בַּחוּן (Jes 23,13)
*בָּחִיר ausgewählt, Erwählter
בחל q Ekel haben
pu verachtet (?) (Spr 20,21)
בחן q prüfen, auf die Probe stellen
q pass geprüft werden
ni erprobt werden
pu → q pass
בֹּחַן Burg, Festung, Turm
בֹּחַן Burg, Festung (?), אֶבֶן בֹּחַן Quader (Jes 28, 16)
I בחר q wählen, erwählen (ca. 160x)
ni erwählt, vorgezogen werden (7x)
pu auserwählt sein (1x)
II בחר q prüfen
בַּחֲרֻמִי → בַּחֲרוּמִי
II בְּחֻרִים → בַּחוּרִים

*בַּחֻרִמִי	Bahurimiter *n. g.*	*בֵּיצָה	Ei
בטא/ בטה	*q* schwatzen, unbesonnen reden (Redeinhalt offen) *pi* schwatzen, unbesonnen reden (Redeinhalt bestimmt)	בְּאֵר	Brunnen
		בִּירָה	Festung, Burg
		בַּיִת	Haus, Ort, Behälter, Raum, Familie, Verwandte (ca. 2040x)
בָּטוּחַ/ בָּטֻחַ	vertrauensvoll, zuversichtlich	בֵּית אָוֶן	Beth Aven *n. l.*
		בֵּית־אֵל	Bethel *n. l.*
	בטח	*q* trauen, vertauen (ca. 110x) *hi jmd.* Vertrauen einflößen	*בֵּית־אֵלִי	Betheliter *n. g.*
		בֵּית אַרְבֵּאל	Beth Arbel *n. l.*
		בֵּית אַשְׁבֵּעַ	Beth Asbea *n. l.* → אֶשְׁבֵּעַ
I	בֶּטַח	Sicherheit, Sorglosigkeit	בֵּית בַּעַל מְעוֹן	Beth Bael Meon *n. l.*
II	בֶּטַח	Betach *n. l.*		
	בָּטֻחַ	→ בָּטוּחַ	בֵּית בִּרְאִי	Beth Biri *n. l.*
	בִּטְחָה	Vertrauen	בֵּית בָּרָה	Beth Bara *n. l.*
	בִּטָּחוֹן	Vertrauen, Hoffnung	בֵּית גָּדֵר	Beth Gader *n. l.*
	בַּטֻּחוֹת	Sicherheit	בֵּית גָּמוּל	Beth Gamul *n. l.*
	בטל	*q* untätig sein	בֵּית דִּבְלָתַיִם	Beth Diblathaim *n. l.*
I	בֶּטֶן	Bauch, Leib, Mutterleib, Inneres (ca. 70x)	בֵּית דָּגוֹן	Beth Dagon *n. l.*
			בֵּית הָאֱלִי	→ *בֵּית אֱלִי
II	בֶּטֶן	Beten *n. l.*	בֵּית הָאֵצֶל	Beth Ezel *n. l.*
	*בָּטְנָה	Pistazie	בֵּית הַגִּלְגָּל	Beth Haggilgal *n. l.*
	בְּטֹנִים	Betonim *n. l.*	בֵּית הַגָּן	Beth Haggan *n. l.*
	בִּי	bitte, mit Verlaub	בֵּית הַיְשִׁמוֹת	Beth Jeschimoth *n. l.*
	בִּין	*q* merken, bemerken, wissen (63x) *ni* einsichtsvoll, klug sein (22x) *pol* achthaben auf (2x) *hi* achtgeben auf, Einsicht haben, zur Einsicht bringen (62x) *hitpol* achten auf, bemerken, verstehen (22x)	בֵּית הַכֶּרֶם	Beth Kerem *n. l.*
			*בֵּית לַחְמִי	→ בֵּית הַלַּחְמִי
			בֵּית הַמֶּרְחָק	→ מֶרְחָק
			בֵּית הַמַּרְכָּבוֹת	Beth Markaboth *n. l.*
			בֵּית הָעֵמֶק	Beth Emek *n. l.*
			בֵּית הָעֲרָבָה	Beth Araba *n. l.*
			בֵּית הָרָם	Beth Haram *n. l.*
			בֵּית הָרָן	→ בֵּית הָרָם
			בֵּית הַשִּׁטָּה	Beth Haschitta *n. l.*
			בֵּית הַשִּׁמְשִׁי	→ בֵּית שֶׁמֶשׁ
	*בִּין	Tamariske	בֵּית(־)חָגְלָה	Beth Hogla *n. l.*
	*בַּיִן	Zwischenraum; *st. cs.* בֵּין zwischen (ca. 400x)	בֵּית(־)חֹרוֹן	Beth Horan *n. l.*
			בֵּית חָנָן	Beth–Hanan *n. l.*
			בֵּית יוֹאָב	→ עֲטָרוֹת
	בִּינָה	Verständnis, Einsicht	*בֵּית כַּר	Beth Kar *n. l.*

בֵּית לְבָאוֹת	Beth Lebaot n. l.		בֹּכִים	Bochim n. l.
בֵּית לֶחֶם	Bethlehem n. l.		בְּכִירָה	die Erstgeborene, Ältere
בֵּית לְעַפְרָה	Beth Leaphra n. l.		*בְּכִית	Weinen, Klage
בֵּית מִלּוֹא	Beth Millo n. l. (?)		בכר	pi erste Früchte tragen, zum Erstgeborenen bestimmen
בֵּית מְעוֹן	Beth Meon n. l.			
בֵּית מַעֲכָה	Beth Maacha n. l.			
בֵּית נִמְרָה	Beth Nimra n. l.			pu erstgeboren werden
בֵּית עֶדֶן	Beth Eden n. l.			hi zum ersten Mal gebären
בֵּית עַזְמָוֶת	Beth Asmaweth n. l.			
בֵּית עֲנוֹת	Beth Anoth n. l.		*בֶּכֶר / בֶּכֶר	junger Kamelhengst
בֵּית עֲנָת	Beth Anath n. l.		בֶּכֶר	Becher n. pr. m.
בֵּית עֵקֶד [הָרֹעִים]	Beth Eked [Haroïm] n. l.		בְּכֹר / בְּכוֹר	erstgeboren (ca. 120x)
			בְּכֹרָה	Erstgeburt, Stellung als Erstgeborener
בֵּית פֶּלֶט	Beth Pelet n. l.			
בֵּית פְּעוֹר	Beth Peor n. l.		בִּכְרָה	junge Kamelstute
בֵּית פַּצֵּץ	Beth Pazzez n. l.		בֹּכְרוּ	Bochru n. pr. m.
בֵּית צוּר	Beth Zur n. l.		בַּכְרִי	Bachriter n. g.
בֵּית רְחוֹב	Beth Rehob n. l.		בִּכְרִי	Bichri n. pr. m.; n. g.
בֵּית רֵכָב	Beth Rechab n. l.		בַּל	nicht, kaum (69x)
בֵּית רִמּוֹן	Beth Rimmon n. l.		בֵּל	Bel (Name des Gottes Marduk)
בֵּית רָפָא	Beth Rapha n. l.			
בֵּית(־)שְׁאָן/ בֵּית שָׁן	Beth Schean n. l.		בַּלְאֲדָן	Baladan n. pr. m.
			בֵּלְאשַׁצַּר	→ בֵּלְשַׁאצַּר
בֵּית שֶׁמֶשׁ	Beth Schemesch n. l.		בלג	hi aufleuchten lassen, fröhlich werden
בֵּית שָׁן	→ בֵּית שְׁאָן n. l.			
בֵּית־תּוֹגַרְמָה	→ תּוֹגַרְמָה		בִּלְגָּה	Bilga n. pr. m.
			בִּלְגַּי	Bilgai n. pr. m.
בֵּית תַּפּוּחַ	Beth Tappuach n. l.		בִּלְדַּד	Bildad
בֵּית תָּר	Beth Ther n. l.		בלה	q abgenutzt, verbraucht sein
בִּיתָן	Palast (?)			
בָּכָא	Bakastrauch			pi verbrauchen, genießen, bedrücken
בָּכָה	q weinen (118x) pi beweinen (2x)			
			*בָּלֶה	alt, abgenutzt
*בֶּכֶה	Weinen, Klagen		בָּלָה	Bala n. l.
בְּכוֹר	→ בְּכֹר		בלה	pi erschrecken
בִּכּוּרָה	Frühfeige		בַּלָּהָה	Schrecken, Schrecknis
בִּכּוּרִים	Frühfrüchte, Erstlinge		בִּלְהָה	Bilha n. pr. f. + n. l.
בְּכוֹרַת	Bechorath n. pr. m.		בִּלְהָן	Bilhan n. pr. m.
בָּכוּת	Weinen, Klagen		*בְּלוֹי	Lumpen
בְּכִי	Weinen (30x)		בֵּלְטְשַׁאצַּר	Beltschazzar n. pr. m.

		(babyl. Name Daniels)			(Verneinung d. *inf. cs.*) (ca. 110x)
	בְּלִי	Negation: un-; -los; ohne (58x)		בָּמָה	Anhöhe, Kulthöhe, Grabhügel (ca. 100x)
	בְּלִיל	Mengfutter		בְּמָהָל	Bimhal *n. pr. m.*
	בְּלִימָה	Nichts		בָּמוֹ	durch, in, mit
	בְּלִיַּעַל	Schlechtigkeit, Bosheit, Verderben, Nichtsnutziger	I	בָּמוֹת	Bamot *n. l.*
				בֵּן	Sohn (auch in einem weiten Sinn; Ausdruck der Zugehörigkeit) (4929x)
	בלל	*q* vermengen, verwirren (42x) *hitp* sich vermischen (1x)	II	בֵּן	Ben *n. pr. m.*
	בלם	*q* bändigen, zügeln		בֶּן־אוֹנִי	Ben–Oni *n. pr. m.*
	בלס	*q* einritzen		בֶּן־הֲדַד	Benhadad *n. pr. m.*
I	בלע	*q* verschlingen, verschlucken (20x) *ni* verschlungen werden (2x) *pi* verderben, vernichten (22x) *pu* verschlungen, vernichtet werden (3x) *hitp* vernichtet sein (1x)		בֶּן־זוֹחֶת	Ben–Sohet *n. pr. m.*
				בֶּן־הוּר	Ben–Hur *n. pr. m.*
				בֶּן־חַיִל	Ben–Hajil *n. pr. m.*
				בֶּן־חָנָן	Ben–Hanan *n. pr. m.*
				בנה	*q* bauen, erbauen, bilden (346x) *ni* er-, gebaut werden *übertr.* ein Kind erhalten (= weiterleben)(30x)
II	בלע	*pu* mitgeteilt werden		בִּנּוּי	Binnui *n. pr. m.*
I	*בֶּלַע	Verschlungenes, Verderben		בָּנִי	Bani *n. pr. m.*
II	בֶּלַע	Bela *n. pr. m.*		בֻּנִּי	Bunni *n. pr. m.*
III	בֶּלַע	Bela *n. l.*		בְּנֵי	בְּנֵי חֶבְרוֹן 1 (?) 1Chr 24,23
	בִּלְעֲדֵי	ohne, abgesehen von, außer		בְּנֵי־בְרַק	Bene–Berak *n. l.*
	*בַּלְעֵי	Belaiter *n. g.*		בְּנֵי־יַעֲקָן	Bene–Jaakan *n. l.*
	בִּלְעָם	Bileam *n. pr. m.*		בִּנְיָה	Bau, Gebäude
	בלק	*q* verwüsten *pu* verwüstet sein		בְּנָיָה	Benaja *n. pr. m.*
				בְּנָיָהוּ	Benaja *n. pr. m.*
	בָּלָק	Balak *n. pr. m.*		אִישׁ הַבֵּנַיִם	Vorkämpfer, Einzelkämpfer
	בֵּלְשַׁאצַּר/ בֵּלְשַׁצַּר	Belschazzar *n. pr. m.*		בִּנְיָמִין	Benjamin *n. pr. m.*
				בִּנְיָמִ(י)ן	Benjamin *n. populi*
	בִּלְשָׁן	Bilschan *n. pr. m.*		בֶּן־יָמִין	
	בִּלְתִּי	Nicht-sein; nicht; ohne; ohne dass; nicht zu		בֶּן־יְמִינִי	Benjaminiter *n. g.*
				בִּנְיָן	Bau, Gebäude

	בְּנִינוּ	Beninu n. pr. m.
	בִּנְעָא	Bina n. pr. m.
	בְּסוֹדְיָה	Besodja n. pr. m.
	בֵּסַי	Besai n. pr. m.
	בֹּסֶר	saure, unreife Weinbeeren
	בַּעַד	Abstand, Entfernung; Präp.: hinter, rings um, durch, zugunsten von (104x)
I	בעה	q in Wallung bringen (Feuer, Wasser) ni heraustreten
II	בעה	q fragen ni durchstöbert werden
	בְּעוֹר	Beor n. pr. m.
	בְּעוּת*	Schrecknis
I	בֹּעַז	Boas n. pr. m.
II	בֹּעַז	Boas (Name der Säule links vor dem salomonischen Tempel)
	בעט	q ausschlagen, verachten
	בְּעִי	(?) unter Trümmern; prp טֹבֵעַ „ein Ertrinkender" Hi 30,24
	בַּעְיָם	Jes 11,15; → עַיִם*
	בְּעִיר*	koll. Viehbestand
	בעל	q beherrschen, besitzen, eine Frau nehmen, heiraten ni zur Frau genommen werden
I	בַּעַל	Besitzer, Eheherr, Bürger, Baal (Wettergott + Gott der Fruchtbarkeit) (161x)
II	בַּעַל	Baal n. pr. m.
III	בַּעַל	Baal n. l.
	בַּעַל גָּד	Baal–Gad n. l.
	בַּעַל הָמוֹן	Baal–Hamon n. l.
	בַּעַל זְבוּב	→ זְבוּב
	בַּעַל חָנָן	Baal–Hanan n. pr. m.
	בַּעַל חָצוֹר	Baal–Hazor n. l.
	בַּעַל חֶרְמוֹן	Baal–Hermon n. l.
	בַּעַל מְעוֹן	Baal–Meon n. l.
	בַּעַל פְּעוֹר	Baal–Peor n. l.
	בַּעַל פְּרָצִים	Baal–Perazim n. l.
	בַּעַל צְפֹן	Baal–Zephon n. l.
	בַּעַל שָׁלִשָׁה	Baal–Schalischa n. l.
	בַּעַל תָּמָר	Baal–Tamar n. l.
I	בַּעֲלָה*	Besitzerin, Name einer Göttin (im AT nur in n. l.)
II	בַּעֲלָה	Baala n. l.
	בְּעָלוֹת	Bealot n. l.
	בַּעֲלֵי יְהוּדָה	(?) 1 Baala in Juda n. l.
	בְּעֶלְיָדָע	Beëljada n. pr. m.
	בְּעַלְיָה	Bealja n. pr. m.
	בַּעֲלִיס	Baalis n. pr. m.
	בַּעֲלַת*	Baalat n. l.
	בַּעֲלַת בְּאֵר	Baalat–Beer n. l.
	בְּעֹן	Beon n. l.
	בַּעֲנָא	Baana n. pr. m.
	בַּעֲנָה	Baana n. pr. m.
I	בער	q in Brand stehen, brennen (38x) pi anzünden (15x) pu angezündet sein (1x) hi in Brand stecken, verbrennen (8x)
II	בער	pi beseitigen, wegschaffen hi abweiden lassen
III	בער	q dumm sein ni sich als dumm erweisen
	בַּעַר	Vieh, übertr. Dummkopf
	בַּעֲרָא	Baara n. pr. f.
	בְּעֵרָה	Brand
	בַּעֲשֵׂיָה	Baaseja n. pr. m.

	בַּעְשָׁא	Bascha n. pr. m.
	בְּעֶשְׁתְּרָה	Beeschtera n. l.
	בעת	ni vom Schrecken überwältigt werden pi jmd. erschrecken, aufschrecken
	בְּעָתָה	Schrecken
	בֹּץ	Schlamm
	בֵּץ	→ בּוּץ
	בִּצָּה	Sumpf
	*בָּצוּר	unzugänglich, unbegreifbar
	*בֵּצַי	Bezai n. pr. m.
I	בָּצִיר	Weinlese
II	בָּצִיר	undurchdringlich
	*בָּצָל	Zwiebel
	בְּצַלְאֵל	Bezalel n. pr. m.
	בַּצְלוּת	Bazalut n. pr. m.
	בַּצְלִית	→ בַּצְלוּת
	בצע	q abschneiden, Gewinn machen pi abschneiden, beendigen, erfüllen, schädigen
	בֶּצַע	unrechter Gewinn, Schnitt
	בְּצַעֲנִים	→ צַעֲנִים
	בצק	q anschwellen
	בָּצֵק	Teig
	*בְּצִקְלוֹן	→ צִקְלוֹן
	בָּצְקַת	Bozkat n. l.
	בצר	q Trauben lesen, demütigen ni ferngehalten werden pi unzugänglich machen
I	בֶּצֶר	Gold, Golderz (?)
II	בֶּצֶר	Bezer n. l.
III	בֶּצֶר	Bezer n. pr. m.
I	בָּצְרָה	(?) Mi 2,12 Pferch
II	בָּצְרָה	Bozra n. l.

בַּצָּרָה	Dürre
בִּצָּרוֹן	Feste, Burg
בַּצֹּרֶת	Mangel, Regenmangel, Dürre
בַּקְבּוּק	Bakbuk n. pr. m.
בַּקְבֻּק	Flasche
בַּקְבֻּקְיָה	Bakbukja n. pr. m.
בַּקְבַּקַּר	Bakbakkar n. pr. m.
בֻּקִּי	Bukki n. pr. m.
בֻּקִּיָּהוּ	Bukkija n. pr. m.
*בָּקִיעַ	Riss, Spalt
בקע	q spalten, aufbrechen; mit בְּ einbrechen, eindringen (16x) ni sich spalten, sich öffnen, erobert werden (15x) pi spalten, zerreißen, aushauen (12x) pu geborsten, aufgeschlitzt werden, erobert werden (3x) hitp sich spalten (2x) hi erobern, bemächtigen (2x) ho eingenommen werden (1x)
בֶּקַע	Gewichtseinheit Beka, ca. 6g; Münze
בִּקְעָה	Tal, Ebene, Senke
בִּקְעַת אָוֶן	Biqat–Awen n. l.
בִּקְעַת אוֹנוֹ	→ אוֹנוֹ
בִּקְעַת יְרֵחוֹ	→ יְרֵחוֹ
בִּקְעַת הַלְּבָנוֹן	Libanonsenke
בִּקְעַת מְגִדּוֹן/מְגִדּוֹ	→ מְגִדּוֹ
בִּקְעַת מִצְפֶּה	→ מִצְפֶּה II
בקק	q verwüsten, verheeren, weit ausgreifen (Hos 10,1)

		ni verwüstet werden		בָּרֹד	scheckig (v. Böcken)
		po ausplündern,	I	בֶּ֫רֶד*	Bered n. l.
		verwüsten	II	בֶּ֫רֶד	Bered n. pr. m.
	בקר	pi untersuchen, sich	I	ברה	q essen, sich stärken
		kümmern um, Opfer			hi einem Trauernden/
		beschauen			Kranken zu essen geben
	בָּקָר	koll. Rind; Rinderherde	II	ברה	q sich ausersehen,
		(183x)			auswählen
	בֹּ֫קֶר	Morgen (213x)		בָּרָה	→ בֵּית בָּרָה
	בַּקָּרָה*	Sorge, Fürsorge		בָּרוּךְ	Baruch n. pr. m.
	בִּקֹּ֫רֶת	Wiedergutmachungsver-		בָּרוּר	rein, deutlich
		fahren, Schadenersatz		בְּרוֹשׁ	Zypresse, Wacholder
	בקשׁ	pi suchen, forschen,		בְּרוֹת*	Wacholder
		fordern, bitten (ca. 220x)		בָּרוֹת	Speise
		pu gesucht werden		בָּרוּת*	Speise
	בַּקָּשָׁה*	Verlangen, Begehren		בֵּרוֹתָה	Berota n. l.
I	בַּר / בָּר	Getreide, Korn		בִּרְזַ֫יִת*	Birsajit n. l. (?) od. n. pr.
II	בַּר	Sohn			m. (1Chr 7,31)
III	בַּר	rein, lauter, leer (Spr		בַּרְזֶל	Eisen
		14,4)		בַּרְזִלַּי	Barsillai n. pr. m.
IV	בַּר*	freies Feld	I	ברח	q entlaufen, fliehen,
I	בֹּר	→ בּוֹר			schwinden (58x)
II	בֹּר	Reinheit, Unschuld			hi in die Flucht jagen,
III	בֹּר	Laugensalz, Pottasche			vertreiben (7x)
I	ברא	q schaffen,	II	ברח	hi unpassierbar machen,
		hervorbringen (nur von			versperren
		Gott) (38x)		בָּרַח / בָּרִיחַ	Flüchtling, flüchtig,
		ni geschaffen werden			schnell
		(10x)		בַּחֲרָמִי	→ בַּחֲרֻמִי
II	ברא	hi mästen		בֵּרִי	Beri n. pr. m.
III	ברא	pi abholzen, roden		בְּרִי	→ רִי (Hi 37,11)
IV	ברא	→ ברה I (2Sam 12,17)		בָּרִיא	dick, korpulent,
	בְּראדַךְ בַּלְאֲדָן	2Kön 20,12 l מְראדַךְ			wohlgenährt
		בַּלְאֲדָן		בְּרִיאָה	Neugeschaffenes,
	בְּרָאִי	→ בֵּית בְּרָאִי			Geschöpf
	בְּרָאיָה	Beraja n. pr. m.		בִּרְיָה	Speise für Kranke
	בַּרְבֻּרִים	Gänse, junge Hühner,		בָּרִיחַ	Bariach n. pr. m.
		Kuckucke (?)		בְּרִיחַ	Querholz, Riegel
	ברד	q hageln		בֵּרִים	הַבְּכִרִים l ? die Bichriter
	בָּרָד	Hagel			(2Sam 20,14)

	בְּרִיעָה / בְּרִיעָה	Beria n. pr. m.
	בְּרִיעִי	Beraïter n. g.
	בְּרִית	Bund, Verpflichtung, Abmachung (287x)
	בֹּרִית	Laugensalz
I	ברך	q knien
		hi knien lassen
II	ברך	q preisen, segnen (71x)
		ni sich Segen wünschen (3x)
		pi segnen (233x)
		pu gesegnet sein (13x)
		hitp sich segnen, sich glücklich preisen (7x)
	בֶּרֶךְ	Knie
	בַּרְכְאֵל	Barachel n. pr. m.
I	בְּרָכָה	Segen (71x)
II	בְּרָכָה	Beracha n. pr. m.
	בְּרֵכָה	Teich
	בֶּרֶכְיָה	Berechja n. pr. m.
	בֶּרֶכְיָהוּ	Berechjahu n. pr. m.
	בְּרֻמִּים	zweifarbiges Gewebe
	בַּרְנֵעַ	קָדֵשׁ בַּרְנֵעַ →
	בֶּרַע	Bera n. pr. m.
	בִּרְעָה	→ בְּרִיעָה
	ברק	q blitzen
I	בָּרָק	Blitz
II	בָּרָק	Barak n. pr. m.
	בְּרָק	→ בְּנֵי־בְרַק
	בַּרְקוֹס	Barkos n. pr. m.
	בַּרְקָנִים	Dornengewächs, Distel
	בָּרֶקֶת / בָּרְקַת	Smaragd, ein schwarzgrüner Beryll
	ברר	q absondern, aussondern, schärfen
		ni sich reinigen
		pi sichten
		hitp sich rein zeigen
		hi reinigen, schärfen
	בִּרְשַׁע	Birscha n. pr. m.
	בֵּרֹתַי	Berotai n. l.
	בֵּרֹתִי	→ בְּאֵרֹתִי
	*בְּשׂוֹר	Besor n. fl.
	בְּשׂוֹרָה	→ בְּשֹׂרָה
	בֹּשֶׂם / בֶּשֶׂם	Duft, Wohlgeruch, Balsamstrauch, Balsamöl
	בָּשְׂמַת	Basemat n. pr. f.
	בשׂר	pi gute Nachrichten bringen, melden
		hitp sich frohe Kunde bringen lassen
	בָּשָׂר	Fleisch, Leib, Körper (ca. 270x)
	בְּשֹׂרָה / בְּשׂוֹרָה	Botschaft, Botenlohn
	בשׁל	q kochen (intr.)
		pi kochen (trans.), braten, backen
		pu gekocht werden
		hi reifen lassen
	בָּשֵׁל	gar, gekocht
	בִּשְׁלָם	Bischlam n. pr. m.
	בָּשָׁן	Basan n. t.
	בָּשְׁנָה	Schmach
	בשׁס	po Pachtzins erheben (Am 5,11)
	בֹּשֶׁת	Scham, Schande, Schmach
I	בַּת	Tochter (auch im weitesten Sinn)(ca. 580x)
II	בַּת	Bat (Hohlmaß, ca. 40 l)
III	בַּת	Gewand, Kleid
	בַּת־שֶׁבַע	Bathseba n. pr. f.
	בַּת־שׁוּעַ	Bathschua n. pr. f.
	בָּתָה	Absturz (?), Jes 5,6
	*בַּתָּה	Absturz, Felswand, Jes 7,19
	בְּתוּאֵל	Bethuel n. pr. m.
	בְּתוּל	Betul n. l.
	בְּתוּלָה	Jungfrau (50x)

	בְּתוּלִים	Jungfrauenschaft			ni sich selbst loskaufen, ausgelöst werden (8x)
	בַּתּוּק*	Gemetzel			
	בִּתְיָה	Bitja n. pr. f.	II	גאל	ni unrein werden
	בָּתִּים	→ בַּת III			pi (kult.) verunreinigen
	בתק	pi niederhauen, niedermetzeln			pu unrein werden hitp sich (kult.)
	בתר	q zerschneiden pi zerschneiden			verunreinigen hi beflecken
I	בֶּתֶר	Teil (v. Opferfleisch), Stück		גֹּאַל*	(kult.) Verunreinigung
				גְּאֻלָּה	Rückkaufsrecht, -pflicht
II	בֶּתֶר	Beter n. l. (?) od. „Berge der Wohlgerüche" (Hhld. 4,8; 8,4)		גַּב*	Rücken, Wulst
			I	גַּב*	Grube, Graben
			II	גַּב*	Balken (?)(1Kön 6,9)
III	בֶּתֶר*	→ בֵּית תַּר*	III	גַּב*	Heuschreckenschwarm
	בִּתְרוֹן	Vormittag (?), Schlucht (?), n. l. (?) (2Sam 2,29)		גַּב	→ גּוּב II
				גֶּבֶא	Sumpf, Teich, Tümpel
				גבה	q hoch sein/ werden, hochmütig sein
		ג			hi hoch machen
	גֵּא	stolz, hochmütig		גָּבַהּ	hoch, stolz, hochmütig (41x)
	גאה	q hoch/ erhaben sein, stolz sein, sich erheben		גֹּבַהּ	Höhe, Erhabenheit, Hochmut
	גֵּאָה	Hochmut, Hoffart		גַּבְהוּת*	Erhabenheit, Stolz
	גֵּאֶה	hoch, erhaben, stolz		גָּבוֹל	1 גָּדוֹל (Jos 15,47)
	גְּאוּאֵל	Gëuël n. pr. m.		גְּבוּל/ גְּבֻל	Grenze, Gebiet (240x)
	גַּאֲוָה	Erhabenheit, Hochmut, Stolz		גְּבוּלָה*	Grenze, Gebiet
	גְּאוּלָה	→ גְּאֻלָּה		גִּבּוֹר/ גְּבַר	stark, gewaltig, Krieger, Held (159x)
	גְּאוּלִים*	Befreiung(?), Blutrache(?) (Jes 63,4)		גְּבוּרָה	Kraft, Macht, Stärke (61x)
	גָּאוֹן	Hoheit, Stolz, Anmassung (49x)		גַּבֵּחַ	stirnglatzig
	גֵּאוּת	Emporsteigen, Erhabenheit, Pracht		גַּבַּחַת	Stirnglatze
				גַּבַּי	Gabbai n. pr. m.
	גַּאֲיוֹן*	hochmütig		גֹּבַי	Heuschrecke, Heuschreckenschwarm
	גֵּאָיוֹת	→ גַּיְא			
I	גאל	q lösen, loskaufen, erlösen (95x) ptz גֹּאֵל Löser		גֵּבִים*	Gebim n. l.
				גְּבִינָה	geronnene Milch, Käse
				גָּבִיעַ	Kelch, Krug
				גְּבִיר	Herr, Herrscher

גְּבִירָה	Herrin, Gebieterin, Königinmutter	
גָּבִישׁ	Kristall, Bergktistall	
גבל	q begrenzen	
	hi eingrenzen, die Grenze bilden	
גְּבָל	Gebal, Byblos n. l.	
גְּבָל	Gebal n. t.	
גְּבָל	→ גְּבוּל	
גְּבָלִי	Gebaliter n. g.	
גַּבְלֻת	Drehung, geschmiedet	
גִּבֵּן	buckelig, höckerig	
*גַּבְנֹן	Gipfel	
*גֶּבַע	Geba n. l.	
גִּבְעָא	Gibea n. l.	
I גִּבְעָה	Hügel (71x)	
II גִּבְעָה	Gibea n. l.	
גִּבְעוֹן	Gibeon n. l.	
גִּבְעֹל	Blütenknospe	
גִּבְעוֹנִי / גִּבְעֹנִי	Gibeoniter n. g.	
גִּבְעַת	Gibea n. l.	
גִּבְעַת אַמָּה	Gibeat–Amma n. l.	
גִּבְעַת בִּנְיָמִין	Gibeat–Benjamin n. l.	
גִּבְעַת גָּרֵב	Gibeat–Gareb n. l.	
גִּבְעַת הָאֱלֹהִים	Gibeat–Elohim n. l.	
גִּבְעַת הַחֲכִילָה	Gibeat–Hachila n. l.	
גִּבְעַת הַמּוֹרֶה	Gibeat–Morä n. l.	
גִּבְעַת הָעֲרָלוֹת	Gibeat–Aralot n. l.	
גִּבְעָתִי	Gibeatiter n. g.	
גבר	q stark sein, siegen	
	pi überlegen machen	
	hit sich überheblich zeigen	
	hi sich stark erweisen	
I גֶּבֶר	junger, kräftiger Mann (66x)	
II גֶּבֶר	Geber n. pr. m.	
גְּבַר	→ גֶּבֶר I (Ps 18,26)	
גִּבָּר	Gibbar n. l. (?)	
גִּבֹּר	→ גִּבּוֹר	

גַּבְרִיאֵל	Gabriel n. pr. m.	
גְּבֶרֶת	→ גְּבִירָה	
גִּבְּתוֹן	Gibbeton n. l.	
גַּג	Flachdach, Deckplatte	
I גַּד	Koriander	
II גַּד	Glück, Gad–Glücksgott (Jes 65,11)	
I גָּד	Gad n. pr. m.	
II גָּד	Gad n. g.	
*גַּדְגַּד	→ הֹר הַגִּדְגָּד	
גֻּדְגֹּדָה	→ הֹר הַגִּדְגָּד	
גדד	q jmd. angreifen, sich zusammentun	
	hitpol sich Schnittwunden versetzen (als Zeichen d. Trauer)	
*גֻּדָּה	→ חֲצַר גַּדָּה	
I גָּדוּד	Wall, Mauer, (Acker-)Scholle	
II גְּדוּד	Bande, Schar, Streifschar, Raubzug	
*גְּדוּדָה	Schnittwunde	
גָּדוֹל / גָּדֹל	groß, mächtig (im weitesten Sinn)(ca. 520x)	
גְּדוּלָה / גְּדֻלָּה	Größe, Auszeichnung	
*גִּדּוּף	Lästerwort, Schmähung	
גְּדוּפָה	Hohnrede	
I גְּדוֹר	Gedor n. pr. m.	
II גְּדוֹר	Gedor n. l.	
*גְּדֹרוֹת	→ גְּדֵרָה	
I גַּדִּי	Gaditer n. g.	
II גַּדִּי	Gadi n. pr. m.	
גְּדִי	Böckchen	
גַּדִּי	Gaddi n. pr. m.	
גַּדִּיאֵל	Gaddiel n. pr. m.	
*גִּדְיָה	Ufer	
I גָּדִישׁ	Garbenhaufen	
II גָּדִישׁ	Grabhügel	

	גדל	q groß sein, werden (58x)		גְּדֵרֹתַיִם Gederotajim n. l.
		pi groß werden lassen, erziehen (25x)		גֵּה l זֶה (Ez 47,13)
		pu großgezogen werden (1x)		גהה q heilen
		hitp sich groß erweisen, sich brüsten (4x)		גֵּהָה Heilung
		hi großmachen, Großes tun, sich übermütig zeigen (33x)		גהר q sich niederlegen
				גֵּו* Rücken
				גֵּו Rücken, Körper, Bauch, Gemeinschaft
	גָּדֵל	groß werdend, groß	I	גּוֹב → גֹּבַי* (Nah 3,17)
	גָּדֵל*	Quaste, Verzeirung	II	גּוֹב Gob n. l.
	גָּדֵל	→ גָּדוֹל		גּוֹבַי → גֹּבַי*
	גֹּדֶל	Größe, Ehre, Majestät	I	גּוֹג Gog n. pr. m. (Rubenit 1 Chr 5,4)
	גִּדֵּל	Giddel n. pr. m.	II	גּוֹג Gog n. pr. m. (Ez 38f.)
	גְּדֻלָה	→ גְּדוּלָה		גוד q einen Raubzug unternehmen, angreifen
	גְּדַלְיָה	Gedalja n. pr. m.	I	גֵּוָה* l מִגְוָה aus seinem Inneren (Hi 20,25)
	גְּדַלְיָהוּ	Gedaljahu n. pr. m.	II	גֵּוָה Hochmut, Stolz
	גִּדַּלְתִּי	Giddalti n. pr. m.		גוז q vorübergehen, treiben
	גדע	q schlagen, fällen		גּוֹזָל junger Vogel
		ni zerbrochen werden		גּוֹזָן Gosan n. t.
		pi abschlagen, herunterschlagen		גוח → גיח
		pu gefällt werden (v. Bäumen)		גּוֹי Volk (Nation, oft die „Heiden", d. h. Nichtisraeliten)
	גִּדְעוֹן	Gideon n. pr. m.		גְּוִיָּה Leib, Leichnam
	גִּדְעֹם	Gidom n. l.		גּוֹיִם Gojim n. populi
	גִּדְעֹנִי / גִּדְעוֹנִי	Gidoni n. pr. m.		גּוֹל → גִּיל
	גדף	pi lästern		גּוֹלָה Exulanten, Verbannung
	גדר	q mauern		גּוֹלָן Golan n. l.
I	גָּדֵר / גֶּדֶר	Mauer		גּוּמָץ Grube
II	גֶּדֶר	Geder n. l.	I	גּוּנִי Guni n. pr. m. + n. g. (1 Chr 5,15)
	גָּדֵר	→ גָּדוֹר	II	גּוּנִי Guniter n. g. (Nu 26,48)
I	גְּדֵרָה	Mauer, Steinpferd		גוע q sterben, umkommen
II	גְּדֵרָה	Gedera n. l.		גוף hi verschließen
	גְּדֵרוֹת	Gederot n. l.		גּוּפָה* Leichnam
	גְּדֵרִי	Gederiter n. g.		גור q sich als Fremder/ Schutzbürger
	גְּדֶרֶת	Mauer		
	גְּדֵרָתִי	Gederiter n. g.		

		niederlassen, wohnen, weilen	I	גֶּזֶר*	Abschnitte, Stücke
		hitpol sich als Gast aufhalten	II	גֶּזֶר	Geser *n. l.*
				גְּזֵרָה	Abgeschnittensein (v. Wasser), Trockensein
II	גּוּר	*q* angreifen		גִּזְרָה	Liebesgestalt, Figur, Vorplatz
III	גּוּר	*q* sich fürchten vor (m. Akk.)		גִּזְרִי	Gesriter *n. g.*
	גּוּר*	Löwenjunges		גחה	*q* hervorziehen
I	גּוּר	Junges Tier (noch saugend)		גָּחוֹן	Bauch
				גָּחוֹן	→ גִּיחוֹן
II	גּוּר	Gur *n. l.*		גַּחֲזִי	→ גֵּיחֲזִי
	גּוּר־בַּעַל	Gur–Baal *n. l.*		גַּחֶלֶת	glühende Kohle, Glut
	גּוֹרָל	Los, Losanteil, Schicksal		גַּחַם	Gaham *n. pr. m.*
	גּוּשׁ*	Kruste		גַּחַר	Gahar *n. pr. m.*
	גֵּז	Schur, Mahd (v. Gras)		גֵּי הָרִים	Tal der Berge (Sach 14,5)
	גִּזְבָּר*	Schatzmeister			
	גזה	*q* abschneiden, abtrennen		גֵּי יִפְתַּח־אֵל	→ יִפְתַּח־אֵל
	גִּזָּה	abgeschorene Wolle		גֵּי הָעֹבְרִים	→ עבר I *q*
	גִּזּוֹנִי	Gisoniter *n. g.*		גֵּי הַצְּבֹעִים	Tal Zeboim, Hyänental *n. l.* (1Sam 13,18)
	גזז	*q* scheren			
		ni vertilgt werden		גַּיְא / גֵּיא	Tal
	גִּזֵּז	Gases *n. pr. m.*		גֵּיא בֶן־הִנֹּם	Tal Ben–Hinnon *n. l.*
	גָּזִית	Quader		גֵּיא הַמֶּלַח / גֵּיא־מֶלַח	Salztal *n. l.*
	גזל	*q* abreißen, wegreißen, rauben		גֵּיא הַהֲרֵגָה	Mordtal *n. l.*
		ni geraubt sein od. werden		גֵּיא חִזָּיוֹן	Schautal *n. l.* (Jes 22,1.5)
	גָּזֵל	Geraubtes, Raub		גֵּיא חֲרָשִׁים	Tal der Handwerker
	גָּזֵל*	Raub		גֵּיא צְפָתָה	Tal von Zefata *n. l.*
	גְּזֵלָה	Geraubtes, Raub		גִּיד*	Sehne
	גָּזָם	Heuschrecke, besser: Raupe		גיח / גוח	*q* hervorbrechen *hi* sprudeln
	גַּזָּם	Gassam *n. pr. m.*		גַּח	Giach *n. l.*
	גֶּזַע	Baumstumpf, Wurzelstock, Schößling		גִּיחוֹן	Gihon *n. l.* + *n. fl.*
				גֵּיחֲזִי	Gehasi *n. pr. m.*
	גזר	*q* zerschneiden, fällen, entscheiden (Hi 22,28)		גיל	*q* sich freuen, jauchzen (45x)
		ni abgeschnitten, getrennt sein od. werden, beschlossen werden	I	גִּיל*	Alter, Altersstufe
			II	גִּיל	Jubel
				גִּילָה	Frohlocken, Jubel

גִּילֹנִי Giloniter n. g.
*גִּינָה 1. גְּדֶרֶת הַגִּינָה Schutzmauer (Ez 42,12)
גִּינַת Ginat n. l.
גֵּיר → גֵּר
גֵּירִים → גֵּר
גֵּישׁ → גּוּשׁ* (Hi 7,5)
גֵּישָׁן Geschan n. pr. m.
I גַּל Steinhaufen, Trümmerhaufen
II גַּל Welle, Woge
*גֵּל Mistfladen
*גַּלָּב Barbier
גִּלְבֹּעַ Gilboa n. t.
I גַּלְגַּל Rad, Schöpfrad
II גַּלְגַּל Rad(pflanze), Diestel
I *גִּלְגָּל Rad
II גִּלְגָּל Gilgal n. l.
גֻּלְגֹּלֶת Schädel
*גֶּלֶד Fell, Haut, Leder
גלה q entblößen, offenbaren, auswandern (müssen) (50x)
ni sich entblößen, entblößt werden (32x)
pi aufdecken, öffnen (56x)
pu entblößt werden (2x)
hitp sich entblößen (2x)
hi ins Exil führen (38x)
ho ins Exil geführt werden
גִּלֹה Gilo n. l.
גֹּלָה → גּוֹלָה
גֻּלָּה Schale, Becken, Wasserbecken
גִּלּוּל Götze(nbild)
*גְּלוֹם Mantel
גָּלוֹן → גּוֹלָן
גָּלוּת Wegführung, Weggeführte

גלח pi scheren
pu geschoren werden
hitp sich scheren (lassen)
I גִּלָּיוֹן Tafel
II *גִּלָּיוֹן Spiegel Jes 3,23(?), besser: schöne Kleider
I *גָּלִיל drehbar (1Kön 6,34), Walze, Ring
II *גָּלִיל Bezirk, Galiläa n. t.
גְּלִילָה Bezirk, Landstrich
גְּלִילוֹת Gelilot n. l.
גַּלִּים Gallim n. l.
גָּלְיָת Goliath n. pr. m.
גלל q rollen, wälzen
ni zusammengerollt werden, strömen
po‘al gewälzt werden
hitpo sich wälzen
pilp wegwälzen
hitpalpel sich heranwälzen
I גָּלָל Kotballen, Mist
II גָּלָל Galal n. pr. m.
III *גָּלָל nur mit בְּ um willen, wegen
גְּלָלוּ → גָּלָל I
גְּלָלַי Gilalai n. pr. m.
גלם q zusammenwickeln
*גֹּלֶם Embryo
גַּלְמוּד unfruchtbar
גַּלְנִי → גִּילֹנִי
גלע hitp losbrechen (Streit)
גַּלְעֵד Galed n. t.
גִּלְעָד Gilead n. t.; n. l.; n. pr. m.
גִּלְעָדִי Gileaditer n. g.
גלשׁ q herabstürmen
גַּלָּת → גֻּלָּה
גַּם auch, sogar, selbst,

zusammen (ca 760x)
גַּם־גַּם sowohl–als auch
גמא *pi* schlürfen
hi schlürfen lassen
גֹּמֶא Schilf, Papyrus
גֹּמֶד Gomed; kurzes Längenmaß, 2/3 Elle, Spanne
גַּמָּדִים Gammadim, Gammaditer *n. l.* od. *n. g.* (Ez 27,11)
גָּמוּל Gamul *n. pr. m.*
גְּמוּל / גְּמֻל Tat, Vergeltung
גְּמוּלָה Tat, Vergeltung
גִּמְזוֹ Gimso *n. l.*
גמל *q* fertig sein, werden; *jmd. etw.* antun; entwöhnen (34x)
ni entwöhnt werden
גָּמָל Kamel (54x)
גְּמַלִּי Gemalli *n. pr. m.*
גַּמְלִיאֵל Gamliël *n. pr. m.*
גמר *q* aufhören, vollenden
I גֹּמֶר Gomer *n. pr. m.* + *n. populi*
II גֹּמֶר Gomer *n. pr. f.*
גְּמַרְיָהוּ Gemarja *n. pr. m.*
גַּן Garten, Gottesgarten (41x)
גנב *q* entwenden, stehlen (31x)
ni gestohlen werden (1x)
pi sich *etw.* durch Diebstahl aneignen (3x)
hitp sich hineinstehlen
גַּנָּב Dieb
גְּנֵבָה Gestohlenes
גְּנֻבַת Genubat *n. pr. m.*
גַּנָּה Garten
גֶּנֶז* (königliches) Schatzhaus
גִּנְזַךְ* Schatzhaus (am Tempel)

גנן *q* beschützen, schirmen
גְּנְתוֹי l גִּנְּתוֹן (Neh 12,4)
גִּנְּתוֹן Ginneton *n. pr. m.*
געה *q* brüllen, schreien (von Rindern)
*גֹּעָה/*גֹּעַת Goa *n. t.*
געל *q* verabscheuen, überdrüssig sein
ni beschmutzt werden
hi (die Befruchtung verfehlen)
גַּעַל Gaal *n. pr. m.*
גֹּעַל* Abscheu
גער *q jmd.* schelten, bedrohen
גְּעָרָה Schelten, Drohen
געש *q* schwanken
pu geschüttelt werden
hitp schwanken
hitpo schwanken, wogen
גַּעַשׁ Gaasch *n. l.* od. *n. t.*
גֹּעְתָה → גֹּעָה
גַּעְתָּם Gatam *n. pr. m.*
I גַּף* עַל־גַּפֵּי oben auf (Spr 9,3)
II גַּף* Körper, Person; בְּגַפּוֹ er allein Ex 21,3f
גֶּפֶן Weinstock, Rebe, Ranke (55x)
גֹּפֶר Baumart, Zypresse (?)
גָּפְרִית Schwefel
גֵּר Schutzbürger, Fremdling, Gast
גִּר Kalk
גֵּרָא Gera *n. pr. m.*
גָּרָב Ausschlag, Krätze
גָּרֵב Gareb *n. pr. m.* + *n. l.*
גַּרְגַּר* reife Olive
גַּרְגְּרֹת* Gurgel, Hals
גִּרְגָּשִׁי Girgaschiter *n. g.*

	גרד	hitp sich schaben		Grütze
	גרה	pi (Streit) erregen	גרשׁ	q vertreiben
		hitp sich in Streit,		ni vertrieben sein,
		Kampf einlassen		werden
I	גֵּרָה	Gekautes		pi vertreiben, wegtreiben
II	גֵּרָה	Gera, kleinste		(35x)
		Gewichtseineheit =		pu vertrieben werden
		0,572g (1/20 Schekel)	*גֶּרֶשׁ	Ertrag
	גָּרוֹן	Kehle, Hals	גְּרֻשָׁה	Enteignung
	*גֵּרוּת	Gerut–Kimham n. l.	גֵּרְשׁוֹן	Gerschon n. pr. m.
	כִּמְהָם		גֵּרְשֹׁם/	Gerschom n. pr. m.
	גרז	ni abgeschnitten,	גֵּרְשֻׁמִּי	
		verstoßen werden	גֵּרְשֻׁנִּי	Gerschoniter n. g.
	גִּרְזִי	→ Gesariter גִּזְרִי (1Sam	גְּשׁוּר	Geschur n. t.
		27,8) n. g.	גְּשׁוּרִי	Geschuriter n. g.
	גְּרִזִים	Garizim n. l.	גשׁם	pu beregnet werden Kj.
	גַּרְזֶן	Axt		Ez 22,24
	גּוֹרָל	→ גּוֹרָל		hi regnen lassen
	גָּדַל־	→ 1 גָּדַל־ Spr 19,19	I	גֶּשֶׁם	Regen, Regenguß
	גרם	q Knochen abnagen (?)	II	גֶּשֶׁם	Geschem n. pr. m.
		pi Knochen zerbrechen,		*גֻּשָׁם 1 (→גשׁם pu)
		abnagen	גַּשְׁמוּ	Gaschmu n. pr. m.
	גֶּרֶם	Knochen	I	גֹּשֶׁן	Goschen n. t.
	*גַּרְמִי	Garmiter n. g.	II	גֹּשֶׁן	Goschen n. l.
	גֹּרֶן	Dreschplatz, Tenne	גִּשְׁפָּא	Gischpa n. pr. m.
	גֹּרֶן הָאָטָד	Goren–Atad n. l.	גשׁשׁ	pi tasten
	גֹּרֶן כִּידֹן	Goren–Kidon n. l.	I	גַּת	Kelter
	גֹּרֶן נָכוֹן	Goren–Nachon n. l.	II	גַּת	Gath n. l.
	גרס	q sich verzehren	גַּת הַחֵפֶר	Gat–Hefer n. l.
		hi sich zerreiben lassen	גַּת רִמּוֹן	Gat–Rimmon n. l.
I	גרע	q scheren, stutzen,	גִּתִּי	Gathiter n. g.
		verkürzen, wegnehmen	*גִּתַּיִם	Gattajim n. l.
		ni abgezogen werden	גִּתִּית	Musikalischer
II	גרע	pi abtrennen		Fachausdruck
	גרף	q mit sich fortreißen	גֶּתֶר	Geter n. populi
	גרר	q fortschleppen;		
		wiederkäuen (Lev 11,7)		
		poᶜal zersägt werden		
	גְּרָר	Gerar n. l.		
	גֶּרֶשׂ	zerriebene Körner,		

ד

	דאב	q schmachten, verschmachten	I	דבר q reden (41x)
	דְּאָבָה	Angst, Schrecken (Hi 41, 14 l דְּאָבָה* Stärke?)		ni sich besprechen pi sprechen, reden (1081x) pu geredet werden hitp sich besprechen mit
	דְּאָבוֹן*	Verzagen	II	דבר pi sich abwenden, wegtreiben hi vertreiben, unterwerfen
	דאג	q sich ängstigen, besorgt sein		
	דָּאַג → דָּג			דָּבָר Wort, Sache, Ereignis (ca. 1440x)
	דֹּאֵג	Doeg n. pr. m.		
	דְּאָגָה	Sorge, Kummer		דֶּבֶר Pest (46x)
	דאה	q schweben, fliegen		דֹּבֶר Weide
	דָּאָה	Raubvogel, Milan (?)	III	/דְּבִר Debir n. l. דְּבִיר
	דֹּאר / דּוֹר	Dor n. l.		
	דּוֹב / דֹּב	Bär, Bärin		דִּבְרָה* Rechtssache; עַל־דִּבְרַת wegen
	דֹּבֶא	Stärke		
	דבב	q benetzen		דִּבְרָה → דָּבָר
	דִּבָּה	Verleumdung, Nachrede		דִּבְרָה → דְּבוֹרָה
I	דְּבוֹרָה	Biene		דֹּבְרוֹת Flöße
II	דְּבוֹרָה	Debora n. pr. f.		דִּבְרִי Dibri n. pr. m.
	דְּבִיוֹנִים	Taubenmist		דָּבְרַת Daberat n. l.
I	דְּבִיר	Allerheiligste (im Tempel)		דַּבֶּרֶת Worte, Aussprüche
				דְּבַשׁ Honig (54x)
II	דְּבִיר	Debir n. pr. m.	I	דַּבֶּשֶׁת (Kamel-) Höcker
III	דְּבִיר	Debir n. l. → דְּבָר	II	דַּבֶּשֶׁת Dabbeschet n. l.
	דְּבֵלָה	Feigenkuchen		דָּג Fisch
	דְּבֵלָה*	l רִבְלָתָה → רִבְלָה (Ez 6,14)		דָּגָה Fisch, koll. Fische
				דגה q zahlreich werden
	דִּבְלַיִם	Diblaim n. pr. m.		דָּגוֹן Dagon n. pr. m. (Philistergott)
	דִּבְלָתַיִם → בֵּית דִּבְלָתַיִם			
	דבק	q haften, kleben, festhalten (39x) pu aneinander gefügt sein (2x) hi (transitiv) verfolgen, einholen, ankleben (12x) ho angeklebt sein	I	דגל q ptz sichtbar, hervorragend
			II	דגל q die Fahne erheben ni ptz Fähnlein
				דֶּגֶל Feldzeichen, Stammesabteilung
				דָּגָן Getreide
	דָּבֵק	anhänglich		דגר q brüten
	דֶּבֶק	Lötung		

דַּד* Brüste
דֹּד → דּוֹד
דדה hitp wandeln
דֹּדָוָהוּ Dodawahu n. pr. m.
דְּדָן Dedan n. t.; n. populi
דְּדָנִי Dedaniter n. g.
דְּדָנִים Dodaniter n. g.
דהם ni bestürzt sein
דהר q galoppieren, stampfen
דַּהֲרָה* Jagen
דּוֹאֵג → דֹּאֵג
דוב hi zehren
דּוֹב → דֹּב
דַּוָּג* Fischer
דּוּגָה Fischerei
דּוֹד / דֹּד Geliebter, Freund, Onkel, Pl. Liebe(sgenuss) (61x)
דּוּד Kochtopf, Korb
דָּוִד / דָּוִיד David n. pr. m.
דּוֹדָאִים → דּוּדַי I
דּוֹדָה* Tante väterlicherseits
דֹּדוֹ / דֹּדוֹ Dodo n. pr. m.
דֹּדַי / דֹּדָי Dodaj n. pr. m.
I דּוּדַי* Liebesapfel (Frucht der Alraune)
II דּוּדַי Korb
דוה q menstruieren
דָּוֶה krank, f. menstruierend
דוח hi abspülen
דְּוַי* Krankheit
דַּוָּי krank
דּוּךְ q zerstoßen, zerkleinern
דּוּכִיפַת Wiedehopf
I דּוּמָה Stillschweigen (Totenreich)
II דּוּמָה Duma n. populi; n. l.
III דּוּמָה Duma n. t. (Edom?)
דּוּמִיָּה / דֻּמִיָּה Schweigen
דּוּמָם still, stumm

דּוּמֶּשֶׂק Damaskus n. l.
דּוּן q stark, wirksam sein
דּוֹנַג Wachs
דּוּץ q springen
I דּוּר q rundherum sichten
II דּוּר q wohnen
III דּוּר Kreis
I דּוֹר / דֹּר Generation, Geschlecht (166x)
II דּוֹר Wohnung
III דּוֹר → דֹּאר
דוש q zertreten, dreschen
ni zertreten werden
ho gedroschen werden (q pass)
דחה q stoßen, umstoßen
ni gestürzt werden
pu gestürzt werden (q pass)
דחח ni gestoßen, verstoßen werden
דְּחִי* Stoß, Anstoß
דֹּחַן Hirse
דחף q ptz pass eilend
ni sich beeilen
דחק q bedrängen
דַּי das Ausreichende, der Bedarf, genug; mit בְּ für, sooft; mit כְּ entsprechend; mit מִן sooft; לְמַדַּי genug
דִּי זָהָב Di–Sahab n. l.
דִּיבוֹן Dibon n. l.
דיג q herausfinden
דַּיָּג* Fischer
דַּיָּה Raubvogel
דְּיוֹ Tinte
דִּימוֹן Dimon n. l.
דִּימוֹנָה Dimona n. l.

	דִּין	q Recht schaffen, Gericht halten (22x) ni sich zanken	I	דַּלָּה	(offenes) Haar, Fadenrest
	דִּין	Recht, Rechtstreit, Rechtspruch	II	*דַּלָּה	das (niedere) Volk
				דלח	q (Wasser) trüben
	דַּיָּן	Richter		דְּלִי	Schöpfeimer
	דִּינָה	Dina n. pr. f.		דְּלָיָה	Delaja n. pr. m.
	דִּיפַת	Difat n. populi		דְּלָיָהוּ	Delajahu n. pr. m.
	דָּיֵק	Belagerungswerk		דְּלִילָה	Delila n. pr. f.
	דִּישׁ	→ דוש		*דָּלִית	Zweige, Ranken
	דַּיִשׁ	Dreschen, Dreschzeit	I	דלל	q baumeln
	דִּישׁוֹן	Dischon n. pr. m.	II	דלל	q klein, gering sein
	דִּישָׁן	Dischan n. pr. m.		דִּלְעָן	Dilean n. l.
I	דִּישׁן	Wisent? Antilope? (Dtn 14,5)		דלף	q träufeln, tränen, weinen
	דִּישֹׁן	→ דִּישׁוֹן		דֶּלֶף	Tropfen, Tröpfeln (eines undichten Daches)
	דַּךְ	unterdrückt, elend			
	דכא	ni ptz unterdrückt, zerschlagen pi zerschlagen, zermalmen pu zerschlagen sein, werden hitp zermalmt werden		דַּלְפוֹן	Dalfon n. pr. m.
				דלק	q in Brand setzen, verfolgen hi anzünden, erhitzen
				דַּלֶּקֶת	Fieber
				דֶּלֶת	Tür, Türflügel (87x)
				דָּם	Blut (ca. 360x)
I	דַּכָּא	mutlos, verzagt, Staub (Ps 90,3)	I	דמה	q ähnlich sein, gleichen ni gleich werden pi vergleichen, gleichstellen hitp sich gleichstellen
II	דַּכָּא	Zerquetschung (Dtn 23,2)			
	דכה	q Ps 10,10 l יִדְכֶּה ni ni zerschlagen sein pi zerschlagen	II	דמה	q still sein, zur Ruhe kommen (Ps 62,2.6) ni stumm sein, schweigen
	דַּכָּה	→ דַּכָּא II			
	*דֳּכִי	Klatschen (der Wellen) (Ps 93,3)	III	דמה	q vernichten (Hos 4,5)? ni vernichtet werden
I	*דַּל	Tür		דֵּמָה	l נִדְמָה → I דמה ni od. II דמה ni
II	דַּל	gering, schwach, machtlos, arm (48x)			
				דְּמוּת	Nachbildung, Abbild, Gestalt (25x)
	דלג	q springen, hüpfen pi springen		דֳּמִי	Ende, Ruhe
	דלה	q schöpfen pi emporziehen, retten		דּוּמִיָּה	→ דֳּמִיָּה
				*דִּמְיוֹן/*דִּמְיֹן	Ähnlichkeit

	דָּמִים	אֶפֶס דָּמִים ← דָּמִים			ho zermalmt werden
I	דמם	q erstarren, schweigen		דקר	q durchbohren
		po beruhigen			ni durchbohrt werden
II	דמם	q zu Ende gehen,			pu durchbohrt sein
		aufhören		דֶּקֶר	Deker n. pr. m.
		ni umkommen		דַּר	kostbarer Bodenbelag
		hi umkommen lassen		דֹּר	← דּוֹר / דֹּאר
	דְּמָמָה	Windstille		דְּרָאוֹן	Abscheu
	דֹּמֶן	Dünger		דָּרְבוֹן*	(eiserner) Stachel (eines
	דִּמְנָה	Dimna n. l.			Ochsensteckens)
	דמע	q weinen		דַּרְדַּע	Darda n. pr. m.
	דֶּמַע*	Aroma, Spezerei		דַּרְדַּר	Disteln
	דִּמְעָה	koll. Tränen		דָּרוֹם	Süden, Südland
	דַּמֶּשֶׂק	Damaskus n. l.	I	דְּרוֹר	Schwalbe(?), Sperling(?)
	דְּמֶשֶׁק	Damast (?)	II	דְּרוֹר	Tropfen (der Myrrhe)
	דָּן	Dan n. pr. m.; n. g.; n. l.;	III	דְּרוֹר	Freilassung
		n. t.		דָּרְיָוֶשׁ	Darius n. pr. m.
	דָּנִאֵל	← דָּנִיֵּאל		דְּרִיוֹשׁ	c. לְ zu untersuchen
	דַּנָּה	Danna n. l.			(דרשׁ)(Esr 10,16)
	דִּנְהָבָה*	Dinhaba n. l.		דרך	q treten, (einen Bogen)
	דָּנִי	Daniter n. g.			spannen, keltern (62x)
	דָּנִיֵּאל	Daniel n. pr. m.			hi betreten lassen,
	דֵּעַ*	Wissen, Kenntnis			betreten
	דֵּעָה	Wissen, Einsicht		דֶּרֶךְ	Weg, Besorgung,
	דְּעוּאֵל	Dëuël n. pr. m.			Geschäft, Art, Wandel
	דעך	q erlöschen			(ca. 700)
		ni verschwinden		דַּרְכְּמוֹן*	Drachme
		pu ausgelöscht werden		דַּרְמֶשֶׂק	Damaskus n. l.
	דַּעַת	Wissen, Erkenntnis		דָּרַע	Dara n. pr. m.
		(88x)		דַּרְקוֹן	Darkon n. pr. m.
	דֳּפִי*	Makel		דרשׁ	q suchen, fragen, fordern
	דפק	q (Vieh) zu heftig			(ca. 150x)
		antreiben, anklopfen			ni gesucht werden, sich
		hitp einander drängen			fragen
	דָּפְקָה	Dofka n. l.		דשׁא	q grünen
	דַּק	dünn, fein, mager			hi Grünes hervorbringen
	דֹּק	Schleier (?)		דֶּשֶׁא	junges Grün
	דִּקְלָה	Dikla n. pr. m.		דשׁן	q fett werden
	דקק	q zermalmen			pi fett machen
		hi fein zermahlen			pu fett gemacht werden
					hotpael (von Fett) triefen

	דָּשֵׁן	fett, saftig	*הָגוּת	Sinnen
	דֶּשֶׁן	Fett	הֲגִי	→ הָגָא
	דְּשֹׁן	→ דִּישׁוֹן	*הָגִיג	Seufzen
	דָּת	Verordnung, Gesetz	הִגָּיוֹן	Gerede, Sinnen, Klingen
	דָּתָן	Datan *n. pr. m.*	*הָגִין	geziemend, passend (?)
	דֹּתָן/דֹּתַיִן	Dothan *n. l.*		(Ez 42,12)
			הָגָר	Hagar *n. pr. f.*
	ה		הַגְרִי	Hagriter *n. g.*
			הֵד	Freudenruf (Ez 7,7)
	הֲ	Fragepartikel; Einleitung von Satzfragen (ca. 740x)	הֲדַד	Hadad *n. pr. m.*
			הֲדַדְעֶזֶר	Hadadeser *n. pr. m.*
			הֲדַד־רִמּוֹן	Hadad–Rimmon (Gottesname)
	הַ	bestimmter Artikel: der, die, das (ca. 23800x)	הדה	*q* (die Hand) ausstrecken
			הֹדּוּ	Hoddu, Indien *n. t.*
	הָא	Interjektion: siehe! da!	הֲדוּרִים	→ וַהֲרָרִים Berge
	הֶאָח	Interjektion:ha! ei! (Ausdruck v. Freude + Schadenfreude)		
I			הֲדוֹרָם	Hadoram *n. populi*
II			הֲדוֹרָם	Hadoram *n. pr. m.*
			הִדַּי	Hiddai *n. pr. m.*
	הַב	Imp: gib (יהב)	הדך	*q* niedertreten
	הָבָה	Interjektion: auf! wohlan!	הֲדֹם	Schemel
			הֲדַס	Myrte
	*הַבְהַב	Gier (?) (Hos 8,13)	הֲדַסָּה	Hadassa *n. pr. f.*
	הֵבוּ	1 אָהֵב אהבו (?)(Hos 4,18)	הדף	*q* stoßen, wegdrängen
	הבל	*q* zunichte werden, Nichtiges reden, treiben *hi* nichtig machen, betören	הדר	*q* ehren, schmücken *ni* geehrt werden *hitp* sich brüsten
I	הֶבֶל	Hauch, Nichtigkeit (73x)	הֲדַר	Hadar *n. pr. m.*
II	הֶבֶל	Abel *n. pr. m.*	הָדָר	Schmuck, Glanz, Herrlichkeit
	הֶבֶל	→ I הֶבֶל		
	הָבְנִים	Ebenholz	*הֲדָרָה	Schmuck
	הבר	*q* verehren	הֲדֹרָם	→ אֲדֹנִירָם
	הֵגַי	Hegai *n. pr. m.*	הֲדַרְעֶזֶר	→ הֲדַדְעֶזֶר
	הַגִּרְגָּדָה	→ חֹר הַגִּדְגָּד	הָהּ	Interj. ha! ach!
I	הגה	*q* knurren, sinnen, nachdenken (23x) *hi* murmeln	הוֹ	Interj. wehe!
			הוּא	→ הוה
			הוּא	er, der, jener (ca. 1400x)
II	הגה	*q* forttreiben, entfernen	I הוֹד	Hoheit, Majestät, Glanz
	הֶגֶה	Grollen, Seufzer	II הוֹד	Hod *n. pr. m.*
			הוֹדְוָה	Hodwa *n. pr. m.*

	הוֹדַוְיָהוּ	Hodawjahu *n. pr. m.*			*ni* sich begeben, sich zutragen (21x)
	הוֹדִיָּה	Hodija *n. pr. m.*		*הָיָה*	Hi 6,2 → I *הַוָּה*
I	הוה	*q* fallen *pi* stürzen		הֵיךְ	wie?
II	הוה	*q* werden, sein, bleiben		הֵיכָל	Palast, Tempel (80x)
I	*הַוָּה*	Frevel, Verderben		הֵילֵל	Morgenstern
II	*הַוָּה*	Begehren, Gier		הים	→ הום
	הֹוָה	Unfall, Verderben		הֵימָם	Hemam *n. pr. n.*
	הוֹהָם	Hoham *n. pr. m.*		הֵימָן	Heman *n. pr. m.*
	הוֹי	Interj. wehe! ach! (51x)		הִין	Flüssigkeitsmaß (1/6 Bat)
	הוֹלֵלוֹת/	Torheit			בַּת)
	הוֹלֵלוּת			הכר	*q* misshandeln
	הוֹלֵם	→ הלם		*הֲכָרָה*	Ansehen
	הום	*q* in Verwirrung bringen *ni* außer sich geraten *hi* ? (Mi 2,12; Ps 55,3) → המה		הלא	*ni ptz fem.* das Ermüdete, das Entfernte
				הָלְאָה	*adv.* dorthin, weiterhin
				הִלּוּלִים	Festjubel
	הוֹמָם	Homam *n. pr. m.*		הָלוֹם	→ הֲלֹם
	הון	*hi etw.* für leicht halten		הַלָּז	dieser, der da, die da
	הוֹן	Vermögen, Besitz; *adv.* genug		הַלָּזֶה	dieser Dem.-Pr. *Sg. m.*
				הַלֵּזוּ	diese Dem.-Pr. *Sg. fem.*
	הוֹשָׁמָה	Hoschama *n. pr. m.*		הלחות	→ K לוּחִית Jer 48,5
	הוֹשֵׁעַ	Hosea *n. pr. m.*		*הָלִיךְ*	Schritt
	הוֹשַׁעְיָה	Hoschaja *n. pr. m.*		הֲלִיכָה	Weg, Karawane, Prozession
	הות	*pol jmd.* anschreien (→התת)		הלך	*q* gehen, wandeln, weggehen (ca. 1400x) *ni* hinschwinden *pi* umhergehen (25x) *hitp* hin- und hergehen, ziellos umhergehen (64x) *hi jmd.* gehen lassen, vertilgen, bringen (45x)
	הוֹתִיר	Hotir *n. pr. m.*			
	הזה	*q* im Schlaf japsen, nach Luft schnappen			
	הִי	Interj. wehe!			
	הִיא	sie 3. *Sg. fem.*; jene (ca. 480x)			
	הֵידָד	Interj. jauchzet; Jauchzen; auch für Kriegsgeschrei (Jes 16,9)			
				הֵלֶךְ	Besucher, Fließen
	הַיְדוֹת	Neh 12,8 Schreibf. f. הוֹדָיוֹת/הוֹדֹרֹת Lobgesänge	I	הלל	*q* leuchten, strahlen *hi* strahlen lassen
			II	הלל	*pi* rühmen, preisen (113x) *pu* gepriesen sein *hitp* sich rühmen (23x)
	היה	*q* geschehen, werden, sein (ca. 3540x)			

III	הלל	q verblendet sein pol zum Gespött machen polal sinnlos (ptz) hitpol sich wie verückt benehmen	
	הִלֵּל	Hillel n. pr. m.	
	הלם	q schlagen, zerschlagen	
	הֲלֹם	hierher, hier	
	הֶלֶם	Helem n. pr. m.	
	*הַלְמוּת	Hammer	
	*הָם	Ham n. l.	
	הֵם/הֵמָּה	sie Pl. m.	
	הַמְדָתָא	Hammedata n. pr. m.	
	המה	q lärmen, brausen, unruhig sein, stöhnen	
	הֵמָּה	→ הֵם (ca. 550x)	
	הֲמוּלָה	→ הֲמֻלָּה	
	הָמוֹן	Geräusch, Lärm, Menge (83x)	
	הֲמוֹנָה	Hamona n. l.	
	*הֲמִיָּה	Lärm	
	הֲמֻלָּה	Geräusch, Getöse	
	המם	q verwirren, aufreiben	
	הָמָן	Haman n. pr. m.	
	הֲמָנְכֶם	→ הָמוֹן	
	הֲמָסִים	Reisig	
	הֵן	siehe, wenn	
I	הֵנָּה	sie Pron. sep. Pl. f.	
II	הֵנָּה	hierher, hier, jetzt	
	הִנֵּה	siehe!; wenn (ca. 1050x)	
	הֲנָחָה	Steuererleichterung, Steuererlass	
	הִנֹּם	→ גֵּיא בֶן־הִנֹּם	
	הֵנַע	Hena n. l.	
	הֲנָפָה	„Schwingen" der Opfergabe	
	הַס	Interj. pst! still!	
	הסה	hi beschwichtigen	
	הַסוּרִים	ptz pass q von אסר	
	*הֲפוּגָה	Aufhören	

	הפך	q wenden, umstürzen, umdrehen, sich wenden (55x) ni sich wandeln, verwandelt werden (34x) hitp sich hin und her wenden ho gewendet sein gegen	
	הֶפֶךְ	Gegenteil, Verkehrtheit	
	הֲפֵכָה	Zerstörung	
	הַצִּיץ	Hazziz n. l.	
	הַצָּלָה	Rettung	
	הַצְלֶלְפּוֹנִי	Hazlelponi n. pr. f.	
	הֹצֶן	? l הָמוֹן od. מִצְפּוֹן Ez 23,24	
	הַקּוֹץ	→ II קוֹץ	
	הַר	Berg, Gebirge (ca. 560x)	
	הֹר	Hor n. l.	
	הָרָא	Hara n. t.	
	הָרִאֵל	l הָאֲרִיאֵל I → אֲרִיאֵל	
	הרבית	Q מהרבת I רבה hi	
	הרג	q töten, erschlagen (ca. 160x) ni getötet werden pu (q pass) getötet werden	
	הֶרֶג	Töten, Morden	
	הֲרֵגָה	Töten, Morden, Schlachten	
	הרה	q empfangen, schwanger werden (41x) pu empfangen werden poel? empfangen Jes 59, 13	
	*הָרֶה	schwanger	
	הָרוּם	Harum n. pr. m.	
	הֵרוֹן	Schwangerschaft	
	חֲרוֹדִי	l חֲרֹדִי	
	הֵרָיוֹן	Schwangerschaft, Empfängnis	
	הֲרִיסָה	Trümmer	

הֲרִיסוּת* Zerstörung
הָרִ(י)פוֹת → רִיפוֹת
הֹרָם Horam n. pr. m.
הָרָם → בֵּית הָרָם
הַרְמוֹן* Harmon n. l. (?) Am 4,3
הָרַמִּים → אֲרַמִּי
הָרָן Haran n. pr. m.
הָרֹן → הָרוֹן
הרס q einreißen, niederreißen
(30x)
ni niedergerissen werden
pi zerstören
הֶרֶס Zerstörung
הֲרִסֻת → הֲרִיסוּת
הָרָרִי* /אֲרָרִי* Harariter n. g.
הַרְרֵי/הָרְרֵי → הַר
הָשֵׁם* Haschem n. pr. m.
הַשְׁמָעוּת Mitteilung
הַשֵּׁמוֹת → אִשְׁפֹּת I
הִתּוּךְ* Schmelzung
הִתְחַבְּרוּת → חבר hitp
הֲתָךְ Hatach n. pr. m.
התל pi jmd. verspotten
הֲתֻלִים Spöttereien
התת → הות pol

ו

וְ und, aber (ca 50270x);
וְ...וְ sowohl ... als auch
וְדָן Wedan n. l.
וָהֵב Waheb n. l.
וָו* Nagel
וָזָר schuldbelastet
וַיְזָתָא Waisata n. pr. m.
וָלָד Kind
וַנְיָה Wanja n. pr. m.
וָפְסִי Wofsi n. pr. m.
וַשְׁנִי Waschni n. pr. m.

וַשְׁתִּי Waschti n. pr. f.

ז

I זְאֵב Wolf
II זְאֵב Seeb n. pr. m.
זֹאת diese Sg. f.
זָב → זוּב q
זָבַד q jmd. beschenken
זֶבֶד Geschenk
זָבָד Sabad n. pr. m.
זַבְדִּי Sabdi n. pr. m.
זַבְדִּיאֵל Sandiel n. pr. m.
זְבַדְיָה Sebadja n. pr. m.
זְבַדְיָהוּ Sebadjahu n. pr. m.
זְבוּב koll. Fliegen
זָבוּד Sabud n. pr. m.
זְבוּדָה Sebudda n. pr. f.
זְבוּלוּן/זְבֻלוּן Sebulon n. pr. m. + n. t.
זְבוּלֹנִי Seboluniter n. g.
זבח q schlachten, opfern
(122x)
pi opfern (oft
iterativ)(22x)
I זֶבַח Schlachtopfer (162x)
II זֶבַח Sebach n. pr. m.
זַבַּי Sabbai n. pr. m.
זְבִידָה → זְבוּדָה
זְבִינָא Sebina n. pr. m.
זבל q erheben, anerkennen(?)
I זְבֻל Wohnung
II זְבֻל Sebul n. pr. m.
זְבֻלוּן → זְבוּלוּן
זַג (reife) Beeren
זֵד frech, vermessen
זָדוֹן Vermessenheit
זֶה dieser Sg. m., hier, nun
זֹה diese Sg. fem., neutr.
dieses, das

	זָהָב	Gold
	זהם	pi verekeln
	זָהָם	Saham n. pr. m.
I	זהר	hi glänzen
II	זהר	ni sich warnen lassen, hi jmd. warnen, ermahnen
	זֹהַר	Glanz
	זִו	Ziw (Monat April/ Mai)
	זוֹ	diese Sg. fem., dies
	זוֹ	Relativpartikel „von dem gilt" = der, die, das
	זוב	q fließen, überfließen
	זוֹב	Ausfluss, Schleim- und Blutfluss
	זוד	hi (eine Speise) zubereiten
	זוּזִים	Susiter n. g.
	זוֹחֵת	Sohet n. pr. m.
	זָוִית*	Ecke
	זול	q schütten
	זוּלָה*	außer, sonst
	זון	→ יון Jer 5,8
	זוֹנָה	Dirne
	זוּעַ	q zittern, pilp zittern machen, bedrängen
	זְוָעָה	Schrecken, Entsetzen
I	זור	q etw. ausdrücken, zertreten
II	זור	q sich abwenden, widerlich sein, ni sich abwenden, ho entfremdet (ptz)
	זָזָא	Sasa n. pr. m.
	זחח	ni sich loslösen
	זחל	q kriechen, sich verkriechen
	זֹחֶלֶת	Sohelet n. l.
	זיד	q vermessen sein
		hi frech handeln, sich erhitzen, erregen
	זֵידוֹן*	aufwallend
I	זִיז*	ein Insekt
II	זִיז*	Zitze
	זִיזָא	Sisa n. pr. m.
	זִיזָה	Sisa n. pr. m.
	זִינָא	Sina n. pr. m.
	זִיעַ	Sia n. pr. m.
I	זִיף	Siph n. l.
II	זִיף	Siph n. pr. m.
	זִיפָה	Sipha n. pr. m
	זִיפִי*	Siphiter n. g.
	זִיקוֹת	Brandpfeile
	זַיִת	Ölbaum, koll. Oliven (38x)
	זֵיתָן	Setan n. pr. m.
	זַךְ	rein glänzend
	זכה	q rein sein, pi rein halten, hitp sich reinigen
	זְכוּכִית	Glas
	זָכוּר	koll. was männlich ist
	זָכוּר	eingedenk
	זַכּוּר	Sakkur n. pr. m.
	זַכַּי*	Sakkai n. pr. m.
	זכך	q hell sein, rein sein, hi (etw.) reinigen
	זכר	q sich erinnern, denken an (172x), ni genannt werden, gedenken (20x), hi bekannt machen, bekennen (31x)
	זָכָר	Mann, männlich (82x)
	זֵכֶר	Gedenken, Erinnerung, Anrufung (Gottes)
	זֶכֶר	Secher n. pr. m.
	זִכָּרוֹן	Gedenken, Erinnnerung, Andenken

	זִכְרִי	Sichri *n. pr. m.*			*hi* zur Unzucht verleiten
	זְכַרְיָה	Sacharja *n. pr. m.*		זָנוֹחַ	Sanoach *n. l.* + *n. pr. m.*
	זְכַרְיָהוּ	Sacharjahu *n. pr. m.*		זְנוּנִים	Unzucht, Hurerei
	זָלָג	→ מַזְלֵג, מִזְלָג		זְנוּת	Unzucht
	זְלוּת	Gemeinheit	I	זנח	*hi* Gestank verbreiten
	זַלְזַל*	(Wein-) Ranke	II	זנח	*q* verwerfen, verstoßen
I	זלל	*ni* erbeben			*hi* für verworfen
II	זלל	*q* niedrig, verachtet sein			erklären, außer
		hi jmd. verachten			Verwendung setzen
III	זלל	*q* Verschwender (*ptz*)		זָנֹחַ	→ זָנוֹחַ
	זַלְעָפָה	Erregung, Wut		זנק	*pi* hervorspringen
	זִלְפָּה	Silpa *n. pr. f.*		זֵעָה*	Schweiß
I	זִמָּה	Plan, Schandtat		זְוָעָה	Schrecken
II	זִמָּה	Simma *n. pr. m.*		זַעֲוָן	Saawan *n. pr. m.*
I	זְמוֹרָה	Weinranke		זעזע	→ זוע
II	זְמוֹרָה	Gestank (?) Ez 8,14		זְעֵיר	ein wenig
	זַמְזַמִּים	Samsummiter *n. g.*		זעך	*ni* ausgelöscht sein
	זָמִיר	Gesang		זעם	*q jmd.* zürnen,
	זְמִירָה	Semira *n. pr. m.*			verwünschen
	זמם	*q* sinnen, planen			*ni* verwünscht (*ptz*)
	זִמָּם*	Plan, Anschlag		זַעַם	Zorn, Verwünschung
	זמן	*pu* festgesetzt (*ptz*)		זעף	*q* zürnen, mürrisch
I	זמר	*q* beschneiden			aussehen
		(Weinberg)		זַעַף	Zorn, Zürnen
		ni beschnitten werden		זָעֵף	wütend
II	זמר	*pi* singen, preisen		זעק	*q* schreien, um Hilfe
	זֶמֶר	Gazelle (?)			rufen (60x)
I	זִמְרָה	Lobgesang, Klang			*ni* aufgeboten werden
II	זִמְרָה	Schutz			*hi* ein Klagegeschrei
III	זִמְרָה*	Ertrag			erheben, zusammenrufen
I	זִמְרִי	Simri *n. pr. m.*		זְעָקָה	Klagegeschrei, Hilferuf
II	זִמְרִי	Simri *n. populi*		זִפְרוֹן*	Siphron *n. l.*
	זִמְרָן	Simran *n. pr. m.*		זֶפֶת	Pech
	זִמְרָת	→ זִמְרָה II	I	זִקִּים	Fessel
	זַן	Art, Sorte	II	זִקִּים	Brandpfeile
	זנב	*pi* die Nachhut (eines		זקן	*q* alt werden
		Heeres) vernichten			*hi* älter werden
	זָנָב	Schwanz		זָקָן	Bart
	זנה	*q* huren, treulos sein		זָקֵן	alt, Greis, Ältester
		pu gehurt werden			(178x)

	זָקֵן	Greisenalter
	זִקְנָה	das Altern, Alter
	זְקֻנִים	Greisenalter
	זקף	aufrichten
	זקק	q (aus) waschen
		pi läutern
		pu geläutert werden
	זָר	fremd, Fremder, befremdlich
	זֵר*	Einfassung, Randleiste
	זָרָא	Übelkeit
	זרב	pu wasserarm werden
	זְרֻבָּבֶל	Serubbabel n. pr. m.
	זֶרֶד	Sered n. l.
I	זרה	q streuen, worfeln (9x)
		ni zerstreut werden
		pi zerstreuen (25x)
		pu gestreut werden
II	זרה	pi abmessen
	זְרֹעַ/זְרוֹעַ	Arm, Macht (91x)
	זֵרוּעַ	Saat
	זַרְזִיף*	Regenguss
	זַרְזִיר*	Hahn (?)
I	זרח	q aufgehen, strahlen
II	זרח	→ אֶזְרָח
I	זֶרַח*	Aufgang
II	זֶרַח	Serach n. pr. m.
	זַרְחִי	Serachiter n. g.
	זְרַחְיָה	Serachja n. pr. m.
	זרם	q wegschwemmen (?) Ps 90,5
		po regnen
	זֶרֶם	Wolkenbruch
	זִרְמָה*	(Samen-) Erguss
	זרע	q säen (46x)
		ni gesät werden
		pu gesät sein (q pass?)
		hi Samen bilden
	זֶרַע	Same, Nachkommenschaft (ca. 230x)
	זֵרְעִים	Pflanzenkost, Gemüse (Dan 1,12)
	זֵרְעֹנִים	Pflanzenkost (Dan 1,16)
	זרק	q streuen, versprengen
		pu besprengt werden (q pass)
I	זרר	po niesen
II	זרר	q ausgedrückt werden (q pass?)
	שֶׁרֶשׁ	Seresch n. pr. f.
	זֶרֶת	Spanne (ca. 25 cm)
	זַתּוּא	Sattu n. pr. m.
	זֵתָם	Setam n. pr. m.
	זֵתַר	Setar n. pr. m.

ח

	חֹב*	Brust-, Hemdtasche
	חבא	ni sich verbergen, verstecken (16x)
		pu sich verbergen müssen
		hitp sich versteckt halten
		hi jmd. verstecken
		ho verborgen werden
	חבב	q lieben
	חֹבָב	Hobab n. pr. m.
	חָבָא	Hubba n. pr. m.
	חבא	q sich verbergen
		ni → חבא ni
	חָבוֹר	Habor n. fl.
	חַבּוּרָה	Wunde, Strieme
	חבט	q schlagen, klopfen
		ni ausgeklopft werden
	חֲבַיָּה	Hobajja n. pr. m.
	חֶבְיוֹן*/חֶבְיוֹן*	Verhüllung
I	חבל	q pfänden
		ni gepfändet werden

II	חָבַל	q böse handeln		חֹבֶרֶת	Reihe, Behang
		pi verderben		חבש	q binden, satteln
		pu vernichtet werden			pi verbinden
III	חָבַל	pi unter Wehen gebären			pu verbunden werden
I	חֶבֶל	Strick, Fessel, Feldstück, Landstrich, Schar		חֲבִתִּים	Gebäck
				חָג / חַג	Fest
II	חֶבֶל	Verderben		חָגָא	Furcht, Zittern
	חֵבֶל	Wehen	I	חָגָב	Heuschrecke
	חֲבֹל	Pfand	II	חָגָב	Hagab n. pr. m.
	חֲבֵל	Mastkorb		חֲגָבָא	→ חֲגָבָה
	חֹבֵל	Seemann		חֲגָבָה	Hagaba n. pr. m.
	*חֲבֹלָה	Pfand		חגג	q ein Fest feiern
	חֹבְלִים	Verbindung		*חָגוּ	Schlupfwinkel
	חֲבַצֶּלֶת	Pflanze, Lilie (Affodil)		*חָגוּר	gegürtet
	חֲבַצִּנְיָה	Habasinja n. pr. m.		חֲגוֹר	Gürtel
	חבק	q umarmen		חֲגוֹרָה	Gürtel, Schurz
		pi umarmen	I	חַגִּי	Haggi n. pr. m.
	*חִבֻּק	Ineinanderlegen (der Hände)	II	חַגִּי	Haggi n. g.
				חַגַּי	Haggai n. pr. m.
	חֲבַקּוּק	Habakkuk n. pr. m.		חַגִּיָּה	Haggijja n. pr. m.
	חבר	q verbündet sein, bannen		חַגִּית / חַגִּית	Haggit n. pr. f.
		pi zusammenfügen		חָגְלָה	Hogla n. pr. f.
		pu verbunden werden/ sein		חגר	q gürten, sich gürten (44x)
		hitp sich verbünden		חֲגוֹרָה	→ חֲגוֹרָה
		hi Worte künsteln (?; Hi 16,4)	I	*חַד	scharf
I	חֶבֶר	Gemeinschaft, Beschwörung	II	חַד	einer
				חדד	q angriffslustig sein hi schärfen; 1 יְחַד für יַחַד (Spr 27,17) ho geschärft werden
II	חֶבֶר	Heber n. pr. m.			
	חָבֵר	Verbündeter, Gefährte, Genosse			
	*חַבָּר	Zunftgenosse		חֲדַד	Hadad n. pr. m.; n. tribus
	*חֲבַרְבֻּרֹת	Flecken (d. Leopardenfells)		חדה	q sich freuen pi erfreuen
	חֶבְרָה	Gemeinschaft		*חַדּוּדִים	spitz
	חֶבְרוֹן	Hebron n. pr. m.; n. l.		חֶדְוָה	Freude
	חֶבְרֹנִי	Hebroniter n. g.		חָדִיד	Hadid n. l.
	חֶבְרִי	Hebriter n. g.		חדל	q aufhören, ablassen (54x)
	חֲבֶרֶת	Gefährtin, Ehefrau			

	חָדֵל	vergänglich, entsagend
	חֶדֶל*	Totenreich (?; Jes 38,11)
	חַדְלָי*	Hadlai n. pr. m.
	חֶדֶק	Pflanze (Nachtschattengewächs; Dorngebüsch?)
	חִדֶּקֶל	Tigris n. fl.
	חדר	q tief eindringen
	חֶדֶר	Zimmer, Kammer
	חַדְרָךְ	Hadrach n. l.
	חדש	pi erneuern
		hitp sich erneuern, verjüngen
	חָדָשׁ	neu, frisch (53x)
I	חֹדֶשׁ	Monat, Neumond (ca. 280x)
II	חֹדֶשׁ	Hodesch n. pr. f.
	חֲדָשָׁה	Hadasa n. l.
	חָדְשִׁי	תָּחְתִּים חָדְשִׁי ←
	חֲדַתָּה	→ I חָצוֹר
	חוב	pi schuldig machen
	חוֹב	Schuld
	חוֹבָה	Hoba n. l.
	חוג	q einen Kreis ziehen
	חוּג	Kreis
	חוד	q ein Rätsel aufgeben
I	חוה	pi kundtun
II	חוה	hištafᵉel sich verneigen → שחה hitp. (?)
I	חַוָּה*	Zeltlager, -dorf
II	חַוָּה	Eva n. pr. f.
	חוֹזַי	Hozai n. pr. m. (?; 2Chr 33,19, 1 חוֹזָיו)
	חוֹחַ	Dorn, Dornstrauch
	חֲוָחִים	→ חוֹחַ
	חוּט	Faden, Schnur
	חִוִּי	Hiwwiter n. g.
	חֲוִילָה	Hawila n. t.
I	חול	q sich drehen, tanzen, wirbeln, sich wenden pol tanzen hitpol wirbeln
II	חוּל	→ I חִיל
	חוּל	Hul n. t.
	חוֹל	Sand
	חוּם	dunkelfarbig
	חוֹמָה	Mauer, Stadtmauer (ca. 130x)
	חוס	q Mitleid mit jmd. haben, betrübt sein
	חוֹף*	Ufer, Küste
	חוּפָם	Hufam n. pr. m. (n. tribus ?)
	חוּפָמִי	Hufamiter n. g.
	חוּץ	draußen, Straße, Gasse (164x)
	חוֹק*	→ חֵיק (Ps 74,11)
	חוּק*	→ חקק q (Spr 8, 27.29)
	חוּקֹק	Hukok n. l.
	חור	q erbleichen
I	חוּר	Leinentuch
II	חוּר	Hur n. pr. m.
	חוֹר	→ חֹר
	חוּר	→ חֹר
	חוֹרֵב	→ חֹרֶב
	חוֹרִי	Hori n. pr. m.
	חוֹרִי*	Leinen ? (Jes 19,9)
	חוּרִי	Huri n. pr. m.
	חוּרִי	→ הֲדַי
	חוֹרִים	→ I חֹר*
	חוּרָם	Huram n. pr. m.
	חַוְרָן	Hauran n. t.
	חוֹרֹנַיִם/חֹרֹנַיִם	Horonaim n. l.
I	חוש	q eilen hi eilen, weichen, etw. beschleunigen
II	חוש	q sich sorgen (Pred 2,25)
	חוּשָׁה	Huscha n. pr. m.

	חוּשַׁי	Husai *n. pr. m.*
	חוּשִׁים / חֻשִׁים	Huschim *n. pr. f.*
	חוּשָׁם	→ חֻשָׁם
I	חוֹתָם/חֹתָם	Siegel, Siegelring
II	חוֹתָם	Hotam *n. pr. m.*
	חֲזָאֵל / חֲזָהאֵל	Hasaël *n. pr. m.*
	חזה	*q* sehen, schauen
	חָזֶה	Brust (d. Opfertieres)
I	חֹזֶה	Seher, Prophet
II	חֹזֶה	Bund, Vertrag (?, Jes 28,15)
	חֲזָאֵל	→ חֲזָהאֵל
	חָזוֹ	Haso *n. pr. m.*
	חָזוֹן	Vision, Schauung
	חָזוֹת*	Offenbarung
	חָזוּת	Offenbarung, Ausehen
	חֲזִיאֵל	Hasiël *n. pr. m.*
	חֲזָיָה	Hasaja *n. pr. m.*
	חֶזְיוֹן	Hesjon *n. pr. m.*
	חִזָּיוֹן	Gesicht, Offenbarung
	חֲזִיז*	Regen-, Gewitterwolke
	חֲזִיר	Wildschwein
	חֲזִיר	Hesir *n. pr. m.*
	חזק	*q* fest, stark werden/ sein (82x)
		pi fest machen, stärken (64x)
		hitp sich stark machen, Mut fassen (27x)
		hi fest, stark machen, ergreifen, festhalten (117x)
	חָזָק	fest, hart, stark, mächtig (57x)
	חֵזֶק	stark
	חֹזֶק*	Stärke
	חֵזֶק*	Stärke, Kraft
	חֶזְקָה*	Stark-, Mächtigwerden
	חָזְקָה	Gewalt, Stärke
	חִזְקִי	Hiski *n. pr. m.*
	חִזְקִיָּה	Hiskia *n. pr. m.*
	חִזְקִיָּהוּ	Hiskijjahu *n. pr. m.* (=חִזְקִיָּה)
	חָח	Dorn, Haken, Spange
	חטא	*q* sündigen, schuldig sein, verfehlen (182x) *pi* entsündigen, Sündopfer, darbringen *hitp* sich entsündigen *hi* zur Sünde verführen (32x)
	חֵטְא	Sünde, Verfehlung, Schuld
	חַטָּא*	sündig, Sünder
	חֲטָאָה	Sünde, Schuld, Sündopfer
	חַטָּאָה	Sünde, Schuld, Sündopfer
	חַטָּאת / חַטֹּאת	→ חֲטָאָה (ca. 290x)
I	חטב	*q* Holz schlagen *pu ptz* geschnitzt, gemeißelt
II	חטב	*q ptz pass* bestickt (?; Spr 7,16)
	חִטָּה	Weizen
	חַטּוּשׁ	Hattusch *n. pr. m.*
	חֲטִיטָא	Hatita *n. pr. m.*
	חַטִּיל	Hattil *n. pr. m.*
	חֲטִיפָא	Hatifa *n. pr. m.*
	חטם	*q* sich zügeln
	חטף	*q* rauben
	חֹטֶר	Zweig, Reis, Rute
	חַטָּת	→ חֲטָאָה
I	חַי	lebendig, *Pl.* חַיִּים Leben (ca. 230x)
II	חַי*	Sippe
	חִיאֵל	Hiël *n. pr. m.*
	חִיב	→ חוב *pi*
	חִידָה	Rätsel, Rätselspruch
	חיה	*q* leben, aufleben (205x)

		pi lebendig machen (56x)
		hi am Leben lassen, am Leben erhalten (23x)
	חָיֶה*	lebenskräftig
I	חַיָּה	*koll* wilde Tiere, Lebewesen, Getier (96x)
II	חַיָּה*	Leben, Gier
III	חַיָּה*	Schar (2Sam 23,13)
IV	חַיָּה	Land (Ps 68,11)
	חַיּוּת	Lebzeiten
	חַיִּים	Leben, Lebenszeit, Lebensglück (148x)
I	חיל	*q* kreißen, in Wehen liegen (28x)
		pass q → *ho*
		pol gebären
		polal geboren werden
		hitpol sich vor Angst winden
		hitpalp v. Schreck ergriffen werden
		hi erbeben lassen
		ho geboren werden
II	חיל	Bestand haben
III	חיל	*q* warten
		pol warten (Hi 35,14)
		hitpol warten (Ps 37,7)
	חַיִל	Kraft, Tüchtigkeit, Vermögen, Heer (ca. 240x)
I	חֵיל	→ חַיִל
II	חֵיל	Vormauer, Glacis
	חֵיל	Geburtswehen
	חִילָה	Qual, Schmerz
	חֵילֵז	Hiles *n. l.*
	חֵילָם	Helam *n. l.*
	חִין	? Hi 41,4 אֵין עֶרֶךְ l ohnegleichen
	חַיִץ	Wand
	חִיצוֹן	der, die, das äußere, außen gelegen, äußerer
	חֵיק/חֹק	Schoß, Gewandbausch, Unterleib
	חִירָה	Hira *n. pr. m.*
	חִירוֹם	Hirom *n. pr. m.*
	חִירָם	→ חִירוֹם
	חִירֹת	→ פִּי הַחִירֹת Num 33,8
	חִישׁ	Eile, eilends
	חֵךְ	Gaumen
	חכה	*q* warten auf
		pi erwarten
	חַכָּה	Angelhaken
	חֲכִילָה	Hachila *n. l.*
	חֲכַלְיָה	Hachalja *n. pr. m.*
	חַכְלִיל*	dunkel, trübe
	חַכְלִלוּת*	Trübheit
	חכם	*q* weise, klug werden (19x)
		pi jmd. weise machen, unterweisen
		pu ptz gewitzt, weise
		hitp sich weise, klug zeigen
		hi jmd. weise machen
	חָכָם	kundig, geschickt, erfahren, (ein) Weiser (138x)
	חָכְמָה	(tiefe) Weisheit, Geschick, Unterscheidungskunst (153x)
	חַכְמוֹנִי	Hachmoni *n. pr. m.; n. g.* (?)
	חָכְמוֹת	Weisheit
	חַכְמוֹת	→ חָכְמוֹת (Spr 14,1)
	חכר*	→ הכר
	חֵל	→ II חַיִל
	חֹל	profan, Profanes
	חלא	*q* erkranken
		hi krank machen

I	חֶלְאָה*	Rost			חלט	q etw. als gültig ansehen (?;1Kön 20,33)
II	חֶלְאָה	Hela n. pr. f.		I	חֲלִי*	Schmuck
	חֲלָאִים	→ I חֲלִי*		II	חֲלִי	Hali n. l.
	חֶלְאָמָה	→ חֵילָם (2Sam 10,17)			חֳלִי	Krankheit, Leiden (24x)
	חָלָב	Milch (44x)			חֶלְיָה*	Schmuck
I	חֵלֶב	Fett, das Beste, Erlesene (92x)		I	חָלִיל	Interj. fern sein es; חָלִילָה לִי fern sei es von mir
II	חֵלֶב	→ חֶלֶד 2Sam 23,29				
	חֶלְבָּה	Helba n. l.				
	חֶלְבּוֹן	Helbon n. l.		II	חָלִיל	Flöte
	חֶלְבְּנָה	Galbanum (ein Harz)			חֲלִיפָה*	Ablösung, Wechsel, (Wechsel-) Kleid
	חֶלֶד	Lebensdauer, Welt				
	חֶלֶד	Heled n. pr. m.			חֲלִיצָה*	Kleidung, Rüstung
	חֹלֶד	Maulwurf			חֶלְכָּה (?)	armselig, elend, Unglücklicher (?)
	חֻלְדָּה	Hulda n. pr. f.				
	חֶלְדַּי	Heldai n. pr. m.		I	חלל	ni entweiht werden pi entweihen, in Gebrauch nehmen (66x) pu entweiht (ptz) hi anfangen, beginnen, entweihen lassen (56x) ho angefangen werden
I	חלה	q krank sein, erkranken, schwach sein (37x) ni erschöpft sein ptz schlimm, unheilbar pi krank machen, besänftigten pu schwach gemacht werden hitp krank werden, sich krank stellen hi krank machen ho entkräftet sein				
				II	חלל	q durchbohrt sein pi durchbohren (Ez 28,9 ?) pu durchbohrt (ptz) pol durchbohren polal durchbohrt (ptz)
	חַלָּה	Ringbrot		III	חלל	pi Flöte blasen
	חֲלוֹם/חֲלֹם	Traum (65x)			חָלָל	durchbohrt, getötet, entehrt (v. einer Frau) (94x)
	חַלּוֹן	Fenster, Lichtloch				
	חֹלוֹן/חֹלֹן	Holon n. l.				
	חָלוֹף	Spr 31,8 בְּנֵי חֲלוֹף die Verlassenen		I	חלם	q kräftig werden (Hi 39,4) hi stärken
	חָלוּק*	glatt				
	חֲלוּשָׁה	Niederlage		II	חלם	q träumen (27x) hi träumen lassen (? Jer 29,8)
	חֲלָח*	Halach n. t.				
	חַלְחוּל	Halhul n. l.				
	חַלְחָלָה	Krampf, Schmerz, Zittern			חֵלֶם	Helem n. pr. m. (Sach 6,14)

	חַלָּמוּת	Pflanzenart: Ochsenzunge od. Eibisch
	חַלָּמִישׁ	Kiesel, hartes Gestein
	חֵלוֹן/חֵלֹן	Helon n. pr. m.
	חֹלֹן	→ חוֹלֹן
I	חלף	q vorüberziehen, vorbeifahren (14x) pi wechseln hi ändern, nachfolgen lassen (10x)
II	חלף	q vernichten, durchdringen
I	חֶלֶף	Heleph n. l.
II	חֶלֶף*	als Entgelt für, anstatt
I	חלץ	q ausziehen ni gerettet werden pi herausreißen, retten
II	חלץ	q gegürtet, gerüstet (ptz) ni sich rüsten hi ausrüsten
I	חֶלֶץ/חֲלָצַיִם*	Lende
II	חֶלֶץ	Heles n. pr. m.
I	חלק	q glatt, falsch sein hi umschmeicheln, glatt hämmern
II	חלק	q teilen, verteilen (19x) ni verteilt werden, sich teilen pi verteilen, zuteilen, zerstreuen (25x) pu verteilt werden hitp untereinander teilen hi an einer Erbteilung teilnehmen
	חָלָק	glatt, einschmeichelnd
I	חֵלֶק	Glätte
II	חֵלֶק	Teil, Besitzanteil, Los (66x)
III	חֵלֶק	Helek n. pr. m.
I	חֲלֻקָּה*	Glätte

II	חֶלְקָה	Feldstück
	חֲלֻקָּה*	Abteilung
	חֶלְקִי	Helkiter n. g.
	חֶלְקַי*	Helkai n. pr. m.
	חִלְקִיָּה	Hilkia n. pr. m.
	חִלְקִיָּהוּ	Hilkijahu n. pr. m.
	חֲלַקְלַקּוֹת	glatter Boden, Falschheit
	חֶלְקַת	Helkat n. l.
I	חלשׁ	q besiegen
II	חלשׁ	q kraftlos sein
	חַלָּשׁ	Schwächling
I	חָם*	Schwiegervater (Vater des Mannes)
II	חָם	heiß
III	חָם	Ham n. pr. m.
	חֹם	Hitze, Wärme
	חֵמָא	→ I חמה
	חֶמְאָה	Dickmilch
	חמד	q begehren, an etw. od. jmd. Gefallen finden (16x) ni begehrenswert, köstlich (ptz) pi begehren
	חֶמֶד	Anmut, Schönheit
	חֶמְדָּה	Begehrenswertes, Kostbarkeit
	חֲמֻדוֹת	Kostbarkeiten, Schatz
	חֶמְדָּן	Hemdan n. populi
	חֲמֻדוֹת	→ חֲמָדוֹת
	חַמָּה	Hitze, Glut, Sonne
I	חֵמָה	Hitze, Glut, Gift, Zorn, Wut (125x)
II	חֵמָה	→ חֶמְאָה
	חַמּוּאֵל	Hammuël n. pr. m.
	חָמוּד*	begehrt, begehrenswert, Pl. Kostbarkeiten
	חֲמוּדוֹת	→ חָמוּד*
	חֲמוּטַל/חֲמִיטַל	Hamutal, Hamital n. pr. f.

	חָמוּל	Hamul n. pr. m.			pealal pass aufgewühlt werden (?)
	חֲמוּלִי	Hamuliter n. g.			
	חַמּוֹן	Hammon n. l.	II	חמר	q bestreichen, verpichen (Ex 2,3)
	חָמוֹץ	Bedrücker			pealal pass gerötet sein (Hi 16,16)
	חָמוּץ*	grellrot			
	חַמּוּק*	Rundung			
I	חֲמוֹר/חֲמֹר	Esel (96x)		חֵמָר	Asphalt, Erdpech
II	חֲמוֹר	Hamor n. pr. m.		חֶמֶר	Wein
	חָמוֹת*	Schwiegermutter (Mutter des Mannes)	I	חֹמֶר*	Brausen
			II	חֹמֶר	Homer (Trockenmaß f. Getreide, ca. 349 l)
	חֹמֶט	(unreines) Reptil (Eidechsenart)	III	חֹמֶר	Lehm, Ton
	חָמְטָה	Humta n. l.		חַמְרָן	Hamran n. pr. m.
	חֲמִיטַל	→ חֲמוּטַל		חמש	q in Kampfordnung gegliedert
	חָמִיץ	Sauerampfer			pi den Fünften erheben
	חֲמִישִׁי/חֲמִשִׁי	fünfter (Ord.-Zahl)(45x)		חָמֵשׁ	fünf (500x)
	חמל	q Mitleid haben, schonen, sparen (41x)	I	חֹמֶשׁ	Fünftel
	חֶמְלָה*	Mitleid, Schonung	II	חֹמֶשׁ	Unterleib, Bauch
	חֶמְלָה	Mitleid		חֲמִשִׁי	→ חֲמִישִׁי
	חמם	q heiß, warm sein od. werden, erregt werden		חֲמִשִּׁים	fünfzig
		ni ptz brünstig		חֵמֶת	Schlauch
		pi warm machen		חֲמָת	Hamath n. l.
		hitp sich wärmen lassen	I	חַמַּת	Hammath n. l.
			II	חַמַּת	Hammath n. pr. m.
	חַמָּן*	Räucheraltar		חֲמַת דֹּאר	→ I חַמַּת
	חמס	q gewalttätig behandeln		חֲמָתִי	Hamathiter n. g.
		ni entblößt werden		חֵן	Gunst, Gnade, Anmut (70x)
	חָמָס	Gewalttat, Unrecht (60x)			
I	חמץ	q durchsäuert sein		חֵנָדָד	Henadad n. pr. m.
		hitp verbittert sein		חַנָּה	Hanna n. pr. f.
		hi ptz etw. sauer Schmeckendes		חֲנוֹךְ/חֲנֹךְ	Henoch n. pr. m.; n. l.
				חָנוּן	Hanun n. pr. m.
II	חמץ	q ptz Unterdrücker		חַנּוּן	barmherzig, gnädig
	חָמֵץ	Gesäuertes		חָנוּת*	Gewölbe
	חֹמֶץ	Essig, Essigtrank	I	חנט	q einbalsamieren
	חֶמְצָה*	→ I חמץ q inf. cs.	II	חנט	q reifen lassen
	חמק	q abbiegen		חֲנֻטִים	Einbalsamierung
		hitp schwanken		חַנִּיאֵל	Hanniël n. pr. m.
I	חמר	q brausen, schäumen		חֲנִיּוֹת	→ חָנוּת*

	חָנִיךְ*	Pl. Gefolgsmänner
	חֲנִינָה	Erbarmen, Gnade
	חֲנִית	Speer, Lanze (47x)
	חנך	q einweihen, erziehen
	חֲנֻכָּה	Einweihung
	חִנָּם	umsonst, gratis, vergeblich, grundlos (32x)
	חֲנַמְאֵל	Hanamel n. pr. m.
	חֲנָמָל	Wasserflut
I	חנן	q gnädig sein (54x)
		q pass Erbarmen finden
		ni → אנח ni
		pi lieblich machen
		hitp um Erbarmen flehen (17x)
		po Erbarmen haben
		ho → q pass
II	חנן	stinken
	חָנָן	Hanan n. pr. m.
	חֲנַנְאֵל	Hananel n. l.
	חֲנָנִי	Hanani n. pr. m.
	חֲנַנְיָה	Hananja n. pr. m.
	חֲנַנְיָהוּ	Hananjahu n. pr. m.
	חָנֵס	Hanes n. l.
	חנף	q gottlos sein, entweiht sein
		hi entweihen
	חָנֵף	gottlos
	חֹנֶף	Gottlosigkeit
	חֲנֻפָּה	Gottlosigkeit
	חנק	ni sich erdrosseln
		pi erwürgen
	חֲנָתוֹן	Hannaton n. l.
I	חסד	hitp sich fromm machen
II	חסד	pi schmähen
I	חֶסֶד	Güte, Freundlichkeit (245x)
II	חֶסֶד	Schande, Schmach
III	חֶסֶד	Hesed n. pr. m.

	חֲסַדְיָה	Hasadja n. pr. m.
	חסה	q sich bergen, Zuflucht suchen (37x)
I	הֹסָה	Hosa n. pr. m.
II	הֹסָה	Hosa n. l.
	חָסוּת	Zuflucht
	חָסִיד	der Treue, der Fromme
	חֲסִידָה	Storch, Reiher (?)
	חָסִיל	Heuschrecke
	חָסִין	stark
	חסל	q od. hi abfressen
	חסם	q zubinden, absperren
	חסן	ni aufbewahrt werden
	חֹסֶן	koll. Vorräte, Schatz, Stärke
	חָסֹן	stark, mächtig
	חספס	ptz pass knisternd
	חסר	q entbehren, abnehmen
		pi ermangelnd machen
		hi Mangel leiden lassen
	חָסֵר	ermangelnd, fehlend
	חֶסֶר	Mangel
	חֹסֶר*	Mangel
	חַסְרָה	Hasra n. pr. m.
	חֶסְרוֹן	Mangel, Defizit
	חַף	rein, sauber
	חפא	pi verhüllen? (2Kön 17,9)
	חפה	q bedecken, verhüllen
		ni bedeckt sein
		pi überziehen
I	חֻפָּה	Schutzdach, Brautgemach
II	חֻפָּה	Huppa n. pr. m. (n. tribus)
	חפז	q sich ängstigen, zagen
		ni ängstlich fliehen
	חִפָּזוֹן	eilige Flucht, Hast
	חֻפִּים/חֻפָּם	Huppim n. pr. m.
	חֹפֶן*	hohle Hand

	חָפְנִי	Hofni n. pr. m.		חֵץ	Pfeil (53x)
	חפף	q beschirmen		חצב	q aushauen, behauen
I	חפץ	q Gefallen haben, gern haben, wollen (73x)			q pass ausgehauen werden
II	חפץ	q (den Schwanz) steif halten Hi 40,17			ni eingemeißelt werden pu → q pass
	חָפֵץ	Gefallen habend, willig			hi zerschlagen
	חֵפֶץ	Gefallen, Wunsch, Interesse, Plan, Geschäft (38x)		חצה	q teilen ni sich teilen, geteilt werden
	חֶפְצִי־בָהּ	Hefzibah n. pr. f.		*חֲצוֹצְרָה	→ חֲצֹצְרָה
I	חפר	q graben, scharren, suchen	I	חָצוֹר/חָצֹר	Hazor n. l.
II	חפר	q sich schämen, beschämt werden hi sich beschämt fühlen, schändlich handeln	II	חָצוֹר *חָצוֹת חֲצִי	die seßhaften Araber (Jer 49,28) Hälfte, Mitte Hälfte, Mitte (125x)
I	חֵפֶר	Hepher n. pr. m. + n. l.	I	חֵצִי	Pfeil
II	חֵפֶר	→ גַּת הַחֵפֶר	II	חֵצִי	→ חֲצִי
	חֶפְרִי	Hephriter n. g.		חָצִיר	Gras, Lauch (Num 11,5)
	חֲפָרַיִם	Hapharajim n. l.		חֹצֶן	Kleiderbausch, Busen
	חָפְרַע	Hophra n. pr. m.		חצץ	q Ordnung halten
	*חֲפַרְפָּרָה	Spitzmaus			pi verteilen
	חפש	q erforschen, durchsuchen			pu zu Ende sein
		ni durchsucht werden		חָצָץ	Kiesel, Kies
		pi durchsuchen		חַצְצֹן תָּמָר	Haseson-Thamar n. l.
		pu sich suchen lassen, geplant werden		חצצר	pi die Trompete blasen
		hitp sich unkenntlich machen		חֲצֹצְרָה חָצֵר	Trompete Gehöft, Vorhof (191x)
	חֵפֶשׂ	Plan, Anschlag (?), Verstellung (?)		חֲצַר־אַדָּר חֲצַר גַּדָּה	Hasar–Addar n. l. Hasar–Gadda n. l.
	חפש	pu freigelassen werden		חֲצַר סוּסָה/ סוּסִים	Hasar–Susa/ Susim n. l.
	חֹפֶשׁ	Stoff (für Satteldecken)		חֲצַר עֵינוֹן/ עֵינָן	Hasar–Enon/ Enan n. l.
	חֻפְשָׁה	Freilassung		חֲצַר שׁוּעָל	Hasar–Schual n. l.
	חָפְשִׁית	→ חָפְשִׁית		חֶצְרוֹ/ חֶצְרַי	Hesro, Hesrai n. pr. m.
	חָפְשִׁי	freigelassen, frei	I	חֶצְרוֹן/ חֶצְרֹן	Hesron n. pr. m.
	חָפְשִׁית	Freiheit (von Amtspflichten)	II	חֶצְרוֹן	Hesron n. l.

	חֶצְרוֹנִי	Hesroniter *n. g.*
	חֲצֵרוֹת	Haseroth *n. l.*
	חֲצֵרִי	→ חָצְרוֹ
	חֲצַרְמָוֶת	Hazarmawet *n. t.*
	חֶצְרֹן	→ חֶצְרוֹן
	חֶצְרוֹנִי	→ חֶצְרוֹנִי
	חֵק	→ חֵיק
	חֹק	Bestimmung, Regel, Vorschrift, Gesetz (129x)
	חקה	*pu ptz* eingeritzt, gezeichnet *hitp* sich einritzen
	חֻקָּה	Ordnung, Satzung, Vorschrift (104x)
	חֲקוּפָא	Hakufa *n. pr. m.*
	חקק	*q* einritzen, einzeichnen, festsetzen *q pass* aufgeschrieben werden *pu ptz* Festgesetztes *pol* festsetzen, bestimmen, Führer *ptz* *ho* → *q pass*
	חִקְקֵי	→ חֹק
	חקר	*q* erforschen, prüfen *ni* erforscht werden, berechnet werden *pi* erforschen
	חֵקֶר	d. Forschen, Erforschung, Grund
I	חֹר*	*Pl.* Freie, Vornehme
II	חֹר	Loch, Spalt, Höhle
	חֻר*	Loch, Höhle
	חֹר הַגִּדְגָּד	Hor–Gidgad *n. l.*
	הֳרָאִים*	Kot, Mist
I	חרב	*q* vertrocknet sein, austrocknen *pu* od. *q pass* ausgetrocknet sein *hi* vertrocknen lassen
II	חרב	*q* verwüstet sein *ni ptz* verwüstet *hi* verwüsten, verheeren *ho* verwüstet worden sein
III	חרב	*q* niederstoßen, niedermachen *ni* einander bekämpfen
I	חָרֵב*	trocken
II	חָרֵב	verwüstet, zerstört
	חֶרֶב	Schwert, Dolch, Meißel (ca. 410x)
I	חֹרֶב	Dürre, Hitze, Glut
II	חֹרֶב	Verwüstung
	חֹרֵב	Horeb *n. l.*
	חָרְבָּה	Trümmerhaufen, Ruinenstätte
	חָרְבָה	das Trockene, trockener Boden
	חֲרָבוֹן*	trockene Hitze
	חַרְבוֹנָא/ה	Harbona *n. pr. m.*
	חרג	*q* (zitternd) herauskommen
	חַרְגֹּל	Heuschreckenart
	חרד	*q* zittern, beben (23x) *hi jmd.* erschrecken
	חָרֵד	ängstlich, bange vor
I	חֲרֹד	Harod. *n. l.*
II	חֲרֹד	→ חָרְדִי
I	חֲרָדָה	Schrecken, Furcht, Sorge
II	חֲרָדָה	Harada *n. l.*
	חֲרֹדִי	Haroditer *n. g.*
I	חרה	*q* heiß werden, sein, entbrennen (82x) *ni jmd.* zürnen *hitp* sich ergreifen *hi* (den Zorn) entbrennen lassen *tif* wetteifern
II	חרה	*q* dahinschwinden

	חַרְהֲיָה	Harhaja n. pr. m.			ho gebannt werden
	חֲרוּזִים	Halskette	II	חרם	q ptz pass mit gespaltener Nase
	חָרוּל	Unkraut, wilde Artischocke	I	חֵרֶם	Bann, Weihung, Gebanntes
	חֲרוּמַף	Harumaf n. pr. m.			
	חָרוֹן	Glut, Zorn (41x)	II	חֵרֶם	Schleppnetz
	חוֹרֹנִים	→ חוֹרֹנִים		חָרִם	Harim n. pr. m.
	חֲרוּפִי	→ חֲרוּפִי		חֹרֵם	Horem n. l.
I	חָרוּץ	Gold		חָרְמָה	Horma n. l.
II	חָרוּץ	Stadtgraben, Einschnitt, verstümmelt		חֶרְמוֹן	Hermon n. montis
				חֶרְמֵשׁ	Sichel
III	חָרוּץ	Einschnitt, Entscheidung, Strafgericht (Jo 4,14)	I	חָרָן	Haran n. l.
			II	חָרָן	Haran n. pr. m.
				חֹרֹנִי	Horoniter n. g.
IV	חָרוּץ	Dreschschlitten		חוֹרֹנִים	→ חוֹרֹנִים
V	חָרוּץ	eifrig, fleißig		חַרְנֶפֶר	Harnefer n. pr. m.
VI	חָרוּץ	Harus n. pr. m.	I	*חֶרֶס	Krätze
	חַרְחוּר	Harhur n. pr. m.	II	חֶרֶס	Sonne
	חַרְהֲיָה	→ חַרְהֲיָה	III	חֶרֶס	Heres n. l.; → מַעֲלֵה הֶחָרֶס
	חַרְחַס	Harhas n. pr. m.			
	חַרְחֻר	Fieber, Entzündung		*חַרְסִית	Scherbe
	חֶרֶט	Griffel	I	חרף	q überwintern
	*חַרְטֹם	Zauberer, Magier	II	חרף	q verhöhnen (4x) pi schmähen, enttäuschen (34x)
	*חֳרִי	Glut, Zorn			
I	חֹרִי	Gebäck			
II	חֹרִי	Hori n. pr. m.; n. t.; n. g. Horiter	III	חרף	ni ptz bestimmt (Lev 19,20)
	*חֲרָאִים	→ חֲרָאִים		חֹרֶף	Winter, übertr. Jugend
	*חָרִיט	Tasche, Beutel		חָרֵף	Haref n. pr. m.
	חֲרָיוֹנִים	l דבֿיונים (2Kön 6,25)		חֶרְפָּה	Schmähung, Schmach, Schande
	חָרִיף	Harif n. pr. m.			
	חֲרִיפִי	Harifiter n. g.	I	חרץ	q festsetzen, beschließen Ex 11,7; Jos 10,21 bedrohen ni ptz Beschlossenes
I	*חָרִיץ	Abgeschnittenes, Stück			
II	*חָרִיץ	(eisernes) Gerät, Hacke			
	חָרִישׁ	das Pflügen			
	*חֲרִישִׁי	scharf, schneidend (?)	II	חרץ	q eifrig sein, sich beeilen (2Sam 5,24)
	חרך	q rösten, braten (?) (Spr 12,27)			
				חַרְצֻבּוֹת	Fesseln, Qualen
	*חֲרָךְ	Gitterfenster		חַרְצַנִּים	unreife Trauben
I	חרם	hi bannen, weihen (47x)		חרק	q knirschen

I	חרד	q brennen, glühen	I	חשׂף	q abschälen, entblößen
		ni angebrannt, versengt werden	II	חשׂף	q schöpfen, abschöpfen
		pilp entzünden, erhitzen		חשׁב	q jmd. f. etw. halten, anrechnen, achten, planen (77x)
II	חרד	ni heiser sein			
	חֲרָרִים	Steinwüste, Lavafelder			ni gerechnet werden, geachtet werden, gelten als (30x)
	חֶרֶשׂ	Tongeschirr, Tonscherbe			
	חֲרֶשֶׂת	→ קִיר־חֲרֶשֶׂת			
I	חרשׁ	q pflügen, eingraben			pi berechnen, bedenken, nachdenken, planen
		ni (um)gepflügt werden			
		hi bereiten, planen			hitp sich rechnen unter
II	חרשׁ	q eingravieren, bearbeiten		חֵשֶׁב	Gurt, Gürtel
				חַשְׁבַּדָּנָה	Haschbaddana n. pr. m.
III	חרשׁ	q stumm sein, schweigen		חֲשֻׁבָה	Haschuba n. pr. m.
		hi sich still verhalten, schweigen, zum Schweigen bringen (39x)	I	חֶשְׁבּוֹן	Berechnung, Denken, Planen
			II	חֶשְׁבּוֹן	Hesbon n. l.
		hitp sich ruhig verhalten		*חִשָּׁבוֹן	Erfindung, Belagerungsmaschine (2Chr 26,15)
I	*חֶרֶשׁ	Zauberei			
II	חֶרֶשׁ	heimlich			
III	חֶרֶשׁ	Heresch n. pr. m.		חֲשַׁבְיָה	Haschabja n. pr. m.
I	חֹרֶשׁ	Wald(gebiet)		חֲשַׁבְיָהוּ	Haschabjahu n. pr. m.
II	*חֹרֶשׁ	Horesch n. l.		חֲשַׁבְנָה	Haschabna n. pr. m.
	חָרָשׁ	Handwerker, Arbeiter		חֲשַׁבְנְיָה	Haschabneja n. pr. m.
	חֵרֵשׁ	taub		חשׁה	q schweigen
	חַרְשָׁא	Harscha n. pr. m.			hi Schweigen gebieten, stillschweigen
	חׇרְשָׁה	→ חֹרֶשׁ II			
	חֲרֹשֶׁת	Bearbeitung		חָשׁוּב	Haschschub n. pr. m.
	חֲרֹשֶׁת הַגּוֹיִם	Haroseth–Gojim n. l.		חֲשׁוּקִים	Querstangen (d. Stiftshütte)
	חרת	q ptz pass eingraviert			
	*חֶרֶת	Hereth n. l.		חֲשֵׁכָה	→ חֲשֵׁכָה
	חֲשֻׂפָא/ חֲשׂוּפָא	Hasufa n. pr. m.		חשׁך	q finster sein, werden hi verdunkeln, verfinstern
	חֲשׂוּפַי	→ I חשׂף q (Jes 20,4)		חֹשֶׁךְ	Finsternis, Dunkelheit (80x)
	*חָשִׂיף	Herde, Häuflein (Ziegen) (1Kön 20,27)			
				חָשֵׁךְ	dunkel, übertr. unbedeutend
	חשׂך	q zurückhalten, schonen, sparen (26x)		חֲשֵׁכָה/ חֲשֵׁיכָה	Finsternis, Dunkelheit
		ni zurückgehalten, geschont werden			

	חֹשֵׁל	ni ptz Pl. Nachzügler (Dtn 25,18)
	חָשֻׁם	Haschum n. pr. m.
	חֻשָׁם / חוּשָׁם	Huscham n. pr. m.
	חֻשִׁים / חֻשִׁם	Huschim n. pr. m.
	חֶשְׁמוֹן	Hesmon n. l.
	חַשְׁמַל	Goldsilberlegierung, mit עֵין Glanz, Funkeln
	חַשְׁמֹנָה	Hasmona n. l.
	חַשְׁמַנִּים	Bronzegegenstände od. gefärbte Tücher (?; Ps 69,32)
	חֹשֶׁן	Brusttasche
	חשׁק	q an jmd. hangen, jmd. lieben pi verbinden pu verbunden sein
	חֵשֶׁק	Lust, Wunsch, Begehren
	חִשֻּׁקִים	Speichen (des Rades)
	*חֲשֻׁקִים	→ חָשׁוּקִים
	חֲשָׁרָה / חַשְׁרָה	Sieb
	*חִשֻּׁרִים	Naben (d. Rades)
	חָשַׁשׁ	Heu
	חֻשָׁתִי	Huschatiter n. g.
I	*חַת	schreckerfüllt
II	*חַת	Schrecken, Furcht
III	*חַת	zerbrochen (v. Bogen; 1Sam 2,4)
	חֵת	Het n. pr. m.
I	חתה	q wegnehmen, holen
II	חתה	q niederschlagen
	*חִתָּה	Schrecken
	חִתּוּל	Binde, (Arm)Schiene
	*חֲתַחַת	Schrecknis
	חִתִּי	Hittiter n. g.
	חֲתִית	Schrecken
	חתך	ni bestimmt, verhängt sein
	חתל	pu (in Windeln) gewickelt werden (Ez 16,4) ho → pu (Ez 16,4)
	חֲתֻלָּה	Windel
	חֶתְלֹן	Hethlon n. l.
	חתם	q (ver) siegeln, bestätigen ni versiegelt werden pi versiegelt halten hi Verstopfung aufweisen
	חֹתָם	→ חוֹתָם
	חֹתֶמֶת	Siegelring
	חתן	q → *חֹתֵן hitp sich verschwägern
	חָתָן	Schwiegersohn, Bräutigam
	*חֹתֵן	Schwiegervater
	*חֲתֻנָּה	Hochzeit
	*חֹתֶנֶת	Schwiegermutter
	חתף	q wegraffen
	חֶתֶף	Räuber
	חתר	q durchbrechen, Jon 1,13 rudern
I	חתת	q erschreckt, erschüttert sein ni zerschlagen, niedergeschlagen sein pi schrecken hi erschrecken lassen
II	חתת	q zerbröckelt sein (Jer 14,4) ni od. q zerbrechen pi zerbrochen sein hi etw. zerbrechen, zerschmettern
I	חֲתַת	Erschrecken, Schrecken
II	חֲתַת	Hatat n. pr. m.

ט

	טאטא	pilp wegfegen
	טֹב	→ טוֹב I
	טָבְאֵל/	Tabeel, Tabeal n. pr. m.
	טָבְאָל	
	טֹבָה	→ טוֹבָה
	טְבוּלִים	Kopfbund, Turban
	*טַבּוּר	Nabel
	טבח	q schlachten, übertr. töten
I	טֶבַח	Schlachtung
II	*טֶבַח	Tebach n. pr. m.
III	*טֶבַח	Tebach n. l.
	טָבַח	→ טבח I
	טַבָּח	Schlächter, Koch; Pl. Leibwächter
	טַבָּחָה	Köchin
	טִבְחָה	das Schlachten, Schlachtfleisch
	טִבְחַת	Tibchat n. l.
	טֹבְיָה	→ טוֹבִיָּה
	טבל	q eintauchen, untertauchen ni eingetaucht werden
	טְבַלְיָהוּ	Tebaljahu n. pr. m.
	טבע	q einsinken, untertauchen po (od. pass q) versenkt werden ho eingetaucht werden
	טַבָּעוֹת	Tabbaot n. pr. m.
	טַבַּעַת	Siegelring, Ring
	טַבְרִמּוֹן	Tabrimmon n. pr. m.
	טַבָּת	Tabbat n. l.
	טֵבֵת	Tebet (Monat Dez.- Jan.)
	טָהוֹר/טָהֹר	lauter, gediegen, rein (95x)
	טהר	q rein sein, werden (34x) pi für rein erklären pu gereinigt werden hitp sich reinigen (20x)
	טֹהַר	Reinheit, Reinigung
	*טְהָר	Glanz
	טָהֹר	→ טָהוֹר
	טָהֳרָה	Reinheit, Reinigung
	טוב	q gut sein (18x) hi gut machen, handeln
I	טוֹב/טֹב	gut (ca. 490x)
II	טוֹב	Tob n. t.
	טוּב	Schönheit, Fröhlichkeit, Güte, Wohlstand
	טוֹב אֲדֹנִיָּה	Tob–Adonia n. pr. m.
	טוֹבָה/טֹבָה	Gutes, Glück, Heil (67x)
	טוֹבִיָּה/	Tobia(s) n. pr. m.
	טֹבְיָה	
	טוֹבִיָּהוּ	Tobijahu n. pr. m.
	טוה	q spinnen
	טוח	q verputzen ni verputzt werden
	טוֹטָפֹת	Zeichen, Markzeichen
	טול	hi werfen ho hingeworfen werden pilpel hinstrecken
	טוּר	Lage, Reihe, Schicht
	טוש	umherfliegen
	טחה	pil ptz Pl. cs. auf Bogenschußweite (Gen 21,16)
	טַחוֹן	Handmühle
	טֻחוֹת	Verborgenes, Inneres, Hi 38,36: Himmelserscheinung (?), Ibis, Vogel d. Thot (?)
	טחח	q verklebt sein
	טחן	q mahlen zerstoßen, zermalmen
	טַחֲנָה	Mühle
	*טֹחֲנָה	Müllerin, übertr. Backenzahn

	טְחֹרִים	Hämorrhoiden	סֶנֶא	Korb
	טֹטֶפֶת	→ טוֹטָפֹת	טנף	pi schmutzig machen
	טִיחַ	Lehmstrich, Lehmüberzug	טעה	q umherirren hi in die Irre führen
	טִיט	Lehm, Schlamm	טעם	q kosten, schmecken, essen
	טִירָה	Zeltlager		
	טַל	Tau (31x)	טַעַם	Geschmack, Klugheit, Befehl
	טלא	q ptz pass gefleckt pu ptz Pl. fem. geflickt		
			I טען	pu ptz durchbohrt
	טְלָאִים	→ *טְלָאם;→ II טֶלֶם	II טען	(Tiere) beladen
	*טְלָאם	Telam n. l.	טַף	koll. Kinder, nicht Marschfähige (41x)
	טָלֶה	Lamm		
	טְלַטֵלָה	d. Hinstrecken	I טפח	pi ausbreiten
I	טֶלֶם	Telem n. pr. m.	II טפח	pi gesunde Kinder gebären
II	טֶלֶם	Telem n. l.		
	טַלְמוֹן	Talmon n. pr. m.	טֶפַח	Handbreite (ca. 7,5 cm); 1Kön 7,9: architekt. term. techn.: Querträger (?)
	טַלְמוֹן	→ טַלְמוֹן		
	טמא	q (kult.) unrein sein, werden (77x) ni sich kultisch verunreinigen, verunreinigt werden (18x) pi verunreinigen, entehren, entweihen (50x) pu verunreinigt werden (1x) hitp sich kult. verunreinigen (15x) hotp verunreinigt werden		
			טֹפַח	→ טֶפַח
			טִפֻּחִים	Pflege
			טפל	q beschmieren; übertr. andichten
			טִפְסָר	Beamter (Schreiber)
			טִפְסָר	→ טִפְסָר
			טפף	q trippeln, tänzeln
			טפש	q unempfindlich sein
			טָפַת	Taphat n. pr. f.
			טרד	ständig tropfen
	טָמֵא	unrein (ca. 85x)	טָרוֹם	→ טֶרֶם
	*טֻמְאָה	Unreinheit, Verunreinigung	טרח	hi belasten
			טֹרַח	Last
	טמה	→ טמא ni (Hi 18,3)	*טָרִי	frisch
	טמן	q verstecken, vergraben, versteckt anbringen (28x) ni sich verbergen hi versteckt halten	טֶרֶם	noch nicht, bevor, ehe (56x)
			טרף	q reißen, zerreißen q pass zerrissen werden ni zerrissen werden pu → q pass hi genießen lassen

טֶרֶף frisch
טֶרֶף Raub, Beute, Nahrung
טְרֵפָה Zerrissenes

י

יאב q nach etw. verlangen
יאָב → יוֹאָב
יאה q sich ziemen, gebühren
יאור → יְאֹר
יאושיהו → יאשִׁיָּהוּ
יַאֲזַנְיָה Jaasanja n. pr. m.
יַאֲזַנְיָהוּ Jaasanjahu n. pr. m.
יָאִיר Jaïr n. pr. m.
I יאל ni sich als Tor erweisen
II יאל hi sich entschließen, gelingen, beginnen
יְאֹר / יְאוֹר Fluß, Strom, meist: Nil, Tigris (Dan 12,5-7)(65x)
יָאִירִי Jaïriter n. g.
יאש ni verzweifeln an, ablassen von
   pi in Verzweiflung bringen
יאשִׁיָּה Josia n. pr. m.
יאשִׁיָּהוּ Josia n. pr. m.
*יאתון → אִיתוֹן
יְאָתְרַי Jeatrai n. pr. m.
יבב pi klagen
יְבוּל Ertrag
יְבוּס Jebus n. l.
יְבוּסִי Jebusiter n. g.
יִבְחָר Jibhar n. pr. m.
יָבִין Jabin n. pr. m.
יָבֵשׁ → II/ III יָבֵשׁ
יבל hi bringen
   ho gebracht werden
I *יָבָל Strom, Fluss

II יָבָל Jabal n. pr. m.
יוֹבֵל → יוּבַל
יִבְלְעָם Jibleam n. l.
יַבֶּלֶת Warze, Entzündung
יבם pi die Leviratsehe vollziehen
*יָבָם Schwager, Levir
*יְבָמָה Schwägerin
יַבְנְאֵל Jabneel n. l.
יַבְנֶה → יַבְנְאֵל
יַבְנְיָה Jibneja n. pr. m.
יִבְנִיָּה Jibnijja n. pr. m.
יְבוּסִי → יְבֻסִי
יַבֹּק Jabbok n. fl.
יְבֶרֶכְיָהוּ Jebrechjahu n. pr. m.
יִבְשָׂם Jibsam n. pr. m.
יבש q trocken sein, vertrocknen, verdorren (41x)
   pi austrocknen
   hi vertrocknen lassen (15x)
I יָבֵשׁ vertrocknet
II יָבֵשׁ/יָבִישׁ Jabesch n. l.
III יָבֵשׁ/יָבִישׁ Jabesch n. pr. m.
יַבָּשָׁה trockenes Land
יַבֶּשֶׁת trockenes Land
יִגְאָל Jigal n. pr. m.
יגב q ptz Pl. Ackerbauer
*יָגֵב Acker
יָגְבְּהָה Jogboha n. l.
יִגְדַּלְיָהוּ Jigdaljahu n. pr. m.
I יגה ni betrübt sein
   pi plagen, betrüben
   hi jmd. betrüben, plagen
II יגה hi wegschaffen 2Sam 20,13?
יָגוֹן Kummer, Qual
יָגוֹר sich fürchten
יָגוּר Jagur n. l.

יָגִיעַ* erschöpft
יְגִיעַ* Mühe, Arbeit, Ertrag
יְגִיעָה* Ermüdung
יָגְלִי Jogli *n. pr. m.*
יגע *q* ermüden, sich abmühen
pi müde machen
hi jmd. ermüden
יְגַע Arbeitsertrag
יָגֵעַ müde, sich abmühend
יגר *q* sich fürchten
יָגֹר → ba. יָגֵר*
יָד Vorderarm, Hand, Seite, Gewalt, Kraft, Denkmal (ca. 1600x)
יִדְאֲלָה Jidala *n. l.*
יִדְבָּשׁ Jidbasch *n. pr. m.*
ידד *q* werfen
יְדִדוּת* Liebling
I ידה *q* schießen
pi werfen
II ידה *hitp* bekennen, berichten
hi preisen, bekennen (ca. 100x)
יִדּוֹ Jiddo *n. pr. m.*
יָדוֹן Jadon *n. pr. m.*
יַדּוּעַ Jaddua *n. pr. m.*
יְדוּתוּן/ יְדֻתוּן Jeduthun *n. pr. m.*
יַדַּי* → יִדּוֹ
יָדִיד* Liebling, lieblich
יְדִידָה Jedida *n. pr. f.*
יְדִידְיָה Jedidja *n. pr. m.*
יְדִדֹת Liebe
יִדְיָה Jedaja *n. pr. m.*
יְדִיעֲאֵל Jediaël *n. pr. m.*
יְדִיתוּן → יְדוּתוּן
יִדְלָף Jidlaf *n. pr. m.*
ידע *q* merken, erfahren, erkennen, verstehen, wissen, sich kümmern um, beiwohnen (ca. 800x)
ni sich zeigen, offenbar werden, erkannt werden (41x)
pi wissen lassen
pu ptz Vertrauter, Bekannter
hitp sich zu erkennen geben
po 1Sam 21,3 1 נוֹדַעְתִּי „ich habe mich verabredet"
hif wissen lassen, kundtun
ho kundgetan werden
יָדָע Jada *n. pr. m.*
יְדַעְיָה Jedaja *n. pr. m.*
יִדְּעֹנִי Wahrsagegeist, Wahrsager
יָהּ Jah *Kurzform für* Jahwe (49x)
יהב *q* geben; הַב gib her! הָבָה auf!
יְהָב* Last, Sorge
יהד *hitp* sich als Jude bekennen
יְהֻד* Jehud *n. l.*
יֶהְדַּי* Johdai *n. pr. m.*
יֵהוּא Jehu *n. pr. m.*
יְהוּא → I הוה Pred 11,3
יְהוֹאָחָז Joahas *n. pr. m.*
יְהוֹאָשׁ Joas *n. pr. m.*
יְהוּדָה Juda *n. pr. m.; n. t.; n. g.* (ca. 800x)
יְהוּדִי Judäer *n. g.,* Jehudi *n. pr. m.* (76x)
יְהוּדִית Judith *n. pr. f.*
יהוה Jahwe *n. dei* (ca. 6800x)
יְהוֹזָבָד Jehosabad *n. pr. m.*

	יְהוֹחָנָן	Jehochanan n. pr. m.			יוֹחָא	Jocha n. pr. m.
	יְהוֹיָדָע	Jehojada n. pr. m.			יוֹחָנָן	Jochanan n. pr. m.
	יְהוֹיָכִין	Jojachin n. pr. m.			יוּטָּה	→ יָטָה
	יְהוֹיָכִין	→ יְהוֹיָכִין			יוֹיָדָע	Jojada n. pr. m.
	יְהוֹיָקִים	Jojakim n. pr. m.			יוֹיָכִין	Jojachin n. pr. m.
	*יְהוֹיָרִיב	Jehojarib n. pr. m.			יוֹיָקִים	Jojakim n. pr. m.
	יְהוּכַל	Jehuchal n. pr. m.			יוֹיָרִיב	Jojarib n. pr. m.
	יְהוֹנָדָב	Jehonadab n. pr. m.			יוֹכֶבֶד	Jochebed n. pr. f.
	יְהוֹנָתָן	Jonathan n. pr. m.			יוּכַל	Juchal n. pr. m.
	*יְהוֹסֵף	Joseph n. pr. m.			יוֹם	Tag, Zeit (ca. 2300x)
	יְהוֹעַדָּה	Jehoadda n. pr. m.			יוֹמָם	adv. bei Tag, tagsüber (51x)
	יְהוֹעַדָּן	Jehoaddan n. pr. f.			יָוָן	Jawan n. pr. m.; n. populi Griechenland
	יְהוֹצָדָק	Jehosadak n. pr. m.				
	יְהוֹרָם	Joram n. pr. m.			יָוֵן	Schlamm
	יְהוֹשֶׁבַע	Jehoseba n. pr. f.			יוֹנָדָב	Jonadab n. pr. m.
	יְהוֹשַׁבְעַת	Jehosabat n. pr. f. (?)		I	יוֹנָה	Taube
	יְהוֹשׁוּעַ	Josua n. pr. m.		II	יוֹנָה	Jona n. pr. m.
	יְהוֹשֵׁעַ	→ יְהוֹשׁוּעַ		III	יוֹנָה	→ ינה q
I	יְהוֹשָׁפָט	Josaphat n. pr. m.			*יְוָנִי	Jawaniter n. g.
II	יְהוֹשָׁפָט	Josaphat n. t.			יוֹנֵק	Säugling, Kleinkind, Spross
	יָהִיר	stolz, frech				
	יַהֵל	→ II אהל pi Jes 13,20			יוֹנֶקֶת	Spross, Nachkommen
	יְהַלֶּלְאֵל	Jehallelel n. pr. m.			יוֹנָתָן	Jonathan n. pr. m.
	יַהֲלֹם	Edelstein, Jaspis od. Diamant			יוֹסֵף	Joseph n. pr. m.; n. tribus
	יַהַץ	Jahas n. l.			יוֹסִפְיָה	Josiphja n. pr. m.
	יַהְצָה	→ יַהַץ			יוֹעֵאלָה	Joëla n. pr. m.
	יוֹאָב	Joab n. pr. m.			יוֹעֵד	Joëd n. pr. m.
	יוֹאָח	Joah n. pr. m.			יוֹעֶזֶר	Joëser n. pr. m.
	יוֹאָחָז	Joahas n. pr. m.			יוֹעֵץ	Ratgeber
	יוֹאֵל	Joël n. pr. m.			יוֹעָשׁ	Joasch n. pr. m.
	יוֹאָשׁ	Joas n. pr. m.			יוֹצֵאת	Fehlgeburt
	יוֹב	Job n. pr. m.			יוֹצָדָק	Josadak n. pr. m.
	יוֹבָב	Jobab n. pr. m.			יוֹצֵר	Töpfer
	יוֹבֵל	Widder; שְׁנַת הַיּוֹבֵל Erlassjahr			יוֹקִים	Jokim n. pr. m.
					יוֹרָא	→II ירה ho
I	יוּבַל	Kanal, Bach		I	יוֹרֶה	Frühregen
II	יוּבַל	Jubal n. pr. m.		II	יוֹרֶה	Schütze, I ירה q
	יוֹזָבָד	Josabad n. pr. m.				
	יוֹזָכָר	Josachar n. pr. m.				

יוֹרָה Jora *n. pr. m.*
יוֹרַי Jorai *n. pr. m.*
יוֹרָם Joram *n. pr. m.*
יוֹשָׁב חֶסֶד Juschab–Hesed *n. pr. m.*
יוֹשִׁבְיָה Joschibja *n. pr. m.*
יוֹשָׁה Joscha *n. pr. m.*
יוֹשַׁוְיָה Joschawja *n. pr. m.*
יוֹשָׁפָט Josaphat *n. pr. m.*
יוֹתָם Jotham *n. pr. m.*
יוֹתֵר/יֶתֶר das Übrige, Vorteil, Gewinn, *adv.* übermäßig
*יְזִיאֵל Jesiël *n. pr. m.;* יְזוּאֵל 1 Chr 12,3
יִזִּיָּה Jissijja *n. pr. m.*
יְזִיז Jasis *n. pr. m.*
יִזְלִיאָה Jislia *n. pr. m.*
יזן *pu* in Brunst sein
*יַאֲנְיָהוּ/ יַזְנְיָהוּ → יַאֲזַנְיָהוּ
*יֶזַע Schweiß
*יִזְרָח → זֶרַחִי 1Chr 27,8
יִזְרַחְיָה Jisrachja *n. pr. m.*
יִזְרְעֶאל Jesreel *n. pr. m.; n. l.*
יִזְרְעֵאלִי Jesreeliter *n. g.*
יֶחְבָּא K. → חֶבָה 1Chr 7,34
יחד *q* sich vereinigen, anschließen
pi konzentrieren
יַחַד Vereinigung, Gemeinschaft, *adv.* miteinander, beisammen, gänzlich
יַחְדָּו *adv.* zusammen, beisammen, gänzlich (45x)
יַחְדּוֹ Jachdo *n. pr. m.*
יַחְדִּיאֵל Jachdiël *n. pr. m.*
יֶחְדְּיָהוּ Jachdejahu *n. pr. m.*
יַחְדָּו → יַחְדָּיו
יְחִיאֵל → יְחוּאֵל
יַחֲזִיאֵל Jahasiël *n. pr. m.*

יַחְזְיָה Jachseja *n. pr. m.*
יְחֶזְקֵאל Ezechiël, Hesekiël *n. pr. m.*
יְחִזְקִיָּה Hiskia *n. pr. m.*
יְחִזְקִיָּהוּ Hiskia *n. pr. m.*
יַחְזֵרָה Jachsera *n. pr. m.*
יְחִיאֵל Jehiël *n. pr. m.*
יְחִיאֵלִי Jehiëliter *n. g.*
יָחִיד einzig, einsam
*יְחִיָּה Jehijja *n. pr. m.*
יָחִיל Warten, Harren
יחל *ni* warten
pi warten, harren
hi warten
יַחְלְאֵל Jachleël *n. pr. m.*
יַחְלְאֵלִי Jachleëliter *n. pr. m.*
יחם *q* brünstig sein
pi brünstig machen, empfangen
יַחְמוּר Rehbock (?), Damhirsch (?)
יַחְמַי Jachmai *n. pr. m.*
יָחֵף barfuß
יַחְצְאֵל Jachseël *n. pr. m.*
יַחְצְאֵלִי Jachseëliter *n. g.*
יַחֲצִיאֵל Jachsiël *n. pr. m.*
יחר → אחר *hi*
יחש *hitp* sich in das Geschlechtsregister eintragen lassen
יַחַשׂ Registerbuch
יַחַת Jahat *n. pr. m.*
יטב *q* gut sein, *jmd.* gut gehen (43x)
hi etw. gut machen, *jmd.* Gutes tun, fröhlich machen (73x)
יָטְבָה Jotba *n. l.*
יָטְבָתָה Jotbata *n. l.*
יֻטָּה/יוּטָּה Jutta *n. l.*

יְטוּר	Jetur *n. pr. m.*; *n. populi*	יָלוֹד	geboren
יַיִן	Wein (ca. 140x)	יָלוֹן	Jalon *n. pr. m.*
יָד	→ יָד 1Sam 4,13	יָלִיד*	Sohn, im Haus geborener Sklave
יְכָנְיָה	→ יְכָנְיָה		
יכח	*ni* rechten, gerechtfertigt werden	ילל	*hi* heulen, wehklagen (ca. 30x)
	hi richten, *jmd.* zurechtweisen, züchtigen (54x)	יְלֵל*	Geheul
		יְלָלָה*	Geheul, Wehklage
	ho gezüchtigt werden	ילע	→ I לעע
	hitp sich gerichtlich auseinandersetzen	יַלֶּפֶת	Hautflechte
		יֶלֶק	*koll.* Heuschrecke(n) (noch ungeflügelt)
יְכִילְיָהוּ, יְכִילְיָה	→ יְכָלְיָהוּ	יַלְקוּט	Hirtentasche
יָכִין	Jachin *n. pr. m.*	יָם	Meer, See, Westen, Strom (ca. 400)
יָכִינִי	Jachiniter *n. g.*		
יכל	*q* können, vermögen, überlegen sein (193x)	יְמוּאֵל	Jemuël *n. pr. m.*
		יְמוֹנִי	→ יְמָנִי
יְכָלְיָהוּ	Jecholjahu *n. pr. f.*	יְמִימָה	Jemima *n. pr. f.*
יְכָנְיָה	Jechonja *n. pr. m.*	I יָמִין	rechte Seite, rechts, Süden (140x)
יְכָנְיָהוּ	Jechonjahu *n. pr. m.*		
ילד	*q* gebären, erzeugen (240x)	II יָמִין	Jamin *n. pr. m.*
		יְמִינִי	Jaminiter *n. g.*
	q pass geboren werden (26x)	יְמִינִי	Benjaminit *n. g.*
		יְמָנִי	→ יְמָנִי 2Chr 3,17
	ni geboren werden (38x)	ימך	→ תמך
	pi Hebammendienste leisten (10x)	יִמְלָא	→ יִמְלָה
		יִמְלָה	Jimla *n. pr. m.*
	pu → *q pass*	יַמְלֵךְ	Jamlech *n. pr. m.*
	hitp sich in Familienverzeichnisse eintragen lassen (1x Num 1,18)	יֵמִם	(heiße) Quellen (?; Gen 36,24)
		ימן	*hi* rechts halten, gehen
	hi erzeugen, gebären lassen (ca. 170x)	יִמְנָה	Jimna *n. pr. m.*
		יִמְנִי*	Jimniter *n. g.*
	ho geboren werden (→ *q pass/ ni*)	יְמָנִי	rechts, südlich
		יִמְנָע	Jimna *n. pr. m.*
יֶלֶד	Knabe, Kind (89x)	ימר	*hi* → מור *hi*
יַלְדָּה	Mädchen		*hitp* sich brüsten
יַלְדוּת	Jugend	יִמְרָה	Jimra *n. pr. m.*
ילה*	→ להה	ימש	*hi* berühren lassen

יָנָה q gewalttätig sein
hi jmd. bedrücken
יָנוֹחַ Janoach n. l.
יָנוּם Janum n. l.
*יְנִיקָה Schoss (einer Pflanze)
יָנַק q saugen
hi säugen, stillen
יוֹנֵק → יָנַק
יַנְשׁוּף/יַנְשׁוֹף Eulenart, Ibis (?)
I יסד q gründen, bestimmen,
zuweisen (20x)
ni gegründet werden
pi gründen
pu gegründet werden
ho gegründet werden
II יסד ni sich zusammentun gg.
*יְסָד Anordnung (?), Beginn (?)
יְסוֹד Fundament, Sockel
*יְסוּדָה Gründung
יִסּוֹר Tadler, Kritiker
יְסוּרַי → סור q
יסך → II סוּךְ q pass
יִסְכָּה Jiska n. pr. f.
יִסְמַכְיָהוּ Jismachjahu n. pr. m.
יסף q hinzufügen, fortfahren
etw. zu tun (33x)
ni hinzugefügt werden
hi hinzufügen,
vermehren (ca. 170x)
יסר q unterweisen
ni sich unterweisen lassen
pi zurechtweisen, züchtigen (31x)
hi züchtigen (?; Hos 7,12)
nitp sich warnen lassen
יֹסֵר Unterweiser
*יִעַ/יָעָה → יָעִים

יַעְבֵּץ Jabez n. pr. m.; n. l.
יעד q bestimmen
ni sich treffen, versammeln
hi jmd. vorladen
ho bestellt, beordert weden
*יֶעְדּוֹ Jedo n. pr. m.
יֶעְדּוֹ → יעדי
יעה q beseitigen
*יָעֶה → יָעִים
יְעוּאֵל Jëuël n. pr. m.
יְעוּץ Jëus n. pr. m.
יָעוּר → יעור
יְעוּשׁ Jëusch n. pr. m.
יעז ni frech (ptz)
יַעֲזִיאֵל Jaasiël n. pr. m.
יַעֲזִיָהוּ Jaasijjahu n. pr. m.
יַעְזֵיר/יַעְזֵר Jaser n. l.
*יעט → I עטה hi
יְעִיאֵל Jëiël n. pr. m.
יָעִים Schaufeln
יָעִיר Jaïr n. pr. m.
יַעְכָּן Jakan n. pr. m.
יעל hi nützen, helfen, v. etw. Nutzen haben
I *יָעֵל Steinbock
II יָעֵל Jael n. pr. f.
יַעְלָא → יַעֲלָה
*יַעֲלָה / יַעֲלָה Steinbockweibchen, Wildziege
יַעְלָם Jalam n. pr. m.
יַעַן wegen, weil (ca. 100x)
*יָעֵן Strauß
יַעֲנָה Strauß
יַעֲנַי Janai n. pr. m.
יעף q müde sein, werden
ho ptz ermüdet
יָעֵף müde, matt

	יְעָף*	Ermüdung (?), Eile (?) Dan 9,21
	יעץ	q raten, beschließen, planen (34x)
		ni sich raten lassen, sich beraten, beschließen (22x)
		hitp sich beraten
	יַעֲקוֹב / יַעֲקֹב	Jakob n. pr. m.; n. populi; übertr. Israel (Gesamtisrael u. Nordreich)(ca. 350x)
	יַעֲקֹבָה	Jaakoba n. pr. m.
	יַעֲקוֹב	→ יַעֲקֹב
	יַעֲקָן	→ עֲקָן
I	יַעַר	Wald, Dickicht, Park (57x)
II	יַעַר	Honigwabe
I	יַעֲרָה*	Honigwabe
II	יַעֲרָה*	Jara n. pr. m.
	יַעֲרֵי	→ יָעִיר
	יַעֲרֶשְׁיָה	Jaareschja n. pr. m.
	יַעֲשַׂי*	Jaasai n. pr. m.
	יַעֲשִׂיאֵל	Jaasiël n. pr. m.
	יִפְדְיָה	Jifdeja n. pr. m.
	יפה	q schön sein, werden
		pi schmücken
		hitp sich schön machen
	יָפֶה	schön, gut (42x)
	יְפֵה־פִיָּה	prächtig
	יָפוֹ/יָפוֹא	Japho n. l.
	יפח	hitp stöhnen, ächzen
	יָפֵחַ	→ יָפִיחַ
	יָפֵחַ	→ יָפִיחַ
	יְפִי*	Schönheit
	יָפִיחַ	Zeuge (?)
I	יָפִיעַ	Japhia n. l.
II	יָפִיעַ	Japhia n. pr. m.
	יַפְלֵט	Japhlet n. pr. m.
	יַפְלֵטִי	Japhletiter n. g.

	יְפֻנֶּה	Jephunne n. pr. m.
	יפע	hi leuchten, aufstrahlen, leuchtend erscheinen
	יִפְעָה*	Glanz
	יֶפֶת	Japhet n. pr. m.
I	יִפְתָּח	Jiftach n. l.
II	יִפְתָּח	Jephta n. pr. m.
	יִפְתַּח־אֵל	Jiftach–El n. l.
	יצא	q herauskommen, hinausgehen, ausziehen (ca. 780x)
		hi herausführen, hervorbringen (ca. 270x)
		ho herausgeführt werden
	יצב	hitp sich hinstellen, sich einfinden, standhalten (48x)
	יצג	hi hinstellen, hinlegen
		ho zurückgelassen werden
I	יִצְהָר	Öl
II	יִצְהָר	Jishar n. pr. m.
	יִצְהָרִי	Jishariter n. g.
	יִצּוּעַ*	Lager, Bett
	יִצְחָק/יִשְׂחָק	Isaak n. pr. m.
	יִצְחָר	→ צֹחַר 1Chr 4,7
	יִצִיא*	hervorgegangen
	יָצִיעַ	Anbau, Umbau
	יצע	hi ausbreiten, sich betten
		ho ausgebreitet werden
	יצק	q ausgießen, (Metall) gießen (41x)
		hi ausgießen, eingießen
		ho ausgegossen werden
	יְצִקָה*	Guss (von Metall)
	יצר	q formen, bilden, gestalten (41x)
		q pass gebildet, geschaffen werden

		ni gebildet, geschaffen werden
		pu → *q* pass
		ho → *q* pass
I	יֵצֶר	Gebilde, Produkt, Sinnen, Streben
II	יֵצֶר	Jeser *n. pr. m.*
	יוֹצֵר	→ יֹצֵר
	יִצְרִי	Jisriter *n. g.*
	*יְצֻרִים	Glieder, Gliedmaßen
	יצת	*q* in Brand stecken, verbrennen
		ni verbrannt werden, entbrennen
		hi anzünden, Feuer legen
	יֶקֶב	Kelteranlage (für Wein u. Öl), Kufe
	יָקְבְצְאֵל	→ קַבְצְאֵל
	יקד	*q* brennen
		ho angezündet werden
	יְקֹד/*יְקוֹד	Brennen, Brand
	יָקְדְעָם	Jokdeam *n. l.*
	יָקֶה	Jake *n. pr. m.*
	*יִקְהָה/*יְקָהָה	Gehorsam
	*יִקּוֹד	→ יְקֹד
	יָקוּד	Feuerstelle, Herd
	יָקוֹשׁ	(Altweiber-) Sommer (?) Hi 8,14
	יְקוּם	Bestand
	יָקוֹשׁ/יָקוּשׁ	Vogelsteller
	יְקוּתִיאֵל	Jekutiël *n. pr. m.*
	יָקְטָן	Joktan *n. pr. m.*
	יָקִים	Jakim *n. pr. m.*
	יָקִיר	teuer, wert
	יָקְמְיָה	Jekamja *n. pr. m.*
	יָקְמְעָם	Jokmeam *n. l.*
	יָקְמֳעָם	→ יָקְמְעָם
	יָקְנְעָם	Jokneam *n. l.*
	יָקְנֳעָם	→ יָקְנְעָם

	יקע	*q* sich verrenken, sich losreisen
		hi hinrichten (?), jmd. mit gebrochenen Gliedern aussetzen (?)
		ho hingerichtet werden (?)
	יקץ	*q* erwachen
	יקר	*q* wertvoll, kostbar sein, angesehen sein
		hi kostbar, rar machen
	יָקָר	wertvoll, kostbar, selten
	יְקָר	Kostbarkeit, Ehre, Ansehen
	יקשׁ	*q* eine Falle stellen (Vögel fangen)
		ni gefangen werden
		pu q pass in einer Falle gefangen werden
	יָקְשָׁן	Jokschan *n. pr. m.*
	יָקְתְאֵל	Jokteel *n. l.*
I	ירא	*q* sich fürchten, fürchten (ca.260x)
		ni gefürchtet werden (45x)
		pi in Furcht versetzen
II	ירא	→ I ירה *q* u. *hi*
III	ירא	→ II ירה *ho*
	יָרֵא	sich fürchtend, furchtsam (63x)
	יִרְאָה	Furcht (44x)
	יִרְאוֹן	Jiron *n. l.*
	יִרְאִיָּה	Jirijja *n. pr. m.*
	יָרֵב	+ מֶלֶךְ Großkönig od. „Streitkönig" (Hos 5,13; 10,6)
	יְרֻבַּעַל	Jerubbaal *n. pr. m.*
	יָרָבְעָם	Jerobeam *n. pr. m.*

	יְרֻבֶּשֶׁת	Jerubbeschet *n. pr. m.* Schimpfname f. Jerubbal (2Sam 11,21)	II	יָרִיב	Jarib *n. pr. m.*
	ירד	*q* hinabgehen, herabkommen (ca. 300x) *hi* hinabbringen (67x) *ho* hinabgebracht werden		*יְרִיבַי	Jeribai *n. pr. m.*
				יְרִיָּה	Jerijja *n. pr. m.*
				יְרִיָּהוּ	→ יְרִיָּה
				יְרִיחֹה	→ יְרִיחוֹ
	יֶרֶד	Jered *n. pr. m.*		יְרִיחוֹ	Jericho *n. l.*
	יַרְדֵּן	Jordan *n. fl.* (ca. 180x)		יְרִימוֹת	Jerimoth *n. pr. m.*
I	ירה	*q* werfen, schießen, errichten (Gen 31,51) *ni* erschossen werden *hi* werfen, schießen		יְרִיעָה	Zelttuch, Zeltbehang (54x)
				יְרִיעוֹת	Jerioth *n. pr. f.*
				יָרֵךְ	Hüfte, Oberschenkel, *übertr.* Fußgestell (34x)
II	ירה	*hi* tränken *ho* getränkt werden		*יְרֵכָה/ *יַרְכָּה	Flanke, Innenseite
III	ירה	*hi* lehren, unterweisen (46x)		יוֹרָם	→ יוֹרָם
				יַרְמוּת	Jarmuth *n. l.*
	יֹרֶה	→ יוֹרֶה		יְרָמוֹת	→ יְרִימוֹת
	ירה	*q* vor Schreck gelähmt sein (Jes 44,8)		יְרֵמוֹת	→ יְרִימוֹת
				יְרֵמַי	Jeremai *n. pr. m.*
	יְרוּאֵל	Jeruël *n. l.*		יִרְמְיָה	Jeremia *n. pr. m.*
	יָרוֹחַ	Jaroach *n. pr. m.*		יִרְמְיָהוּ	Jirmejahu, Jeremia *n. pr. m.*
	יָרוֹק	Grünes			
	יְרוּשָׁא/ יְרוּשָׁה	Jeruscha *n. pr. f.*		ירע	*q* furchtsam sein
				יִרְפְּאֵל	Jirpeel *n. l.*
	יְרוּשָׁלַם	Jerusalem *n. l.* (ca. 640x)	I	ירק	*q* spucken
	יֶרַח	Mond	II	*ירק	grün, gelb sein/ werden
I	יֶרַח	Monat		יָרָק	Lauch, Gemüse
II	*יֶרַח	Jerach *n. pr. m.*		יֶרֶק	Grünes, Vegetation
	יְרֵחוֹ	→ יְרִיחוֹ		יַרְקוֹן	Jarkon *n. fl.*
	יְרֹחָם	Jeroham *n. pr. m.*		יֵרָקוֹן	Gelbwerden, Verwelken der Pflanzen (Getreidekrankheit?)
	יְרַחְמְאֵל	Jerachmeel *n. pr. m.*			
	יְרַחְמְאֵלִי	Jerachmeeliter *n. g.*		יָרְקְעָם	Jorkoam *n. pr. m.*
	יַרְחָע	Jarha *n. pr. m.*		יְרַקְרַק	grünlich, gelblich
	ירט	*q* abschüssig sein(?), ins Verderben führen (?), (Num 22, 32), stürzen (Hi 16,11)		ירש	*q* in Besitz nehmen, beerben (160x) *ni* enteignet werden, verarmen *pi* in Besitz nehmen *hi* jmd. etw. z. Besitz
	*יְרִיאֵל	Jeriël *n. pr. m.*			
I	יָרִיב	Gegner			

יָרֵשָׁה geben, in Besitz nehmen, jmd. aus seinem Besitz vertreiben (66x)
יְרֵשָׁה Besitz
יְרֻשָּׁה Besitz
יִשְׂחָק → יִצְחָק
יְשִׂימִאֵל Jesimiël n. pr. m.
ישׂם → שׂים
יִשְׂרָאֵל Israel n. pr. m. (ca. 2500x)
יִשְׂרְאֵלָה Jesarela n. pr. m.
יִשְׂרְאֵלִי Israelit n. g.
יִשָּׂשכָר Issachar n. pr. m.
יֵשׁ Vorhandensein, es gibt (138x)
ישׁב q sich setzen, sitzen, bleiben, wohnen (ca. 1000x)
ni bewohnt sein/ werden
pi (Zelt) aufschlagen
hi sitzen lassen, wohnen lassen, besiedeln (35x)
ho bewohnt werden
יֹשֵׁב בַּשֶּׁבֶת Joscheb Baschäbät n. pr. m.
יֶשְׁבְאָב Jeschebab n. pr. m.
יָשְׁבִי בְנֹב (?) 2Sam 21,16; Jesbibenob n. pr. m. (?)
יִשְׁבָּח Jischbach n. pr. m.
יָשֻׁבִי לֶחֶם Jaschubi–Lehem n. pr. m. (?) 1Chr 4,22
יָשָׁבְעָם Jaschobam n. pr. m.
יִשְׁבָּק Jischbak n. pr. m.
יָשְׁבְּקָשָׁה Joschbekascha n. pr. m.
I יָשׁוּב Jaschub n. pr. m.
II יָשׁוּב* Jaschub n. l.
יָשׁוּבִי Jaschubiter n. g.
יִשְׁוָה Jischwa n. pr. m.
יְשׁוֹחָיָה* Jeschohaja n. pr. m.

יִשְׁוִי Jischwi n. pr. m.
I יֵשׁוּעַ Jeschua n. pr. m.
II יֵשׁוּעַ Jeschua n. l.
יְשׁוּעָה Hilfe, Heil (78x)
יֶשַׁח* Kot, Durchfall, Ruhr (?)
ישט hi entgegenstrecken
יִשַׁי Isai n. pr. m.
יָשִׁיב → I יָשׁוּב
יְשִׁיָּה Jischijja n. pr. m.
יְשִׁיָּהוּ Jischijjahu n. pr. m.
יְשִׁימוֹן / יְשִׁימֹן Wüste; Einöde; n. l.; n. t.
יְשִׁימוֹת Wüste
יָשִׁישׁ Greis, hochbetagt
יְשִׁישַׁי Jeschischaj n. pr. m.
יִשְׁמָא Jischma n. pr. m.
יִשְׁמָעֵאל Ismaël n. pr. m.; n. tribus
יִשְׁמְעֵאלִי Ismaeliter n. g.
יִשְׁמַעְיָה Jischmaja n. pr. m.
יִשְׁמְרַי Jischmerai n. pr. m.
I יָשֵׁן q einschlafen, schlafen
pi jmd. einschlafen lassen
II יָשֵׁן ni veraltet sein
יָשָׁן alt, vorjährig
I יָשֵׁן schlafend
II יָשֵׁן Jaschen n. pr. m.
יְשָׁנָה Jeschana n. l.
ישׁע ni gerettet werden (21x)
hi retten, erretten, befreien (159x)
יֶשַׁע Rettung, Hilfe, Heil
יִשְׁעִי Jischi n. pr. m.
יְשַׁעְיָה Jesaja n. pr. m.
יְשַׁעְיָהוּ Jeschajahu = Jesaja n. pr. m.
יִשְׁפָּה Jischpa n. pr. m.
יָשְׁפֵה Jaspis (Edelstein)
יִשְׁפָּן Jischpan n. pr. m.
ישׁר q gerade, recht sein

pi gerade machen
pu ptz plattgeschlagen (Goldblech)
hi ebnen, geradeaus blicken

יָשָׁר gerade, eben, richtig, recht (119x)
יֵשֶׁר Jescher *n. pr. m.*
יֹשֶׁר Geradheit, Redlichkeit
יְשָׁרָה*/יְשָׁרָה Redlichkeit
יְשֻׁרוּן Jeschurun (Ehrenname Israels)
יֵשֵׁשׁ Greis
יָתֵד Pflock
יָתוֹם Waise (42x)
יָתוּר Erspähtes
יַתִּיר Jattir *n. l.*
יִתְלָה Jitla *n. l.*
יִתְמָה Jitma *n. pr. m.*
יַתְנִיאֵל Jatniël *n. pr. m.*
יִתְנָן Jitnan *n. l.*
יתר *q ptz* → יוֹתֵר
ni übriggelassen werden, übrigbleiben (81x)
hi übriglassen, übrig haben (25x)

I   יֶתֶר Sehne, Zeltseil
II   יֶתֶר Rest, Überfluß (96x)
III יֶתֶר Jether *n. pr. m.*
     יַתִּר → יַתִּיר
     יוֹתֵר → יֹתֵר
     יִתְרָא Jithra *n. pr. m.*
     יִתְרָה/יִתְרַת das Erübrigte, Ersparte
     יִתְרוֹ Jithro *n. pr. m.*
     יִתְרוֹן Gewinn, Vorteil, Vorzug
     יִתְרִי Jithriter *n. g.*
     יִתְרָן Jithran *n. pr. m.*
     יִתְרְעָם Jithream *n. pr. m.*
     יֹתֶרֶת Leberlappen

יִתְרָה → יִתְרַת
יֵתֶת Jetet *n. pr. m.*

כ

כְּ wie, entsprechend, gemäß, etwa (ca. 2900x)
כאב *q* Schmerzen haben
hi Schmerz zufügen, verderben
כְּאֵב Schmerz, Leid
כאה *ni* eingeschüchtert werden, verzagt sein
hi einschüchtern (?)
כָּאֹר → אוֹר Am 8,8
כַּאֲשֶׁר wie, weil, wie wenn, als
כבד *q* schwer sein/ lasten, gewichtig sein (22x)
ni geehrt werden, sich geehrt fühlen (30x)
pi ehren (38x)
pu geehrt werden (3x)
hitp sich ehren (2x)
hi schwer machen, verstocken, zu Ehren bringen (17x)

I   כָּבֵד schwer, lastend, drückend, schwierig
II כָּבֵד Leber
    כֹּבֶד* Schwere, Last, Menge
    כָּבֹד → כָּבוֹד
    כְּבֵדָה Schwierigkeit, Mühsal
    כבה *q* ver-, erlöschen
    pi auslöschen
    כָּבוֹד Schwere, Herrlichkeit, Ansehen (200x)
    כְּבוּדָּה Wertvolles, Pracht
    כָּבוּל Kabul *n. l.*
    כַּבּוֹן Kabbon *n. l.*

כָּבִיר groß, stark, reich
*כָּבִיר Geflecht
כֶּבֶל Fessel
כבס q walken
pi waschen, reinigen (44x)
pu gewaschen werden
hotp ausgewaschen werden
כבר hi viel machen
I כְּבָר schon, längst
II *כְּבָר Kebar n. fl.
I כְּבָרָה Sieb
II *כִּבְרָה Strecke, ein Stück weit
כֶּבֶשׂ Lamm, junger Widder (107x)
כִּבְשָׂה/ Lamm, junges
כַּבְשָׂה Schaflamm
כבשׁ q unterwerfen, dienstbar machen
ni erniedrigt, unterworfen werden
pi unterwerfen
hi zwingen
כֶּבֶשׁ Fußschemel
כִּבְשָׁן Schmelz-, Brennofen
כַּד Krug
כַּדּוּר Knäuel, Ball
כְּדֵי → דַּי
כַּדְכֹּד/ Edelstein, Rubin (?)
כַּדְכֹד
כְּדָרְלָעֹמֶר/ Kadorlaomer n. pr. m.
כְּדָר־לָעֹמֶר
כֹּה so, hier, jetzt (ca. 570x)
I כהה q schwach werden, erlöschen
pi trüb werden
II כהה pi schelten
*כֵּהֶה schwach, trübe, blass
כֵּהָה Linderung, Heilung

כהן pi als Priester amten
כֹּהֵן Priester (ca. 750x)
כְּהֻנָּה Priesterschaft, Priestertum
כּוּב Kub n. populi; n. t.
כוה q brennen
ni verbrannt weden
כּוֹחַ → כֹּחַ
כְּוִיָּה Brandmal
כּוֹכָב Stern (37x)
כול q erfassen
pilpel (um) fassen, versorgen (24x)
polp versorgt werden
hi fassen, aufnehmen, halten
כּוּמָז Halsschmuck
כון q → pol
ni fest stehen, gesichert sein, Bestand haben, sich bereithalten (67x)
pol bereiten, gründen, festigen, zielen (29x)
polal befestigt werden
hitpol gegründet werden, sich bereitmachen
hi bereitstellen, bestimmen, einsetzen, festigen, bedacht sein auf (108x)
ho fest hingestellt sein
כּוּן Kun n. l.
*כַּוָּן Opferkuchen
כּוֹנַנְיָהוּ 1 כָּנַנְיָהוּ Konanjahu n. pr. m.
I כּוֹס Becher, Trinkschale
II כּוֹס unreiner Vogel, Kauz (?)
כּוּר Schmelzofen
כּוֹרֶשׁ/כֹּרֶשׁ Kyros n. pr. m.
I כּוּשׁ Kusch, Äthiopien n. t.

II	כּוּשׁ	Kusch n. pr. m.		*כִּיד	Verderben, Unheil
I	כּוּשִׁי	Kuschit n. g.		*כִּידוֹד	Funke
II	כּוּשִׁי	Kuschi n. pr. m.		כִּידוֹן	Kurzschwert
	כּוּשָׁן	Kuschan n. populi		כִּידוֹר	Angriff, Kampf
	כּוּשָׁן	Kuschan–Rischatjim n.	I	כִּידוֹן	→ כִּידוֹן
	רִשְׁעָתַיִם	pr. m.	II	כִּידן	Kidon n. pr. m. (?)
	*כּוֹשָׁרָה	Glück, Erfolg (?) Ps 68,7		כִּיּוּן	Kijjun n. dei
	כּוּת/כּוּתָה	Kuta n. l.		כִּיּוֹר	Kessel, Wasserbecken, Podest
	כּוֹתֶרֶת	→ כֹּתֶרֶת		כִּילַי	Schurke
	כזב	q lügen		כִּילַפּוֹת	Brechstangen
		ni sich als Lügner erweisen, betrogen werden		כִּימָה	Siebengestirn, Plejaden
				כִּיס	Beutel
		pi lügen, täuschen, trügen		*כִּיר	Kochherd
				כִּיּוֹר	→ כִּיּוֹר
		hi der Lüge bezüchtigen		כִּישׁוֹר	Teil des Spinngerätes, Spindel
	כָּזָב	Lüge, Täuschung			
	כֹּזְבָא	Koseba n. l.		כָּכָה	so
	כָּזְבִּי	Kosbi n. pr. f.		כִּכָּר	runde Scheibe, Talent (ca. 34 kg) Gegend, Umkreis (68x)
	כָּזִיב	Kesib n. l.			
I	כֹּח/כּוֹחַ	Kraft, Gewalt, Fähigkeit, Vermögen (125x)		כֹּל/כּוֹל/כָּל־	Gesamtheit, jeder, alle, ganz (ca. 5400x)
II	כֹּחַ	Eidechsenart			
	כחד	ni verborgen sein, vertilgt werden		כלא	q zurückhalten, hemmen, jmd. gefangen halten
		pi verborgen halten, verhehlen			ni abgehalten, zurückgehalten werden
		hi vertilgen		כֶּלֶא	Gefängnis
	כחל	q schminken		כְּלָא	→ כֹּל
	כחשׁ	q abmagern		כִּלְאָב	Kilab n. pr. m.
		ni sich verstellen, heucheln		כִּלְאַיִם	adv. zweierlei
				כָּלֵב	Kaleb n. pr. m.; n. tribus
		pi leugnen, lügen, täuschen		כֶּלֶב	Hund
				כָּלִבִּי	Kalibbiter n. g.
		hitp Ergebung heucheln		כלה	q vollendet sein, aufhören, schmachten, zugrunde gehen (65x)
	כַּחַשׁ	Verfall, Lüge			
	*כֶּחָשׁ	lügenhaft, verlogen			pi vollenden, ein Ende machen (141x)
	כִּי	dass, denn, weil, wenn, ja, fürwahr (ca. 4480x)			
	כִּי אִם	sondern, außer			pu vollendet werden

	כָּלֶה*	schmachtend
	כָּלָה	Vernichtung, Ende
	כַּלָּה	Braut, Schwiegertochter
	*כְּלִיא	→ *כְּלִי*
I	כְּלוּב	Korb, Käfig
II	כְּלוּב	Kelub n. pr. m.
	*כְּלוּבַי	Kelubaj n. pr. m.
	כְּלוּהוּ	Keluhu n. pr. m.
	כְּלוּלֹת	Brautzeit
I	כֶּלַח	Reife, Kraft
II	כֶּלַח	Kelach n. l.
	כָּל־חֹזֶה	Kolhose n. pr. m.
	כְּלִי	Gerät, Werkzeug, Gefäß, Waffe (325x)
	כִּילַי	→ כְּלִי
	*כְּלִיא	Gefängnis
	*כִּלְיָה	Niere
	כִּלָּיוֹן	Vernichtung, Schwund
	כִּלְיוֹן	Kiljon n. pr. m.
	כָּלִיל	ganz, vollkommen, Ganzheit, Ganzopfer
	כלכל	→ כול
	כַּלְכֹּל	Kalkol n. pr. m.
	כלל	q vollkommen machen
	כְּלָל	Kelal n. pr. m.
	כלם	ni sich schämen, beschämt sein/ werden, beschimpft sein/ werden (26x) hi jdn. beschämen, in Schande bringen ho beschämt sein, beleidigt werden
	*כִּלְמַד	Kilmad n. l.; n. t.
	כְּלִמָּה	Scham, Schmach, Schande (30x)
	*כְּלִמּוּת	Schande
	כַּלְנֶה	Kalne, Kalno n. l.
	כַּלְנוֹ	→ כַּלְנֶה
	כמה	q schmachten
	כָּמָהּ/כִּמָּהּ	→ מָה
	כִּמְהָם/	Kimham, Kimhan n. pr. m.
	כִּמְהָן	
	כְּמוֹ	→ כְּ wie, als (142x)
	כְּמוֹשׁ	Kemosch n. dei
	כְּמִישׁ	→ כְּמוֹשׁ
	כַּמֹּן	Kümmel
	כמס	q verbergen, aufbewahren
	כמר	ni erregt werden
	כֹּמֶר	Priester (fremder Götter)
	*כַּמְרִיר	Verfinsterung
I	כֵּן	so, also, ebenso (ca. 540x) בְּכֵן sodann; עַד־כֵּן bis dahin; עַל־כֵּן deshalb
II	כֵּן	recht, richtig, wahr, gewiss
III	כֵּן	Stelle, Stellung, Amt, Gestell
IV	כֵּן	Stechmücke
	כנה	pi einen Ehrennamen geben
	כַּנָּה	Setzling (des Weinstockes)(?) Ps 80,16
	כַּנָּה	Kanne n. l.
	כִּנּוֹר	(Kasten-) Leier (42x)
	כְּנוֹת	→ *כָּנָת
	כָּנְיָהוּ	Konjahu n. pr. m.
	כִּנָּם	Stechmücken
	כְּנָנִי	Kenani n. pr. m.
	כְּנַנְיָה	→ כְּנַנְיָהוּ
	כְּנַנְיָהוּ	Kananjahu n. pr. m.
	כנס	q sammeln, versammeln pi versammeln hitp sich einhüllen
	כנע	ni sich beugen, sich demütigen, gedemütigt werden

	hi demütigen, beugen	כְּסָלוֹן	Kesalon *n. l.*
כְּנִעָה	Gepäck, Bündel	כִּסְלוֹן	Kislon *n. pr. m.*
כְּנַעַן	Kanaan *n. pr. m.; n. t.*	כְּסֻלּוֹת	→ כְּסוּלֹת
כְּנַעֲנָה	Kanaana *n. pr. m.*	כַּסְלֻחִים	Kasluhiter *n. g.*
כְּנַעֲנִי	Kanaanäer *n. g.*	כִּסְלֹת תָּבֹר	Kislot–Tabor *n. l.*
כנף	*ni* sich verbergen	כסם	*q* abscheren, stutzen
כָּנָף	Flügel, Zipfel, Rand	כֻּסֶּמֶת	Emmer (Getreideart)
כִּנֶּרֶת / כִּנְרוֹת	Kinneret *n. l.*	כסס	*q* anrechnen
*כִּנָה	Gefährte, Mitarbeiter	כסף	*q* verlangen nach
כֵּס	Thron (Nebenform zu		*ni* sich nach *etw.* sehnen,
	כִּסֵּא Ex 17,16?)		Zeph 2,1: sich schämen
כֶּסֶא	Vollmond	כֶּסֶף	Silber, Geld (ca. 400x)
כִּסֵּא	Sessel, Stuhl, Thron	כָּסִפְיָא	Kasifja *n. l.*
	(135x)	*כֶּסֶת	Binde (für Zauber)
כסה	*q* bedecken, verborgen	כעס	*q* unmutig sein, sich
	halten		ärgern
	ni bedeckt werden		*pi* zum Unmut/ Zorn
	pi bedecken, verbergen,		reizen
	zudecken (131x)		*hi* kränken, zum Zorn
	pu bedeckt werden,		reizen
	verborgen sein	כַּעַס	Kummer, Unmut, Zorn
	hitp sich bedecken	כַּעַשׂ	→ כַּעַס
כֶּסֶה	→ כֶּסֶא	כַּף	*fem.+m.* Hand,
כִּסֶּה	→ כִּסֵּא		Handfläche, Schale,
*כָּסוּי	Decke		Pfanne (ca.190x)
כְּסוּלֹת	Kesulot *n. l.*	*כֵּף	Fels
כְּסוּת	Kleidung, Bedeckung	כפה	*q* beschwichtigen,
כסח	*q* abschneiden, abhauen		zurückdrängen
I כְּסִיל	Tor, Narr, töricht (70x)	כִּפָּה	Schilfsprosse, Wedel
II כְּסִיל	Orion (Sternbild)	I כְּפוֹר	Becher, Schale
III כְּסִיל	Kesil *n. l.*	II כְּפוֹר	Reif
כְּסִילוּת	Frechheit, Torheit	כָּפִיס	Sparren (aus dem
כסל	*q* töricht sein		Gebälk)?
I כֶּסֶל	Torheit	כְּפִיר	Junglöwe (31x)
II כֶּסֶל	→ כֵּסֶל	כְּפִירָה	Kefira *n. l.*
כֵּסֶל	Sehne, Muskel, Lende,	כְּפִירִים	Kefirim *n. l.*
	Zuversicht	כפל	*q* doppelt legen
כִּסְלָה	Zuversicht, Vertrauen		*ni* verdoppelt werden
כִּסְלֵו	Kislev (9. Monat d. jüd.	*כֵּפֶל	Verdopplung, *Du.* das
	Kalenders, Nov./ Dez.)		Doppelte

	כפן	q hindrehen		כֵּרָה	Gastmahl
	כָּפָן	Hunger	I	כְּרוּב	Kerub (göttliches Mischwesen) (91x)
	כפף	q beugen			
		ni sich beugen	II	כְּרוּב	Kerub n. l.
	כפר	q bestreichen, verpichen		כָּרִי	Karer n. populi (Palastwache)
		pi Sühne schaffen, entsühnen (92x)		כְּרִית	Kerit n. fl.
		pu gesühnt werden		כְּרִיתוּת	Ehescheidung
		hitp sich sühnen lassen		כְּרִיתֻת	→ כְּרִיתוּת
		nitp gesühnt werden		*כַּרְבֹּב	Einfassung
	*כָּפָר	Dorf		כַּרְכֹּם	Safran
	כְּפַר הָעַמּוֹנִי	Kefar–Ammoni n. l.		כַּרְכְּמִישׁ	Karkemisch n. l.
I	כֹּפֶר	Dorf		כַּרְכְּמֹשׁ	→ כַּרְכְּמִישׁ
II	כֹּפֶר	Pech, Asphalt		כַּרְכַּס	Karkas n. pr. m.
III	כֹּפֶר	Henna (Färberpflanze)		*כִּרְכָּרָה	Kamelkuh
IV	כֹּפֶר	Lösegeld, Bestechungsgeld		כֶּרֶם	Weinberg (92x)
				*כֹּרֵם	Winzer
	כְּפֹר	→ כְּפוֹר II		כַּרְמִי	Karmi n. pr. m.; n. g.
	כְּפִרִים	Sühnehandlung, Versöhnung		כַּרְמִיל	Karmesin
			I	כַּרְמֶל	Baumgarten, Baumpflanzung
	כַּפֹּרֶת	f Deckplatte (als Sühneort)	II	כַּרְמֶל	junges Korn
	כפש	hi niederdrücken	III	כַּרְמֶל	Karmel n. l.
I	כַּפְתּוֹר	Kaftor, Kreta n. t.	IV	כַּרְמֶל	Karmel n. montis
II	כַּפְתּוֹר	Knauf (des Leuchters), Säulenkapitell		כַּרְמְלִי	Karmeliter n. g.
				כְּרָן	Keran n. pr. m.
	*כַּפְתֹּרִי	Kaftoriter n. g.		כרסם	pi abfressen
I	כַּר	Widder		כרע	q sich beugen, niederknien, zusammenbrechen hi jdn. beugen, in die Knie zwingen
II	כַּר	Sturmbock(?) (Belagerungsmaschine)			
III	כַּר	Aue, Weidegrund			
IV	כַּר	Kamelsattel			
	*כָּר	→ כָּרִי		כְּרָעַיִם	f. Unterschenkel
	כֹּר	Kor (Hohlmaß; ca. 350-400 l)		כַּרְפַּס	Leinen
				כרר	pilp tanzen
	כרבל	pu bekleidet		*כָּרֵשׂ	Bauch
I	כרה	q graben, bohren ni gegraben werden		כֹּרֵשׁ	→ כּוֹרֵשׁ
				כַּרְשְׁנָא	Karschena n. pr. m.
II	כרה	q kaufen, feilschen		כרת	q abschneiden, abhauen, fällen; כרת ברית einen
III	כרה	q ein Gastmahl geben			

	Bund schließen (134x)	*כִּתִּי	Kittäer *n. g.*
	ni ausgerottet werden, beseitigt werden (73x)	כָּתִית	zerstoßen (im Mörser), lauter (Öl)
	pu abgeschnitten werden	*כֹּתֶל	Wand
	hi ausrotten (78x)	כְּתְלִישׁ	Kitlisch *n. l.*
	ho vernichtet werden	כתם	*ni* befleckt, schmutzig sein
*כְּרֹת	Zisternen (*Pl.* v. כָּרָה ?), Zeph 2,6	כֶּתֶם	Gold
*כְּרָתוֹת	Zedernbalken	כָּתְנֶת	Leibrock, Hemd
כְּרֵתִי	Kreter *n. g.*	כָּתֵף	Schulter, Berghang (67x)
כְּרֵתוֹת	→ כְּרוּתוֹת	I כתר	*pi* umzingeln
כֶּשֶׂב	junger Widder		*hi* einkreisen
כִּשְׂבָּה	junges Schaf	II כתר	*pi* warten
כֶּשֶׂד	Kesed *n. pr. m.*		*hi* warten (?) Ps 142,8
כַּשְׂדִּים	Chaldäer, Weise, *n. populi; n. t.* (80x)	III כתר	*hi* als Kopfschmuck tragen (Spr 14,18)
כשׂה	*q* dick werden	*כֶּתֶר	Krone, Kopfschmuck (Turban?)
כַּשִּׁיל	Beil, Axt	כֹּתֶרֶת	Säulenkapitell
כשׁל	*q* straucheln, stolpern (29x)	כתשׁ	*q* (zer) stoßen
	ni straucheln, stolpern (23x)	כתת	*q* zerschlagen, zerstoßen
	pi l תְּשַׁכְּלִי Ez 36,14		*q pass* zerschlagen sein, werden
	hi jmd. z. Fall bringen		*pi* zerschlagen
	ho z. Fall Gebrachte (?)		*pu* sich stoßen an
כִּשָּׁלוֹן	Straucheln, Fall		*hi* zersprengen
כשׁף	*pi* Zauberei treiben		*ho* → *q pass*
*כֶּשֶׁף	Zauberei, Zauberkünste		
כשׁר	*q* gelingen, glücken, gefallen		ל
	hi gelingen (Pred 10,10 ?)	לְ	in Bezug auf, hin, zu, für, bis, um, nach, auf, über, zugunsten von, *nota dativi* (über 20000x)
כִּשְׁרוֹן	Erfolg, Gewinn		
כתב	*q* schreiben (204x)		
	pi immerzu schreiben		
	hi geschrieben, aufgeschrieben werden	לֹא/לוֹא/לֹה	nicht, un-, ohne
כְּתָב	Schrift, Schriftstück, Verzeichnis	לֻא	→ לוּ
*כְּתֹבֶת	Beschriftung	לֹא דְבָר	Lo–Dabar *n. l.*
		לאה	*q* müde werden,

		aufgeben	I	לָבָן	weiß
		ni sich abmühen, müde	II	לָבָן	Laban n. pr. m.
		sein	III	לָבָן	Laban n. l.
		hi müde machen	I	לְבָנָה	Vollmond
	לֵאָה	Lea n. pr. f.	II	לְבָנָה	Lebana n. pr. m.
	לְאֹם	→ לְאֹם		לְבֵנָה	Lehmziegel, Steinplatte, Fliese
	לָאט	→ לוֹט			
	לָאט	→ לָט		לִבְנֶה	Storaxstaude
	לָאט	→ אַט		לִבְנָה	Libna n. l.
	לָאֵל	Laël n. pr. m.		לְבֹנָה / לְבוֹנָה	Weihrauch
	לְאֹם/לְאוֹם	Volk, Nation (35x)		לְבָנוֹן	Libanon n. l.; n. montis
	לְאֻמִּים	Lëummiter n. populi		לִבְנִי	Libni n. pr. m.
	לֵב/לֵבָב	Herz, Inneres, Sinn, Mut, Wille, Verstand, Gewissen (252x)		לִבְנַת	→ שִׂיחוֹר לִבְנָת
				לבשׁ	q anziehen, sich bekleiden mit (60x)
	*לָבֵא/*לָבָא	Löwe			pu ptz bekleidet
	*לְבִיָּה/	Löwin			hi jdn. bekleiden (32x)
	*לְבָאָה			לָבֻשׁ	→ לְבוּשׁ
	לְבָאוֹת	Lebaot n. l.		לֹג	Log (Hohlmaß für Flüssigkeiten; ca. 0,3-0,6 l)
I	לבב	ni z. Verstand kommen pi bezaubern			
II	לבב	pi Lebiboth-Kuchen backen		לֹד	Lod n. l.
				לְדָבָר	→ לֹא דְבָר
	לֵבָב	→ לֵב		לֵדָה	das Gebären
	*לְבִבָה	ein Gebäck, Herzkuchen (?)		לֹה	→ לֹא
				*להלה	→ להלה
	לְבַד	→ בַּד I		לַהַב	Flamme, Klinge
	*לַבָּה	Flamme		לֶהָבָה	Flamme, Klinge
I	לְבוֹנָה	→ לְבֹנָה		לְהָבִים	Lehabiter n. g.
II	לְבוֹנָה	Lebona n. l.		לַהַג	Studieren
	לְבוּשׁ	Kleid		לַהַד	Lahad n. pr. m.
	לָבוּשׁ/לְבֻשׁ	bekleidet		*להלה	→ להלה
	לבט	ni z. Fall kommen		להה	q erschöpft sein, verschmachten
	לָבִיא	Löwin			
	לְבִיָּא	Löwin	I	להט	q lodern
	לְבִים	→ לוּבִים			pi versengen, verzehren
I	לבן	hitp. geläutert werden hi weiß werden, läutern	II	להט	q verschlingen
				*לַהַט	Flamme, Klinge
II	לבן	Ziegel streichen, Backsteine herstellen		*לְהָטִים	Zauberkunststücke

	לְהֵלָה	hitpalpel sich verrückt aufführen
	לְהֵם	hitp ptz Leckerbissen
	לְהֵן/לָהֵם	deshalb
	*לְהָקָה	Schar, Gruppe
	לוּ	→ לֹא 1Sam 2,16; 20,2
	לוּ/לֻא	wenn doch (Wunschpartikel)
	לוּבִים/לְבִים	Libyer n. g.
	לוּד	Lydien n. populi
	לוּ דְבָר	→ לֹא דְבָר 2Sam 9,4f
I	לוה	q begleiten ni sich anschließen an
II	לוה	q sich ausleihen hi ausleihen an
	לוז	q weichen ni verkehrt sein hi weichen
I	לוּז	Mandelbaum
II	לוּז	Lus n. l.
	לוּחַ	Tafel, Brett (43x)
	לוּחִית/לֻחִית	Luhit n. l.
	לוֹחֵשׁ	Lohesch n. pr. m.
	לוט	q verhüllen, einwickeln hi verhüllen
I	לוֹט	Hülle
II	לוֹט	Lot n. pr. m.
	לוֹטָן	Lotan n. pr. m.
	לֵוִי	Levi(t) n. pr. m.; n. g. (ca. 350x)
	*לְוָיָה	Kranz
	לִוְיָתָן	Leviathan (Meeresungeheuer)
	*לוּל	Wendeltreppe?, Falltür? 1Kön 6,8
	לוּלֵא/לוּלֵי	wenn nicht
I	לון	ni murren hi murren
II	לון	→ לין
	*לוּעַ	→ I/II לעע

	*לִיץ	→ I ליץ
	לוֹשׁ	q kneten
	*הַלֵּזוּ/*הַלֵּזֶה/*הַלָּז/*לָזֶה	
	*לֵזוּ	
	*לֵזוּת	Verkehrtheit
	לַח	feucht, frisch
	*לֵחַ	Frische, Saft, Lebenskraft
	לְחֻם	Fleisch, Körper
I	לְחִי	Kinnbacken, Wange
II	*לְחִי	Lehi n. l.
	בְּאֵר לַחַי רֹאִי	→ לַחַי רֹאִי
	לֻחִית	→ לוּחִית
	לחך	q abfressen pi auflecken, abfressen
I	לחם	q bekämpfen ni kämpfen, Krieg führen
II	לחם	q essen
	לֶחֶם	Brot, Nahrung, Speise (ca. 290x)
	לָחֶם	Kampf? Ri 5,8
	לַחְמִי	Lachmi n. pr. m.
	לַחְמָס	Lachmas n. l.
	לחץ	q (be) drängen, (be) drücken ni sich drücken
	לַחַץ	Bedrückung, Not
	לחשׁ	pi ptz Beschwörer (v. Schlangen) hitp untereinander flüstern
	לַחַשׁ	Beschwörung, Zauber, Amulett Jes 3,20
	לָט/לָאט	Verborgenes, adv. heimlich, Pl. Zauberei
	לֹט	Ladanum (Handelsprodukt Palästinas; Rinde der Pistazie, Harz)

לְטָאָה

	לְטָאָה	Gecko
	לְטֻשִׁים	Letuschiter *n. g.*
	לטשׁ	*q* schärfen, wetzen
		pu ptz geschärft
	*לִילָה	Windung, Kranz
	לַיִל	Nacht (6x)
	לַיְלָה	Nacht (227x)
	לִילִית	Lilit (Dämonin *n. pr. f.*)
	לִין	*q* übernachten, die Nacht verbringen (68x)
		hitpol sich über Nacht aufhalten (2x)
I	לִיץ	*q* übermütig, großsprecherisch sein, prahlen
		hi das Wort führen, spotten
		pol ptz Schwätzer
		hitp sich aufspielen
II	לִיץ	*hi ptz* Dolmetscher, Wortführer, Fürsprecher
I	לַיִשׁ	Löwe
II	לַיִשׁ	Lajisch *n. pr. m.*
III	לַיִשׁ	Lajisch *n. l.*
	לֵישָׁה	Lajscha *n. l.*
	לכד	*q* fangen, einnehmen (83x)
		ni gefangen werden (36x)
		hitp sich zusammenziehen (2x)
	*לֶכֶד	Schlinge
I	לְכָה	→ הלך *q*
II	לְכָה	→ לְ
I	לֵכָה	Lecha *n. l.*
II	לְכָה	→ הלך
	לָכִישׁ	Lachisch *n. l.*
	לָכֵן	daher, darum (200x)
	לְלָאֹת	Schleifen, Schlingen
	למד	*q* lernen (24x)

		pi lehren (57x)
		pu unterwiesen, kundig sein (5x)
	*לִמֻּד	gelehrt, geübt, Schüler
	לָמָה/לָמָּה	warum?
	לָמוֹ	für, bezüglich
	לָמוֹ	poet. Langform zu → לְ
	לְמוּאֵל	Lemuel *n. pr. m.*
	לְמוּאֵל	→ שְׁמֹאל
	*לָמוּד	→ לָמֵד
	לָמְחוֹת	→ I מחה
	לֶמֶךְ	Lamech *n. pr. m.*
	לְמַעַן	→ *מַעַן
	*לֹעַ	Kehle
	לעב	*hi* verspotten, verhöhnen
I	לעג	*q* spotten, verspotten
		hi spotten
II	לעג	*ni* mit stammelnder Zunge Jes 33,19
I	לַעַג	Spott, Lästerung
II	לַעַג	Stammeln
	לַעְדָּה	Lada *n. pr. m.*
	לַעְדָּן	Ladan *n. pr. m.*
	לעז	*q* unverständlich reden
	לעט	*hi* schlingen lassen
	לַעֲנָה	Wermut, bitter, Bitterkeit
I	לעע	*q* stammeln, unbedacht reden
II	לעע	*q* schlürfen
	לַפִּיד	Fackel, Blitz
	לַפִּידוֹת	Lappidot *n. pr. m.*
	לפת	*q* packen, pressen (?)
		ni sich winden, sich herumdrehen
	לֵץ	Schwätzer, Spötter
	לָצוֹן	Frechheit, Spott
	ליצץ	→ I ליץ
	לַקּוּם	Lakkum *n. l.*

	לקח	q nehmen, ergreifen, holen, empfangen, c. אִשָּׁה heiraten (ca. 930x)
		q pass genommen werden (15x)
		ni weggenommen, geraubt werden
		pu/ ho → q pass
		hitp aufflackern, zucken
	לֶקַח	Einsicht, Wissen, Lehre
	לִקְחִי	Likhi n. pr. m.
	לקט	q auflesen, sammeln (14x)
		pi auflesen, einsammeln (21x)
		pu aufgelesen werden
		hitp sich versammeln
	*לֶקֶט	Nachlese
	לקק	q (auf) lecken
		pi lecken
	לקשׁ	pi Nachlese halten
	לֶקֶשׁ	Spätsaat
	*לָשָׁד	Backwerk
	לָשׁוֹן	Zunge, Sprache (117x)
	לִשְׁכָּה	Halle, Kammer (47x)
I	לֶשֶׁם	Edelstein (Hyazinth, Karneol, Bernstein?)
II	לֶשֶׁם	Leschem n. l.
	לשׁן	hi verleumden
		po verleumden
	לָשֹׁן	→ לָשׁוֹן
	*לֶשַׁע	Lescha n. l.
	לַשָּׁרוֹן	→ I שָׁרוֹן
	לַת	→ ילד q
	לֶתֶךְ	Letech (Getreidemaß ½ Homer od. Kor)

מ

	מָאֲבוּס	Speicher
	מוֹאָבִי	→ מוֹאָבִי
	מְאֹד	Kraft, Vermögen, sehr (300x)
I	מֵאָה	hundert (ca. 580x), Dual: zweihundert
II	מֵאָה	Mea n. l.
	*מַאֲוַי	Wunsch, Begierde
	מְאוּם	→ מוּם
	מְאוּמָה	(irgend) etw. (32x)
	מָאוֹס	Abfall, Unrat
	מָאוֹר	Leuchtkörper, Lampe, Licht, Glanz
	*מְאוּרָה	etw. Glänzendes
	מֹאזְנַיִם	Waage (15x)
	מֵאִית	→ I מֵאָה
	מַאֲכָל	Speise, Nahrung (30x)
	מַאֲכֶלֶת	Messer
	*מַאֲכֹלֶת	Fraß
	*מַאֲמָץ	Anstrengung
	*מַאֲמָר	Wort, Befehl
	מאן	pi sich weigern (46x)
I	מאס	q verschmähen, verwerfen, verabscheuen, ablehnen (71x)
		ni verschmäht, verachtet werden (3x)
II	מאס	ni zerfließen, sich auflösen
	*מַאֲפֶה	Backwerk
	מַאֲפֵל	Finsternis
	מַאְפֵלְיָה	(tiefe) Finsternis
	מאר	hi ptz bösartig, schmerzhaft
	מָאֹר	→ מָאוֹר
	מַאֲרָב	Hinterhalt
	מְאֵרָה	Fluch, Verfluchung

מֵאֵת

	מֵאֵת	→ אֵת II + מִן	II	מִגְדּוֹל	→ מִגְדָּל
	מִבְדָּלוֹת	ausgesondert		מַגְדִּיאֵל	Magdiël n. pr. m.
	מָבוֹא	Eingang, Untergang (Sonne) – Westen (23x)	I	מִגְדָּל	Turm (45x)
			II	*מִגְדָּל	Migdal n. l. (Bestandteil von n. l. Migdal-)
	מְבוּכָה	Verwirrung		מִגְדּל	Migdol n. l.
	מַבּוּל	Sintflut, Himmelsozean		מִגְדָּנוֹת	Kostbarkeiten, reiche Geschenke
	מְבוֹנִים	→ בין hi			
	מְבוּסָה	Niedertreten		מָגוֹג	Magog n. pr. m.
	מַבּוּעַ	Quelle	I	מָגוֹר	Grauen, Schrecken
	מְבוּקָה	Öde, Leere	II	*מָגוֹר	Fremdlingschaft, Schutzbürgerschaft
	*מָבוּשׁ/	Genitalien (des Mannes)			
	*מְבוּשׁ		III	*מָגוֹר	Vorratskammer, Vorratsgrube
	מִבְחוֹר	Auserlesenes			
I	מִבְחָר	Auserlesenes, Bestes		*מְגוֹרָה	Grauen
II	מִבְחָר	Mibhar n. pr. m.		מְגוּרָה	Vorratskammer, Vorratsgrube
	*מַבָּט	Hoffnung			
	*מִבְטָא	unüberlegtes Reden		*מַגְזֵרָה	Beil, Axt
	מִבְטָח	Vertrauen, Sicherheit		מַגָּל	Sichel
Kj.	*מַבָּךְ	Quelle (Hi 28,11)		מְגִלָּה	Buchrolle (21x)
pro	מִבְּכִי			מְגַמָּה	Gesamtheit (?)
	*מַבְלִיגִית	(?) Erheiterung Jer 8,18		מגן	pi preisgeben, beschenken
	*מִבְנֶה	Bau			
	מְבֻנַּי	Mebunnai n. pr. m.		מָגֵן	Schild, Schuppe Hi 41,7 (60x)
I	מִבְצָר	Befestigung, Festung (37x)			
				*מְגִנָּה	Unverschämtheit, Verblendung
II	מִבְצָר	Mibzar n. pr. m.			
	*מִבְרָח	Flüchtling		מִגְעֶרֶת	Bedrohung, Verwünschung
	מִבְשָׂם	Mibsam n. pr. m.			
	מְבַשְּׁלוֹת	Kochstellen		מַגֵּפָה	Schlag, Plage (26x)
	מָג	Teil eines babyl. Beamtentitels רַב־מָג Jer 39, 3. 13 Rabmag		מַגְפִּיעָשׁ	Magpiasch n. pr. m.
				מגר	q ptz pass preisgegeben pi stürzen, niederwerfen
	מַגְבִּישׁ	Magbisch n. pr. m.			
	מִגְבָּלֹת	Schnüre		מְגֵרָה	Säge
	*מִגְבָּעָה	Kopfbedeckung (d. Priesters)		מִגְרוֹן	Migron n. l.
				מִגְרָעוֹת	Absätze, Verkürzungen (i. d. Mauer)
	*מֶגֶד	Gabe, Bestes			
	מְגִדּוֹ	Megiddo n. l.		*מַגְרֵפָה	Schaufel (?), Spaten (?)
	מְגִדּוֹן	→ מְגִדּוֹ		מִגְרָשׁ	Umland, Weideland (114x)
I	*מִגְדּוֹל	Turm			

80

	מִגְרָשׁוֹת	Triften (?)
	*מַד	Gewand, Kleidung
I	מִדְבָּר	Steppe, Wüste (ca. 270x)
II	*מִדְבָּר	Mund
	מדד	q messen (43x)
		ni gemessen werden
		pi ausmessen
		po messen
		hitpo sich ausstrecken
I	מִדָּה	Abmessung, Maß; hochgewachsen (54x)
II	*מִדָּה	Abgabe
	מַדְהֵבָה	Drangsal, Schrecken
	*מָדוּ	Kleid, Gewand
	*מַדְוֶה	Krankheit, Seuche
	מַדּוּחִים	Verführung, Irreleitung
I	מָדוֹן	Streit, Zank
II	מָדוֹן	Madon n. l.
	מַדּוּעַ	warum? (oft vorwurfsvoll) (72x)
	מְדוּרָה	Holzstoß
	*מְדוּשָׁה	Gedroschenes
	מִדְחֶה	Sturz, Verderben
	*מַדְחֵפָה	Stoß
	מָדַי	Meder, medisch n. pr. m.; n. populi; n. t.
	מָדַי	Meder n. g.
	מַדַּי	mit לְ zur Genüge < לְמָה + דַּי 2Chr 30,3
	מִדֵּי	sooft wie, jedesmal wenn
I	*מִדְיָן	Pl. Streitigkeiten
II	מִדְיָן	Midian n. pr. m.; n. t.; n. g.
	מִדִּין	Middin n. l.
	מְדִינָה	Provinz, Verwaltungsbezirk, Land
	מִדְיָנִי	Midianiter n. g.
	מְדֹכָה	Mörser
	מַדְמֵן	Madmen n. l.

I	מַדְמֵנָה	Misthaufen
II	מַדְמֵנָה	Madmena n. l.
	מַדְמַנָּה	Madmanna n. l.; n. pr. m.
I	*מְדָן	Pl. Streitigkeiten, Zänkereien
II	מְדָן	Medan n. pr. m.; n. populi
	מְדָנִים	Medaniter n. g.
	מַדָּע	Kenntnis, Einsicht, Verständnis
	מֹדָע/*מוֹדָע	Verwandtschaft, Verwandte(r)
	מַדּוּעַ → מַדּוּעַ (72x)
	*מֹדַעַת	Verwandtschaft, Verwandter
	*מַדְקְרוֹת	Schwertstiche
	מַדְרֵגָה	Felsstufe, Hangterrasse (n)
	*מִדְרָךְ	Trittstelle, Fußbreit
	*מִדְרָשׁ	Erforschung, Auslegung, Studie, Schrift
	מָה/מַה/מֶה(־)	was? wie? wie! (ca. 750x)
	*מַהְמֵהּ → מהמה
	מְהוּמָה	Verwirrung, Schrecken, Unruhe
	מְהוּמָן	Mehuman n. pr. m.
	מְהֵיטַבְאֵל	Mehetabel n. pr. m. + f.
	מָהִיר	geschickt, erfahren
	מהל	q ptz pass gepanscht, verfälscht
	*מַהֲלָךְ	Reise, Zugang, Wegstrecke Pl. Zutritt
	*מַהֲלָל	Ruf, Lob
	מַהֲלַלְאֵל	Mahalalel n. pr. m.
	מַהֲלֻמוֹת	Schläge, Prügel
	מהם	l. c. Q מַה הֵם Ez 8,6
	מהמה	hitpalp zögern, zaudern
	מַהֲמֹרוֹת	Tiefen, Gruben (?)

	*מַהְפֵּכָה	Umsturz, Zerstörung	מוֹלָדָה	Molada n. l.
	מַהְפֶּכֶת	Block, Stock	מוֹלֶדֶת	Abstammung, Herkunft, Verwandtschaft
	מְהִקְצָעוֹת	→ קצע II ho		
I	מהר	q (gegen Heiratsgeld) erwerben	*מוּלָה	Beschneidung
			מוֹלִיד	Molid n. pr. m.
II	מהר	ni sich überstürzen (4x) pi eilen, sich beeilen (77x)	מוּם	Flecken, Makel
			מְמֻכָּן	→ מְמוּכָן
	מֹהַר	Brautpreis	*מוּסָב	Umbau Ez 41,7
	מְהֵרָה	Eile, Schnelligkeit, eilends	*מוּסָד/	Pl. Fundamente,
			מוּסָדָה	Grundfesten
	מַהְרַי	Mahrai n. pr. m.	מוּסָד	Fundament, Gründung
	מַהֵר שָׁלָל	Maher–Schalal–Hasch–	מוּסָדָה	Fundament
	חָשׁ בַּז	Bas n. pr. m.	*מוּסָךְ	Überdachung (?)
	מַהֲתַלּוֹת	Täuschungen	*מוֹסֵר	Pl. Fesseln, Stricke, Bande
	מוֹאָב	Moab n. pr. m.; n. t.; n. g. (180x)	מוּסָר	Züchtigung, Zurechtweisung (50x)
	מוֹאָבִי	Moabiter n. g.	מוֹסֵרָה	→ מֹסֵרוֹת
	מוֹאָל	→ מוּל	מוֹעֵד	Zusammenkunft, Termin, Festzeit (223x)
	*מוֹבָא	Eingang		
	מוג	q wanken, schwanken ni hin u. her wogen pol aufweichen hitpol sich auflösen, zerfließen	*מוֹעָד	Schar (?)
			מוּעָדָה	Verabredung, Zusammenkommen
			מוֹעֵדוֹת	→ מוֹעֵד
			מֹעַדְיָה	→ מַעַדְיָה
	מוֹדַע	→ מֹדַע	מוּעָף	Finsternis, Dunkel (?)
	מוט	q wanken ni ins Wanken gebracht werden (23x) hitpol wanken hi wälzen (?) Ps 55,4	*מוֹעֵצָה	Pl. Ratschläge, Pläne
			מוּעָקָה	Bedrängnis, Drangsal (?) Ps 66,11
			מוּפָז	→ פזז I
			מֵיפַעַת	→ מוֹפַעַת
	מוֹט	Traggestell, Trage	מוֹפֵת	Wunder, Wahrzeichen (36x)
	מוֹטָה	Jochstange, Tragstange		
	מוך	q verarmen	I מוֹצָא	Ausgangsort, Ausgang, Äußerung, Aufgang (d. Sonne)
	מול	q beschneiden ni beschnitten werden (19x) hi abwehren		
			II מוֹצָא	Moza n. pr. m.
			I *מוֹצָאָה	Ursprung, Herkunft
	מוּל	Vorderseite, gegenüber (36x)	II מוֹצָאָה	Pl. Abzugskanäle
			I מוּצָק	(Metall) Guss

II	מוּצָק	Enge, Bedrängnis			*ho* getötet werden (68x)
	*מוּצָקָה	Guss (v. Metall), Röhre		מָוֶת	Tod, Sterben (153x)
	מוּק	*hi* spotten, höhnen		מוֹתָר	Vorzug, Vorteil
	מוֹקֵד	Feuerstelle, Glut		מִזְבֵּחַ	Altar (ca. 400x)
	מוֹקֵשׁ	Stellholz (an d. Vogelfalle), Falle (27x)		*מֶזֶג	Mischwein
				*מָזֶה	entkräftet (vor Hunger)
	מור	*ni* sich ändern		מִזֶּה	Q מַה־זֶּה
		hi vertauschen, wanken Ps 46,3		מֵיזָה	Misa *n. pr. m.*
	מוֹר	→ מֹר		*מָזוּ	Speicher
	מוֹרָא/מֹרָא	Furcht, Schrecken		מְזוּזָה	Türpfosten
	מוֹרַג	Dreschschlitten		מָזוֹן	Speise, Nahrung
	מוֹרָד	Abhang, Berghang	I	מָזוֹר	eiternde Wunde, Geschwür
I	מוֹרֶה	Frühregen			
II	מוֹרֶה	Lehrer	II	מָזוֹר	Schlinge, Fußnagel (?)
I	מוֹרָה	Schermesser	I	מֶזַח	Werft, Hafen (?)
II	מוֹרָה	→ מוֹרָא	II	מֶזַח	Gürtel
	מוֹרַט	→ מרט *pu*		*מְזִיחַ	Gürtel
	מוֹרִיָּה	→ מֹרִיָּה		מֵזִין	→ I אזן *hi*
I	*מוֹרָשׁ	Besitz		מַזְכִּיר	Sekretär (Beamter)
II	*מוֹרָשׁ	Wunsch, Verlangen		מִזְלָג/מַזְלֵג/ מַזְלָג	Fleischgabel
	מוֹרָשָׁה	Besitz			
	מוֹרֶשֶׁת גַּת	Moreschet–Gath *n. l.*		מַזָּלוֹת	Tierkreisbilder
	מוֹרַשְׁתִּי	Moraschtiter *n. g.*		מְזִמָּה	Plan, Absicht, Anschlag, Klugheit
I	מושׁ	*q* weichen, ablassen, entfernen		מִזְמוֹר	Lied, Psalm (57x)
				*מַזְמֵרָה	Winzermesser
II	מושׁ	*q* betasten *hi* tasten, fühlen, betasten lassen		*מְזַמֶּרֶת	Dochtschere
				מִזְעָר	Kleinigkeit, ein wenig
	מוֹשָׁב	Sitz, Sitzplatz, Wohnsitz, Lage, Versammlung, Wohnen (44x)		מִזְרֶה	Worfgabel
				מַזָּרוֹת	Gestirne
				מִזְרָח	Sonnenaufgang, Osten (74x)
	מוּשִׁי/מֵשִׁי	Muschi *n. pr. m.*; *n. g.*		מְזָרִים	Nordwinde
	מוֹשִׁיעַ	Helfer, Retter (25x)		*מִזְרָע	*koll.* Saatland
	מוֹשָׁעוֹת	Hilfeleistungen		מִזְרָק	(Opfer-) Schale (aus Metall)
	מות	*q* sterben (ca. 630x) *pol* töten *polal* getötet werden *hi* töten (138x)			
				*מֵחַ	Fettschaf
				מֹחַ	Mark (d. Knochen)
				מחא	*q* schlagen, klatschen
				*מַחֲבֵא	Versteck

	מַחְבֹּאִים	Verstecke			Weihrauchgefäße (?)
	מְחַבְּרוֹת	Binder, Klammern (eisern + hölzern)		*מַחְלְפוֹת	Pl. Haarflechten, Strähnen
	מְחַבֶּרֶת	Verbindungsstück, Nahtstelle		מַחֲלָצוֹת	Pl. (weiße) Festgewänder
	מַחֲבַת	Platte (z. Rösten u. Backen), Plattengebäck		מַחְלְקוֹת	Machlekot n. l.
	מַחְגֹּרֶת	Umgürtung		מַחֲלֹקֶת	Abteilung, Anteil (42x)
I	מחה	q wegwischen, austilgen ni weggewischt werden hi tilgen lassen	I	מָחֲלַת	Lied (?), Musikinstrument (?)
			II	מָחֲלַת	Mahalat n. pr. f.
				מְחֹלָתִי	Meholatiter n. g.
II	מחה	q stoßen, treffen		*מַחֲמָאָה	Milchspeise
III	מחה	ptz pu markig		*מַחְמָד	Köstlichkeit, Kostbarkeit
	מְחוּגָה	Zirkel (?)		*מַחְמֹד	Kostbarkeit
	*מָחוֹז	Hafen		מַחְמָל	Verlangen
	מְחוּיָאֵל	Mehujaël n. pr. m.		מַחְמֶצֶת	→ I חמץ
	מַחֲוִים	Machawiter n. g.		מַחֲנֶה	Lager, Heer (215x)
I	מָחוֹל	Tanz, Reigen		מַחֲנֵה־דָן	Mahane–Dan n. l.
II	מָחוֹל	Mahol n. pr. m.		מַחֲנַיִם	Mahanaim n. l.
	מַחֲזֶה	Vision, Gesicht		מַחֲנָק	Erstickung
	מְחֶזָה	Lichtöffnung		מַחְסֶה	Zuflucht, Zufluchtsort (20x)
	מַחֲזִיאוֹת	Mahasiot n. pr. m.			
	*מְחִי	Stoß		מַחְסוֹם	Zaum, Maulkorb
	מְחִידָא	Mehida n. pr. m.		מַחְסוֹר	Mangel
	מִחְיָה	Lebenserhaltung, Nahrung, Lebensmittel		מַחְסֵיָה	Machseja n. pr. m.
				מחץ	q zerschlagen
	מְחוּיָאֵל	→ מְחוּיָאֵל		*מַחַץ	Wunde
I	מְחִיר	Kaufpreis, Lohn		מַחְצֵב	c. אֶבֶן behauene Steine
II	מְחִיר	Mehir n. pr. m.		מֶחֱצָה	Hälfte
	*מַחֲלֶה	Krankheit		*מַחֲצִית	Hälfte, Mitte
	מַחֲלָה	Krankheit		מחק	q zerschmettern
	מַחְלָה	Machla n. pr. m. + f.; n. tribus		*מֶחְקָר	Tiefe
				מָחָר	adv. morgen (52x)
	*מְחֹלָה	Tanz, Reigen		*מַחֲרָאוֹת	Abtritt, Abort
	*מְחִלָּה	Loch		*מַחֲרֵשָׁה	Pflugschar
	מַחְלוֹן	Machlon n. pr. m.		מָחֳרָת	das Morgen, der folgende Tag (32x)
I	מַחְלִי	Machli n. pr. m.			
II	מַחְלִי	Machliter n. g.		*מַחְשֹׂף	Ausschälung, Freilegung
	מַחֲלָיִים	Krankheiten		מַחֲשָׁבָה	Gedanke, Plan, Erfindung (56x)
	*מַחֲלָף	Messer (?),			

	מַחְשָׁךְ	finsterer Ort
	מַחַת	Mahat n. pr. m.
	מַחְתָּה	Kohlenpfanne, Eimer, Schale
I	מְחִתָּה	Verderben, Trümmer
II	מְחִתָּה	Schrecken
	מַחְתֶּרֶת	Einbruch
	*מַטְאֲטֵא	Besen
	מַטְבֵּחַ	Schlachtbank
	מַטֶּה	Stab, Stock, Stamm (eines Volkes) (252x)
	מַטָּה	adv. abwärts, drunten
	מִטָּה	Bett, Lager (29x)
	מֻטֶּה	(Rechts-) Beugung
	*מְטָה	Spannweite
	מַטְוֶה	Gespinst
	*מָטִיל	Stange
	מַטְמוֹן	(verborgener) Schatz
	מַטָּע	Pflanzung
	*מַטְעָם	Pl. Leckerbissen, Köstlichkeiten
	מִטְפַּחַת	Umschlagtuch
	מטר	ni beregnet werden hi regnen lassen
	מָטָר	Regen (38x)
	מַטְרָא	→ II מַטָּרָה
	מַטְרֵד	Matred n. pr. f.
I	מַטָּרָה	Wache
II	מַטָּרָה	Ziel, Zielscheibe
	מַטְרִי	Matriter n. g.
	מִי	wer?, wer (ca. 420x)
	מֵידְבָא	Medeba n. l.
	מֵי הַיַּרְקוֹן	→ יַרְקוֹן
	מֵי זָהָב	Me–Sahab n. pr. m + f.
	מֵידָד	Medad n. pr. m.
	*מֵיטָב	das Beste, der beste Teil
	מִיכָא	Micha n. pr. m.
	מִיכָאֵל	Michael n. pr. m.
	מִיכָה	Micha n. pr. m.
	מיכהו	→ מִיכָיְהוּ (2Chr 18,8)
	מִיכָיָה	Michaja n. pr. m.
	מִיכָיְהוּ	Michajahu n. pr. m. + f.
	מִיכָיְהוּ	Michajehu n. pr. m.
	*מִיכָל	Behälter? (2Sam 17,20)
	מִיכַל	Michal n. pr. f.
	מַיִם	Wasser (ca. 580x)
	מֵימִין	→ יָמִין
	מִיָּמִן	Mijamin n. pr. m.
	*מִין	Art, Gattung
	מֵינֶקֶת	Amme
	מיסך	→ *מוּסָךְ (2Kön 16,18)
	מֵיפַעַת	Mefaat n. l.
	*מִיץ	Pressen (von Milch; Spr 30,33)
	*מִיצִיאִים	→ יָצִיא (2Chr 32,21)
	מיש	→ I מוּשׁ
	מֵישָׁא	Mescha n. pr. m.
	מִישָׁאֵל	Mischael n. pr. m.
	מִישׁוֹר	Ebene; metaph. Geradheit, Gerechtigkeit
	מֵישַׁךְ	Meschach n. pr. m.
	מֵישַׁע	Mescha n. pr. m.
	מֵישָׁע	Mescha n. pr. m.
	מישׁר	→ מִישׁוֹר
	מֵישָׁרִים	Geradheit, Gerechtigkeit
	*מֵיתָר	Bogensehne, Zeltseil
	*מַכְאוֹב	Schmerz, Plage, Leiden
	מַכְבֵּנָה	Machbena n. pr. m.
	מַכְבַּנַּי	Machbannai n. pr. m.
	מִכְבָּר	Tuch, Decke
	מִכְבָּר	Gitter (am Altar)
	מַכָּה	Schlag, Wunde, Plage, Niederlage (48x)
	מִכְוָה	Brandwunde
	מָכוֹן	Stätte, Platz, Stütze (des Thrones Gottes)
	מְכוֹנָה	Stätte, Gestell (d. salomonischen Kesselwagen)
	*מְכוֹרָה	Herkunft

מָכִי

	מָכִי	Machi *n. pr. m.*
	מָכִיר	Machir *n. pr. m.* + *n. tribus*
	מָכִירִי	Machiriter *n. g.*
	מכך	*q* versinken
		ni sich senken
		ho erniedrigt werden
I	*מִכְלָא/	Hürde (f. Kleinvieh)
	מִכְלָה	
II	*מִכְלָה	→ מִכְלוֹת
	מִכְלוֹל	Vollkommenheit
	*מַכְלוּל	Prachtgewand
	*מִכְלוֹת	Vollendung
	*מִכְלָל	Vollkommenheit
	מַכֹּלֶת	Speise, Verköstigung
	*מִכְמָן	Schatz
	מִכְמָס	→ מִכְמָשׁ
	מִכְמָר	Fangnetz
	*מִכְמֶרֶת	Fangnetz (f. Fische)
	מִכְמָשׁ	Michmas *n. l.*
	מִכְמְתָת	Michmetat *n. l.*
	מַכְנַדְבַי	Machnadbai *n. pr. m.* od. *n. tribus* (Esr 10,40)
I	מְכֹנָה	→ מְכוֹנָה
II	מְכֹנָה	Mechona *n. l.*
	*מִכְנָס	Hose (d. Priester)
	מֶכֶס	(*kult.*) Abgabe
	*מִכְסָה	Anzahl, Betrag
	מִכְסֶה	Decke, Verdeck
	מְכַסֶּה	Decke, Bekleidung
	מַכְפֵּלָה	Machpela *n. l.*
	מכר	*q* verkaufen, ausliefern (57x)
		ni verkauft werden, sich verkaufen (19x)
		hitp sich zum Kauf anbieten, sich zu *etw.* hergeben (4x)
	מֶכֶר	Kaufpreis, Ware
	*מַכָּר	Händler

	*מִכְרֶה	Grube
	*מְכֵרָה	Waffe (?), Schwert (?) (Gen 49,5)
	מִכְרִי	Michri *n. pr. m.*
	מְכֵרָתִי	Macheratiter *n. g.*
	מִכְשׁוֹל/	Anstoß, Hindernis
	מִכְשֹׁל	
	מַכְשֵׁלָה	Trümmerhaufen
	מִכְתָּב	Schrift, Schriftstück
	*מְכִתָּה	*koll.* Zerschlagenes
	מִכְתָּם	Liedbezeichnung (in Psalmenüberschriften)
	מַכְתֵּשׁ	Mörser, Backenzahn, Stadtteil von Jerusalem *n. t.*
	מלא	*q* voll sein/ werden, füllen (101x)
		ni voll, erfüllt werden (36x)
		pi füllen, erfüllen (111x)
		pu ptz besetzt
		hitp sich zusammenrotten
	מָלֵא	voll (63x)
	*מְלֹא	Fülle, Menge (38x)
	מִלֻּא	→ מִלּוּא
	מְלֵאָה	Fülle, Überfluss
	*מִלֻּאָה	Besatz (mit [Edel-]Steinen)
	מִלֻּאִים	Einweihung, Besatz (mit Steinen)
	מַלְאָךְ	Bote, Engel (213x)
	מְלָאכָה	Arbeit, Werk, Geschäft (167x)
	*מַלְאָכוּת	Auftrag
	מַלְאָכִי	Maleachi *n. pr. m.*
	מְלֶאכֶת	→ מְלָאכָה
	מְלֵאת	Fülle (?)
	מַלְבּוּשׁ	Gewand, Kleid
	מַלְבֵּן	(viereckige) Ziegelform

86

מלה → מלא
מִלָּה Wort (38x)
מִלוֹ/*מִלוֹא → *מלא
מִלוֹא Millo n. t. (in Jerusalem); n. l. (bei Sichem)
מִלוּאִים → מְלֵאִים
מַלּוּחַ Salzkraut (als Nahrung armer Leute)
מַלּוּךְ Malluch n. pr. m.
מְלוּכִי → מלוכי
מְלוּכָה Königtum
מלוכי Q מְלִיכוּ (?) Malluchi n. pr. m. Neh 12,14
מָלוֹן Nachtlager
מְלוּנָה (einfache) Nachthütte
מַלּוֹתִי Malloti n. pr. m.
I מלח ni zerrissen werden
II מלח q salzen
pu ptz gesalzen
ho mit Salzwasser abgeriebenwerden (Neugeborenes)
I מֶלַח Kleiderfetzen
II מֶלַח Salz
*מַלָּח Seemann
מְלֵחָה Salzland (=unfruchtbares Land)
מִלְחָמָה Kampf, Krieg (ca 320x)
מִלְחֶמֶת → מִלְחָמָה
מלט ni sich retten (63x)
pi jdn. retten (28x)
hitp hervorsprühen
hi retten, gebären Jes 66,7
מֶלֶט Mörtel, Lehmboden (?) Jer 43,9
מְלַטְיָה Melatja n. pr. m.
מְלִיכוּ Q → מלוכי Neh 12, 14
*מְלִילָה Ähre, Reibkorn (noch unreif)
מְלִיצָה Sinnspruch, Rätselspruch
I מלך q König sein/ werden, herrschen (ca. 300x)
hi jdn. zum König machen, einsetzen (49x)
ho als König eingesetzt werden
II מלך ni mit sich zu Rate gehen
I מֶלֶךְ König (ca. 2500x)
II מֶלֶךְ Melech n. pr. m.
מֹלֶךְ Moloch n. dei (?); herablassend für I מֶלֶךְ
*מַלְכֹּדֶת Schlinge
מַלְכָּה Königin (35x)
מִלְכָּה Milka n. pr. f.
מְלֻכָה → מְלוּכָה
מַלְכוּת Königsherrschaft, Königswürde, Regierungszeit, Königreich (91x)
מַלְכִּיאֵל Malkiël n. pr. m.
מַלְכִּיאֵלִי Malkiëliter n. g.
מַלְכִּיָּה Malkija n. pr. m.
מַלְכִּיָּהוּ Malkijahu n. pr. m.
מַלְכִּי־צֶדֶק Malchisedek n. pr. m.
מַלְכִּירָם Malkiram n. pr. m.
מַלְכִּי־שׁוּעַ Malkischua n. pr. m.
מַלְכָּם Malkam n. pr. m.
מִלְכֹּם Milkom n. dei
מלכן Q מַלְבֵּן 2Sam 12,31
*מְלֶכֶת Königin
מֹלֶכֶת Molechet n. pr. f.
I מלל q verwelken
pol welken
hitp verdorren
II מלל q beschneiden
ni sich beschneiden (lassen)

III	מָלַל	q reden, deuten, Zeichen geben		מִמְשָׁק	Boden, Stelle (mit Unkraut)
		pi sagen, verkünden		מַמְתַקִּים	Süße
	מְלָלַי	Milalai n. pr. m.	I	מָן	Manna (Speise)
	*מַלְמָד	Treibstecken	II	מָן	Was?
	מלץ	ni glatt sein, gleiten, übertr. köstlich sein	I	*מֵן	Saite, Pl. Saitenspiel
			II	*מֵן	Teil, Anteil (?) Ps 68, 24
	מֶלְצַר	Aufseher (babyl. Beamtentitel)		מִן	von, seit, wegen (ca. 7500x)
	מלק	q abkneifen (d. Kopf eines Opfervogels)		מְנָאוֹת	Pl. von → *מָנָת Neh 12,44
I	מַלְקוֹחַ	Beute		*מַנְגִּינָה	Spottlied
II	*מַלְקוֹחַ	Du. Gaumen		מנה	q zählen, bestimmen
	מַלְקוֹשׁ	Spätregen (März/ April)			ni gezählt werden
	מֶלְקָחַיִם	Zange, Dochtschere			pi zuteilen, anordnen
	מֶלְתָּחָה	Kleiderkammer			pu ptz bestellt über
	*מַלְתָּעוֹת	Kinnlade Ps 58,7		מָנֶה	Mine (Gewicht für Edelmetall, ca. 50/60 Schekel)
	*מַמְגֻרָה	Vorratsgrube (?)			
	*מֵמַד / *מָמַד	Maß			
	מְמוּכָן	Memuchan n. pr. m.		מָנָה	Anteil, Portion
	*מָמוֹת	Tod, Todesart		מֹנֶה	Mal
	מַמְזֵר	Mischling (Kind aus verbotener Ehe)		מִנְהָג	Fahren (eines Wagens)
				*מִנְהָרָה	Versteck (?)
	מִמְכָּר	Ware, Verkauf		*מָנוֹד	Kopfschütteln
	*מִמְכֶּרֶת	Verkauf	I	מָנוֹחַ	Ruhe, Ruheplatz
	מַמְלָכָה	Königsherrschaft, Königreich (117x)	II	מָנוֹחַ	Menoach n. pr. m.
				מְנוּחָה	Ruhe, Ruheplatz, Wohnsitz
	*מַמְלָכוּת	Königsherrschaft, Königreich			
	מִמְסָךְ	Mischkrug		מָנוֹן	frech, rebellisch
	מֶמֶר	Bitterkeit, Verdruss		מָנוֹס	Flucht, Zuflucht
	מַמְרֵא	Mamre n. pr. m.; n. l.		מְנוּסָה	Flucht
	מַמְרֹרִים	Bitterkeit		*מָנוֹר	Weberbaum (Querbalken am Webstuhl)
	מִמְשַׁח	Ez 28,14 „mit glänzenden Flügeln" (?)		מְנוֹרָה	Leuchter, Lampenständer
	מִמְשָׁל	Herrschaft; Pl. Herrschaften		*מְנֻזָּרִים	Höflinge
				מְנָח	→ נוח ho
	מֶמְשָׁלָה	Herrschaft, Herrschaftsgebiet		מִנְחָה	Geschenk, Opfergabe, Speiseopfer (211x)
				מְנֻחָה	→ מְנוּחָה

	מְנַחֵם	Menahem n. pr. m.	II	מַסְגֵּר	Metallarbeiter, Schlosser (?)
I	*מָנַחַת	Manahat n. l.		מִסְגֶּרֶת	Gefängnis, Leiste
II	מָנַחַת	Manahat n. pr. m.		מַסָּד	Fundament
	מְנַחְתִּי	Manahatiter n. g.		*מִסְדְּרוֹן	Abort?, Nebenraum (?)
	מְנִי	Meni n. dei (Schicksalsgott Jes 65,11)		מסה	hi zerfließen lassen, schwemmen lassen
I	מִנִּי	Minni n. t.	I	*מַסָּה	Versuchung, Prüfung
II	מִנִּי	→ מִן (poetische Form)	II	מַסָּה	Massa n. l.
	מִנִּי	→ מִן Jes 30,11	III	*מַסָּה	Verzagen
	*מְנָיוֹת	→ *מְנָת		*מִסָּה	nach Maßgabe von, je nach (dem)
	מִנִּים	→ I *מֵן		מְסְוֶה	Decke, Hülle
	מִנְיָמִין	Minjamin n. pr. m.		מְסוּכָה	Dornenhecke
	מִנִּית	Minnit n. l.		מַסָּח	abwechselnd (?)
	מִנְלָם	Gabe (?) Hi 15,29		*מִסְחָר	Handel
	מנע	q zurückhalten, vorenthalten, verweigern (25x) ni sich zurückhalten, vorenthalten werden		מסך	q mischen
				מֶסֶךְ	Würzzusatz (z. Wein)
				מָסָךְ	Decke, Vorhang (d. Stiftshütte)
	מַנְעוּל	Riegel, Schloss		*מַסָכָה	Decke (?), Umschirmung (?) Ez 28, 13
	*מִנְעָל	Riegel			
	*מַנְעַמִּים	Leckerbissen	I	מַסֵּכָה	Gussbild (aus Metall), Trankopfer Jes 30,1 (26x)
	מְנַעַנְעִים	„Rassel" (Schlaginstrument, Sistrum)			
			II	מַסֵּכָה	Decke
	*מְנַקִּית	Opferschale		מִסְכֵּן	arm
	*מֵנֶקֶת	→ ינק hi		מִסְכֵּן	→ III סכן
	מְנוֹרָה	→ מְנוֹרָה		מִסְכְּנוֹת	Vorräte, Speicher
	מְנַשֶּׁה	Manasse n. pr. m.; n. tribus		מִסְכֵּנֻת	Armut, Elend
				*מַסֶּכֶת	koll. Kettenfäden (am Webstuhl)
	מְנַשִּׁי	Manassit n. g.			
	*מְנָת	Teil, Anteil		מְסִלָּה	(aufgeschüttete) Straße (27x)
	מָס	verzagt (?) Hi 6,14			
	מַס	Frondienst; koll. Fronarbeiter		מַסְלוּל	Straße
				*מַסְמֵר	Stift, Nagel
	מֵסַב	Umgebung, Tafelrunde, ringsum		מסס	q verzagen ni zerfließen, schmelzen, vor Angst vergehen hi zerfließen machen
	*מְסִבָּה	rundum			
I	מַסְגֵּר	Gefängnis			

	מַסָּע	Abbruch (d. Lagers), Aufbruch, Wegstrecke		מַעֲדַנִּים	Leckerbissen, Freude
				מַעֲדַנּוֹת	Fesseln
I	מַסַּע	Bruch, Steinbruch		מַעְדֵּר	Hacke
II	מַסָּע	Wurfgeschoss Hi 41,18		*מֵעֶה	Eingeweide, Inneres, Bauch (32x)
	מִסְעָד	Stütze (?), Geländer (?)			
	מִסְפֵּד	Klage, Totenklage, Trauerfeier		*מָעָה	(Sand-) Korn
				מָעוֹג	Vorrat(?), Gebackenes (?)
	מִסְפּוֹא	Futter			
	מִסְפָּחוֹת	Kopfbedeckungen, Schleier (?)		מָעוֹז	Festung, Schutz, Zuflucht (36x)
	מִסְפַּחַת	Hautausschlag		מָעוֹךְ	Maoch n. pr. m.
I	מִסְפָּר	Zahl, Anzahl, Erzählung (134x)	I	מָעוֹן	Wohnung, Wohnsitz, Aufenthaltsort (wilder Tiere)
II	מִסְפָּר	Mispar n. pr. m.			
	מִסְפֶּרֶת	Misperet n. pr. m.	II	מָעוֹן	Maon n. l.
	מסר	q zum Anlass werden (?) ni ausgewählt werden (?), zusammengestellt werden (?)	III	מָעוֹן	Maon n. pr. m.
				בֵּית בַּעַל מָעוֹן	→
				*מְעוֹנָה	→ מָעֹנָה
				מְעוּנִים	Mëuniter n. tribus
	מֹסֵר	Hi 33,16 → *מוּסָר		מְעוֹנֹתַי	Meonotai n. pr. m.
	מֹסֵרוֹת	Moserot n. l.		*מָעוּף	Finsternis
	*מֹסֶרֶת	Überlieferung (?), Bindung (?)		*מָעוֹר	Genitalien, Scham
				מַעֲזְיָה	Maazja n. pr. m.
	מִסְתּוֹר	Obdach		מַעַזְיָהוּ	Maazjahu n. pr. m.
	*מַסְתֵּר	Verhüllen		מעט	q wenig sein/ werden, abnehmen
	מִסְתָּר	Versteck			pi wenig werden
	*מַעְבָּד	Tat			hi klein(er) machen, verringern
	*מַעֲבֶה	Erdgießerei (?)			
	*מַעֲבָר	Furt, Durchgang, Hieb Jes 30,32		מְעַט	Weniges, wenig (101x)
				*מְעֹט	wenig? Ez 21, 20
	מַעְבָּרָה	Furt, Durchgang, Schlucht		*מַעֲטֶה	Hülle, Gewand
	מַעְגָּל	Wagenspur(en), Wagenburg		*מַעֲטָפֹת	Überkleid, Obergewand
				*מְעִי	Trümmerhaufen
	מעד	q wanken pu → l q hi wanken lassen		מָעַי	Maai n. pr. m.
				מְעִיל	Obergewand (28x)
				*מֵעִים/	→ *מֵעָה
	מוֹעֵד	→		*מֵעַיִם	
	מַעֲדַי	Maadai n. pr. m.		מַעְיָן	Quellort, Quelle
	מַעַדְיָה	Maadja n. pr. m.		מעינים	→ מְעוּנִים 1Chr 4,41

	מָעַךְ	*q* zerdrücken
		pu gedrückt werden
I	מַעֲכָה	Maacha *n. pr. m.* + *f.*
II	מַעֲכָה	Maacha *n. t.*
	מַעֲכָת	→ II מַעֲכָה
	מַעֲכָתִי	Maachatiter *n. g.*
	מָעַל	*q* treulos sein/ werden (35x)
I	מַעַל	Untreue, Treuebruch
II	*מַעַל	das Obere, oben, droben (140x)
	מֵעַל	→ עַל + מִן
	*מֹעַל	d. Aufheben (v. den Händen)
	מַעֲלָה	Anstieg, Aufgang, Pass, Tribüne Neh 9,4
	מַעֲלֵה	→ אֲדֻמִּים
	מַעֲלֵה אֲדֻמִּים בֵּית־חוֹרן	d. Steige von Beth-Horon (Jos 10,10)
	מַעֲלֵה־גּוּר	d. Steige von Gur (2Kön 9,27)
	מַעֲלֵה הֶחָרֶס	d. Steige d. Sonnengottes (Ri 8,13)
	מַעֲלֵה הַלּוּחִית	d. Steige von Luhit (Jes 15,5; Jer 48,5)
	מַעֲלֵה עַקְרַבִּים	d. Skorpionensteige (Num 34,4 u.ö.)
	מַעֲלֵה הַצִּיץ	d. Blumensteige (2Chr 20,16)
	מַעֲלָה	Stufe, Treppe, Wallfahrt Ps 120-134 (47x)
	מַעֲלָה	→ *מַעַל II
	מַעֲלִיל	→ *מַעֲלָל
	*מַעֲלָל	Tat, Handlung (41x)
	*מַעֲמָד	Stand, Posten, Aufwartung
	מָעֳמָד	Grund, Halt
	מַעֲמָסָה	Hebestein
	מַעֲמַקִּים	Tiefen
	*מַעַן	*immer mit* לְ um...

		willen, wegen, damit (272x)
I	מַעֲנֶה	Antwort
II	*מַעֲנֶה	Zweck
	מַעֲנָה	Furche
	מְעֹנָה	Wohnung, Wohnsitz, Lagerplatz
	מַעֲנִית	→ מַעֲנָה
	מַעַץ	Maas *n. pr. m.*
	מַעֲצֵבָה	Ort der Qual
	מַעֲצָד	kleine Axt, Messer (?)
	מַעְצוֹר	Hindernis, Schwierigkeit
	מַעְצָר	Selbstbeherrschung
	מַעֲקֶה	Geländer
	מַעֲקַשִּׁים	holprige Fläche
	*מַעַר	Blöße, Scham
I	*מַעֲרָב	Tauschware(n)
II	מַעֲרָב	Untergangsort d. Sonne, Westen
	*מַעֲרָה	freier Platz, Lichtung (?)
	מְעָרָה	Höhle (39x)
	*מַעֲרִיץ	Furcht, Schrecken
	*מַעֲרָךְ	Plan, Überlegung
	מַעֲרָכָה	Reihe, Ordnung, Schlachtreihe
	מַעֲרֶכֶת	Schicht, Reihe (d. Schau-brote)
	מַעֲרֻמִּים	Nackte
	מַעֲרָצָה	Schreckensgewalt
	מַעֲרַת	Maarat *n. l.*
	מַעֲשֶׂה	Tat, Werk, Arbeit (ca. 230x)
	מַעֲשַׂי	Maasai *n. pr. m.*
	מַעֲשֵׂיָה	Maaseja *n. pr. m.*
	מַעֲשֵׂיָהוּ	Maasejahu *n. pr. m.*
	מַעֲשֵׂר	d. Zehnte, Zehntel
	מַעֲשַׁקּוֹת	Erpressung(en)
	מֹף	Memphis *n. l.*
	מִפִבֹשֶׁת	→ מְפִיבֹשֶׁת
	מִפְגָּע	Zielscheibe

מַפָּח*	Seufzen	
מַפֻּחַ	Blasebalg	
מְפִיבֹשֶׁת	Mephiboschet *n. pr. m.*	
מֻפִּים	Muppim *n. pr. m.*	
מֵפִיץ	Hammer, Keule	
מַפָּל*	Abfall, Wampen (Hi 41,15)	
מִפְלָאָה*	Wunder	
מִפְלַגָּה*	Abteilung, Gruppe	
מַפָּלָה	Trümmerhaufen	
מִפְלָט	Zufluchtsort	
מִפְלֶצֶת	abscheuliches Kultbild	
מִפְלָשׂ*	d. Schweben (?)	
מַפֶּלֶת*	Fall, Sturz, Aas	
מִפְעָל*	Werk, Tat	
מִפְעַת	→ מֵיפַעַת	
מַפָּץ*	Zerstörung	
מַפֵּץ	Hammer, Keule	
מִפְקָד	Musterung, Anordnung	
מִפְרָץ*	Anlegeplatz, Bucht	
מַפְרֶקֶת*	Genick	
מִפְרָשׂ*	Segel, Ausdehnung	
מִפְשָׂעָה	Gesäß	
מַפְתֵּחַ	Schlüssel	
מִפְתָּח*	Öffnen	
מִפְתָּן	Schwelle	
מֵץ	Bedrücker	
מֹץ	Spreu	
מצא	*q* finden, erreichen, (an)treffen (ca. 300x) *ni* gefunden werden, sich vorfinden, sich finden lassen (ca. 140x) *hi* geraten lassen, *etw.* reichen, treffen lassen	
מֹצָא	→ מוֹצָא	
מַצָּב	Standort, Stellung, Amt	
מַצָּב	Belagerungswall (?), Malstein Ri 9,6	
מַצָּבָה	Posten	

מַצֵּבָה	Massebe, Gedenkstein (34x)	
מְצֹבָיָה	Mesobaja *n. pr. m.* od. *n. g.*	
מַצֶּבֶת	→ מַצֵּבָה	
מְצָד	Zufluchtsort, Versteck	
מְצָדָה	→ מְצוּדָה	
מצה	*q* austrinken, herauspressen *ni* herausgepresst, ausgedrückt werden	
I	מַצָּה	Mazze, ungesäuertes Brot (53x)
II	מַצָּה	Streit, Zank
	מוֹצָה	Moza *n. l.*
	מְצָהֲלוֹת*	d. Wiehern
I	מָצוֹד*	Netz, Fangnetz
II	מָצוֹד*	Bollwerk, Turm (?)
I	מְצוּדָה	Netz
II	מְצוּדָה	Burg, Festung (?) Jes 29,7
I	מְצוּדָה	Jagdbeute, Netz
II	מְצוּדָה	Zufluchtsort, Festung
	מִצְוָה	Befehl, Gebot (181x)
	מְצוּלָה*	Tiefe
	מָצוֹק	Bedrängnis, Drangsal
	מָצוּק	Pfeiler, Säule (?)
	מְצוּקָה	Bedrängnis, Drangsal
I	מָצוֹר	Bedrängnis, Drangsal, Belagerung, Festung
II	מָצוֹר	Ägypten *n. t.*
	מְצוּרָה	Belagerungswall, Festung
	מַצּוּת*	Streit
	מֵצַח	Stirn
	מִצְחָה*	Beinschiene
	מְצִלָּה*	Schelle
	מְצֻלָּה	→ מְצוּלָה*
	מְצִלְתַּיִם	Zimbeln (Schlaginstrument)

	מִצְנֶפֶת	Kopfbund, Turban
	מַצָּע	Lager, Bett
	*מִצְעָד	Schritt
	מִצְעָר	Kleines, Unbedeutendes
I	מִצְפֶּה	Warte, Beobachtungsstelle
II	מִצְפֶּה	Mizpe n. l.
	מִצְפָּה	Mizpa n. l.
	מַצְפּוּנִים	verborgene Dinge
	מצץ	q saugen, trinken
	מֵצַר	Enge, Bedrängnis
	מִצְרָה	→ מְצוּרָה
	מִצְרִי	ein Ägypter n. g., ägyptisch
	מִצְרַיִם	Ägypten n. t.; n. populi (ca. 680x)
	מַצְרֵף	Schmelztiegel
	מַק/מָק	Moder, Modergeruch
I	מַקֶּבֶת	Hammer
II	*מַקֶּבֶת	Höhlung
	מַקֵּדָה	Mekkeda n. l.
	מִקְדָּשׁ	Heiligtum (75x)
	מִקְהֵל	(gottesdienstliche) Versammlung
	מַקְהֵלֹת	Makhelot n. l.
	*מִקְוָא	→ מִקְוֶה II
I	מִקְוֶה	Hoffnung
II	*מִקְוֶה	Ansammlung
	מִקְוֶה	Sammelbecken (für Wasser)
	מָקוֹם	Ort, Platz, Raum (ca. 400x)
	מָקוֹר	Quelle
	*מָקַח	Annehmen
	מַקָּחוֹת	Waren
	*מְקֻטָּר	Räuchern
	מְקֻטָּר	Räucherwerk
	מִקְטָרוֹת	Räuchergeräte
	מִקְטֶרֶת	Räuchergerät
	מַקֵּל	Stab, Stock, Zweig

	מִקְלוֹת	Miklot n. pr. m.
	מִקְלָט	Asyl, Schutz
	*מִקְלַעַת	Schnitzerei
	מָקֹם	→ מָקוֹם
	מִקְנֶה	Besitz, Viehbesitz (76x)
	מִקְנָה	Erwerb, Kauf
	מִקְנֵיָהוּ	Miknejahu n. pr. m.
	*מִקְסָם	Wahrsagerei
	מָקֵץ	Makaz n. l.
	מִקְצוֹעַ	Ecke
	*מַקְצוּעָה	Schnitzmesser
	מִקְצֹעַ	→ מִקְצוֹעַ
	מִקְצָת	→ קְצָת
	מקק	ni faulen, eitern, sich auflösen hi verfaulen lassen
	מִקְרָא	Einberufung, (gottesdienstliche) Versammlung, Fest, d. Vorlesen
	מִקְרֶה	Zufall, Schicksal, Geschick
	מְקָרֶה	Gebälk
	מְקֵרָה	Kühlung
	מִקְשֶׁה	(kunstvolle) Frisur
I	מִקְשָׁה	gedrehte, getriebene Arbeit
II	מִקְשָׁה	Gurkenfeld
I	מַר	Tropfen
II	מַר	bitter, bitterlich, Bitterkeit (39x)
	מֹר	Myrrhe (Harz)
I	מרא	q ptz Widerspenstige
II	מרא	hi emporschnellen, das Männchen spielen
	מָרָא	→ מַר II
	מוֹרָא	→ מוֹרָא
	מַרְאֶה	d. Sehen, Aussehen, Gestalt, Vision (103x)

	מַרְאָה	Vision, Gesicht, Spiegel
	*מֻרְאָה	Kropf (eines Vogels)
	מְראוֹן	→ II שִׁמְרוֹן Jos 12,20
	מָרֵאשָׁה	Maresha n. l.
	*מַרְאֲשׁוֹת	Kopfgegend
	מֵרָב	Merab n. pr. f.
	*מַרְבַד	Decke
	מִרְבָּה	Größe, Weite
	מַרְבֶּה	Menge
	מַרְבִּית	Menge, Mehrzahl, Zuschlag
	מַרְבֵּץ/	Lagerstätte (f. Tiere)
	*מִרְבָּץ	
	מַרְבֵּק	Mästung
	מַרְגּוֹעַ	Ruheplatz
	*מַרְגְּלוֹת	Fußgegend, Fußende
	מַרְגֵּמָה	Steinhaufen (?)
	מַרְגֵּעָה	Ruheplatz
		מרד q widerspenstig sein, sich auflehnen, empören
I	מֶרֶד	Empörung, Auflehnung
II	מֶרֶד	Mered n. pr. m.
	מַרְדוּת	Widerspenstigkeit
	*מְרֹדָךְ	Marduk n. dei
	מְרֹדָךְ	Merodach–Baladan n.
	בַּלְאֲדָן	pr. m.
	מָרְדֳּכַי	Mardochai n. pr. m.
	מִרְדָּף	Verfolgung
		מרה q widerspenstig sein (22x) hi sich widerspenstig benehmen (22x)
I	מָרָה	→II מר
II	מָרָה	Mara n. l.
	*מֹרָה	Bitterkeit
I	מוֹרֶה	→III מוֹרֶה
II	מוֹרֶה	→III ירה
	*מַרְהֵבָה	→ מַרְהֵבָה
	*מָרוּד	Heimatlosigkeit, Heimatloser
	מֵרוֹז	Meros n. l.
	*מָרוֹחַ	Zerquetschung
	מָרוֹם	Höhe, Anhöhe, Himmel, adv. hoch, oben (54x)
	מֵרוֹם	Merom n. l.
	מֵרוֹץ	Lauf, Wettlauf
I	*מְרוּצָה	das Laufen
II	מְרוּצָה	Erpressung
	*מְרוּקִים	Schönheitspflege, Kosmetik
	מָרוֹת	Marot n. l.
	מַרְזֵחַ	Festversammlung, Lustbarkeit
		מרח q aufstreichen
	מֶרְחָב	weiter Raum, Weite
	מֶרְחָק	Ferne, Weite
	*מַרְחֶשְׁוָן	Marheschwan (8. Monat Okt./Nov.)
	מַרְחֶשֶׁת	Kochtopf
		מרט q raufen, fegen, wetzen q pass (?) geschärft sein ni kahl werden pu ptz geglättet, poliert
	מְרִי	Widerspenstigkeit (23x)
	מְרִי־בַעַל	Meribaal n. pr. m.
	מְרִיא	Masttiere
	מְרִיב בָּעַל	Meribbaal n. pr. m.
I	מְרִיבָה	Streit, Zank
II	מְרִיבָה	Meriba n. l.
	מְרָיָה	Meraja
	מֹרִיָּה	Morija n. t.
	מְרָיוֹת	Merajot n. pr. m.
	מִרְיָם	Mirjam n. pr. f. + m.
	מְרִירוּת	Bitterkeit, Betrübnis
	מְרִירִי	bitter
	מֹרֶךְ	Verzagtheit
	מֶרְכָּב	Wagen, koll. Streitwagenkorps, Sattelsitz

	מֶרְכָּבָה	Wagen, Streitwagen (44x)		*מְרֵרָה	Galle
	*מַרְכֹּלֶת	Markt		*מְרֹרָה	Galle, Gift
I	מִרְמָה	Lüge, Täuschung (39x)		מְרָרִי	Merari n. pr. m. + n. g.
II	מִרְמָה	Mirma n. pr. m.		מְרֵשָׁה	→ מָרֵאשָׁה
	מְרֵמוֹת	Meremot n. pr. m.		מִרְשַׁעַת	Bosheit, Gottlosigkeit
	מִרְמָס	Zertretung		מוֹרַשְׁתִּי	→ מוֹרַשְׁתִּי
	מֵרֹנֹתִי	Meronotiter n. g.		מְרָתַיִם	Meratajim n. l.
	מֶרֶס	Meres n. pr. m.	I	מַשָּׂא	Last, Tragen (44x)
	מַרְסְנָא	Marsena n. pr. m.	II	מַשָּׂא	Spruch, Orakel (20x)
	*מֶרַע	Bosheit, Untat	III	מַשָּׂא	Massa n. pr. m.; n. populi
	*מֵרֵעַ	Freund, Gefährte		מַשֹּׂא	Parteilichkeit
	מִרְעֶה	Weide, Weideplatz		מַשְׂאָה	→ מַשְׂאֵת
	מַרְעִית	Weide, Herde		מַשְׂאֵת	Erhebung, Geschenk, Abgabe
	מַרְעֵלָה	Marala n. l.		מִשְׂגָּב	Zuflucht, Burg
I	מַרְפֵּא	Heilung, Heilmittel		מַשֶּׁגֶת	→ נשׂג hi
II	מַרְפֵּא	Gelassenheit		*מְשׂוּכָה	Hecke, Dornenhecke
	מַרְפֵּה	→I מַרְפֵּא		מַשּׂוֹר	Säge
	*מַרְפֵּשׂ	Getrübtes		מְשׂוּרָה	Maß (für Flüssigkeiten)
	מרץ	ni schmerzhaft, schlimm sein hi reizen		מָשׂוֹשׂ	Freude, Wonne
				מִשְׂחָק	Gelächter
	מַרְצֵעַ	Pfrieme (starke, spitze Nadel)		מַשְׂטֵמָה	Anfeindung
	*מַרְצֶפֶת	Pflasterung		*מְשׂוּכָה	Dornhecke
	מרק	q polieren q pass abgerieben werden pu → q pass hi reinigen		מַשְׂכִּיל	Kunstlied (?), Lehrgedicht (?) (in Psalmenüberschriften)
				מַשְׂכִּית	Gebilde, Bild
				מַשְׂכֹּרֶת	Lohn
	מָרָק	Fleischbrühe		*מַשְׂמֵר	→ מַסְמֵר
	*מֶרְקָח	Würzkraut		מִשְׂפָּח	Rechtsbruch
	מֶרְקָחָה	Salbentopf		מִשְׂרָה	Herrschaft
	מִרְקַחַת	Salbenmischung		*מִשְׂרְפוֹת	Verbrennung(en)
	מרד	q bitter sein/ werden pi ver-, erbittern hi betrüben, erbittern hitpalp erbittert, zornig werden		מִשְׂרְפוֹת מַיִם	Misrefot–Majim n. l.
				מַשְׂרֵקָה	Masreka n. l.
				מַשְׂרֵת	Pfanne
				משש	→ מסס
				מַשׁ	Masch n. pr. m.
	*מָרֹד	bitter, Bitteres		מַשָּׁא	Schuld

	מֵשָׁא	Mescha n. l.		מִשְׁטוֹחַ	Trockenplatz (für Netze)
	מִשְׁאָב*	Tränkrinne		מִשְׁטָר*	Himmelsschrift = Sternenhimmel
	מַשְׁאָה*	Schuld(en)			
	מִשְׁאָה	→ מְשׁוֹאָה		מֶשִׁי	kostbares Gewebe
	מַשָּׁאוֹן	Betrug, Täuschung		מֶשִׁי	→ I מוּשִׁי
	מַשֻּׁאוֹת	→ מַשּׁוּאוֹת		מְשֵׁיזַבְאֵל	Meschezabel n. pr. m.
	מִשְׁאָל	Mischal n. l.		מָשִׁיחַ	Gesalbter (38x)
	מִשְׁאָלָה*	Bitte		מְשִׂיסָה	→ מְשִׁסָּה
	מִשְׁאֶרֶת*	Backtrog		מָשַׁךְ	q ziehen, schleppen, in die Länge ziehen (30x)
	מַשְׂאֵת	→ מַשְׂאָה			
	מְשֻׁבָה	→ מְשׁוּבָה			ni sich hinziehen, aufgeschoben werden
	מִשְׁבְּצוֹת	(durchwirkte) Stoffe			
	מַשְׁבֵּר	Muttermund			pu ptz hingezogen, hochgewachsen
	מִשְׁבָּר*	Brandung			
	מִשְׁבָּת*	d. Aufhören	I	מֶשֶׁךְ*	Beutel
	מִשְׁגֶּה	Irrtum, Versehen	II	מֶשֶׁךְ	Meschech n. pr. m.; n. populi
	משה	q herausziehen			
		hi herausziehen		מִשְׁכָּב	Lager, Bett, Beischlaf (46x)
	מֹשֶׁה	Mose n. pr. m.			
	מַשֶּׁה*	Schuld		מַשְׂכּוֹת*	Fesseln, Seile
	מְשׁוֹאָה	Öde, Einöde		מִשְׁכָּן	Wohnung (139x)
	מַשּׁוּאוֹת	Trümmer, Täuschung	I	משל	q einen Spruch sagen, Spottverse sagen
	מְשׁוֹבָב	Meschobab n. pr. m.			
	מְשׁוּבָה	Abtrünnigkeit, Abfall, Treulosigkeit			ni ähnlich, gleich sein/ werden
					pi in Rätseln reden
	מְשׁוּגָה*	Irrtum, Vergehen			hitp gleich, ähnlich werden
	מָשׁוֹט	Ruder			
	מְשׂוּסָה	→ מְשִׂסָּה			hi vergleichen
	משח	q bestreichen, salben (65x)	II	משל	q herrschen (77x)
					hi zum Herrn machen
		ni gesalbt werden	I	מָשָׁל	Sprichwort, Gleichniswort, Spottlied (40x)
I	מִשְׁחָה	Salbung			
II	מִשְׁחָה	Anteil	II	מָשָׁל	→ מְשָׁאֵל
I	מָשְׁחָה	Salben, Salbung	I	מֹשֶׁל*	Gleiches, Ähnliches
II	מָשְׁחָה	Anteil	II	מֹשֶׁל*	Herrschaft
	מַשְׁחִית	Verderber, Verderben		מִשְׁלוֹחַ	Zusendung; + יָד Besitz
	מִשְׁחָר	Morgenröte			
	מַשְׁחֵת*	Verderben		מִשְׁלָח*	Unternehmung
	מִשְׁחַת*	Entstellung (?)		מִשְׁלַחַת	Schar, Entlassung
	מָשְׁחָת*	Entstellung, Fehler			

	מְשֻׁלָּם	Meschullam *n. pr. m.*
	מְשִׁלֵּמוֹת	Meschillemot *n. pr. m.*
	מְשֶׁלֶמְיָה	Meschelemja *n. pr. m.*
	מְשֶׁלֶמְיָהוּ	Meschelemjahu *n. pr. m.*
	מְשַׁלֵּמִית	→ מְשַׁלֵּמוֹת
	מְשֻׁלֶּמֶת	Meschullemet *n. pr. f.*
	מְשַׁמָּה	Verwüstung, Öde, Entsetzen
	מִשְׁמָן*	Fettheit, Feiste
	מִשְׁמַנָּה	Mischmana *n. pr. m.*
	מַשְׁמַנִּים	fette Speisen
I	מִשְׁמָע*	das Hören, Gerücht
II	מִשְׁמָע	Mischma *n. pr. m.; n. populi*
	מִשְׁמַעַת*	Leibwache, Untertanen
	מִשְׁמָר	Wache, Wachtposten, Dienstabteilung, Gefängnis
	מִשְׁמֶרֶת	Wache, Wachposten, Aufbewahrung, Anordnung, Besorgung, Dienst (78x)
	מִשְׁנֶה	Zweiter, Doppeltes, Abschrift (35x)
	מְשִׁסָּה	Beute, Plünderung
	מִשְׁעוֹל*	schmaler Pfad, Hohlweg
	מִשְׁעִי	Reinigung(?), salben (?)
	מִשְׁעָם	Mischam *n. pr. m.*
	מִשְׁעָן	Stab, Stütze
	מִשְׁעֵן	Stab, Stütze
	מַשְׁעֵנָה	→ מִשְׁעֶנֶת
	מִשְׁעֶנֶת	Stab, Stütze
	מִשְׁפָּחָה	Verwandtschaft, Geschlecht, Sippe (ca. 300x)
	מִשְׁפָּט	Recht, Gesetz, Gericht, Gerichtsverhandlung (ca. 420x)
	מִשְׁפְּתַיִם	Sattelkörbe
	מֶשֶׁק*	Besitz (?)

	מַשָּׁק*	Ansturm
	מַשְׁקֶה	Mundschenk, Getränk
	מִשְׁקוֹל	Gewicht
	מַשְׁקוֹף	Türsturz, Oberschwelle
	מִשְׁקָל	Gewicht (49x)
	מִשְׁקֹלֶת*	Bleilot, Senkblei
	מַשְׁקָע*	klares Wasser
	מִשְׁרָה*	Flüssigkeit
	מֵישָׁרִים	→ מִישָׁרִים
	מִשְׁרָעִי	Mischraïter *n. g.*
	משׁשׁ	*q* betasten; *pi* abtasten, durchsuchen; *hi* anfassen, greifen
	מִשְׁתֶּה	Trinken, Gastmahl (46x)
	מַשְׁתִּין	→ שׁתן
	מֵת	→ מוּת *q*
	מְת*	*Pl.* Männer, Leute
	מַתְבֵּן	Strohhaufen
	מֶתֶג	Zaum
	מָתוֹק	süß
	מְתוּשָׁאֵל	Metuschaël *n. pr. m.*
	מְתוּשֶׁלַח	Metuschelach *n. pr. m.*
	מתח	*q* ausbreiten, ausspannen
	מָתַי	wann? (43x)
	מְתִים*	Männer, Leute
	מַתְכֹּנֶת	Abmessung, Verhältnis
	מַתְלָאָה = מַה־תְּלָאָה	Mal 1,1 „was für eine Plage"
	מְתַלְּעוֹת	Zähne, Gebiss
	מְתֹם	Unbeschädigtes, heile Stelle
I	מַתָּן	Gabe, Geschenk
II	מַתָּן	Mattan *n. pr. m.*
I	מַתָּנָה	Gabe, Geschenk
II	מַתָּנָה	Mattana *n. l.*
	מִתְנִי	Mitniter *n. g.*
	מַתְּנַי	Mattenai *n. pr. m.*
	מַתַּנְיָה	Mattanja *n. pr. m.*
	מַתַּנְיָהוּ	Mattanjahu *n. pr. m.*
	מָתְנַיִם	Hüften, Lenden (47x)

מתק	q süß sein, werden	
	hi süß schmecken	
*מֶתֶק	Süßigkeit	
*מֹתֶק	Süßigkeit	
מִתְקָה	Mitka n. l.	
מִתְרְדָת	Mitredat n. pr. m.	
*מַתָּת	Gabe, Geschenk	
מַתָּתָה	Mattatta n. pr. m.	
מַתִּתְיָה	Mattitja n. pr. m.	
מַתִּתְיָהוּ	Mattitjahu n. pr. m.	

נ

I	נָא	doch! bitte (ca. 400x)
II	נָא	roh
	נֹא	No, Theben n. l.
	נֹאד	Schlauch
	נאה	q lieblich sein
	נָאוֶה	schön, lieblich, passend
	נַאֲוָה	Geziemendes
	נְאוֹת	→ I נָוֶה
	נאם	q (einen Gottesspruch) sprechen
	*נְאֻם	Spruch, Ausspruch (ca. 370x)
	נאף	q ehebrechen
		pi ehebrechen
	*נִאֻפִים	Ehebruch
	*נַאֲפוּפִים	Zeichen des Ehebruchs
	נאץ	q verschmähen, verwerfen
		pi verwerfen, lästern
		hitpo ptz pass gelästert werden
	נְאָצָה	Schmach
	*נֶאָצָה	Lästerung, Schmähung
	נאק	q stöhnen, ächzen
	*נְאָקָה	Stöhnen, Ächzen
	נאר	pi entweihen, aufheben

	נֹב	Nob n. l.
	נבא	ni weissagen, prophezeien (87x)
		hitp sich als Prophet gebärden (28x)
	נבב	q ptz pass ausgehöhlt, hohl
	נֹבֶה	→ נֹב
I	נְבוֹ	Nebo n. dei
II	נְבוֹ	Nebo n. l.; n. montis
	נְבוּאָה	Prophezeihung, Orakel
	נְבוּזַרְאֲדָן/ נְבוּזַר־אֲדָן	Nebusaradan n. pr. m.
	נְבוּכַדְנֶצַּר/ נְבוּכַדְרֶאצַּר	→ נְבוּכַדְרֶאצַּר
	נְבוּכַדְרֶאצַּר	Nebukadnezar n. pr. m.
	נְבוּשַׁזְבָּן	Nebuschasban n. pr. m.
	נָבוֹת	Naboth n. pr. m.
	נבח	q bellen
	נֹבַח	Nobach n. pr. m.; n. l.
	נִבְחַז	Nibhas n. dei
	נבט	pi blicken
		hi blicken, hinschauen, sehen (69x)
	נְבָט	Nebat n. pr. m.
	נָבִיא	Prophet (315x)
	נְבִיאָה	Prophetin
	נְבָיוֹת/נְבָיֹת	Nebajot n. pr. m.; n. populi
	*נֶבֶךְ	Quelle
	נְבֻכַדְנֶאצַּר	→ נְבוּכַדְנֶאצַּר
I	נבל	q verwelken, abfallen, zerfallen
II	נבל	q töricht sein pi verächtlich behandeln
I	נָבָל	töricht, gottlos, Tor, Gottesleugner
II	נָבָל	Nabal n. pr. m.
I	נֵבֶל	Gefäß, Krug
II	נֵבֶל	Harfe

	נְבָלָה	Torheit, Gottlosigkeit, Schlechtigkeit	
	נְבֵלָה	Leichnam, Kadaver (48x)	
	נַבְלוּת*	(weibliche) Scham	
	נְבַלָּט	Neballat n. l.	
	נֹבֶלֶת	unreife Frucht	
	נבע	q sprudeln hi sprudeln, hervorströmen lassen	
	נִבְשָׁן	Nibschan n. l.	
	נֶגֶב	trockenes Land, Süden, Negeb n. t. (110x)	
	נגד	hi berichten, mitteilen (ca. 330x) ho mitgeteilt werden (35x)	
	נֶגֶד	vor, gegenüber (151x)	
	נגה	q leuchten, strahlen hi leuchten, scheinen lassen	
I	נֹגַהּ	heller Schein, Glanz	
II	נֹגַהּ	Nogah n. pr. m.	
	נְגֹהוֹת	Lichtglanz	
	נגח	q stoßen, durchbohren pi niederstoßen, durchbohren hitp sich stoßen, zusammenstoßen (mit)	
	נַגָּח	stößig (v. Rind)	
	נָגִיד	Anführer, Fürst, Beamter (44x)	
	נְגִינָה*	Saitenspiel, Spottlied	
	נגן	q ptz Pl Saitenspieler pi (Saiteninstrument) spielen	
	נגע	q berühren, schlagen, reichen, eintreffen (107x) ni sich schlagen lassen	

pi schlagen
pu geplagt werden
hi berühren lassen, an etw. reichen, reichen an, erreichen (38x)

נֶגַע Schlag, Plage, Berührung (78x)

נגף q stoßen, schlagen (25x)
ni geschlagen werden (23x)
hitp sich stoßen

נֶגֶף Plage, Strafe, Anstoß

נגר ni gegossen sein, (zer)fließen, ausgestreckt sein
hi ausgießen, herabstürzen
ho ptz Pl. ausgegossen

נגש q treiben, drängen
ni bedrängt werden

נגש q herzutreten, sich nähern (68x)
ni sich nähern, herantreten
hitp sich nähern
hi bringen, darbringen (37x)
ho dargebracht werden

נֵד Wall, Damm

נֹאד* → I נוֹד*

נדא q od. hi abspenstig machen

נדב q antreiben
hitp sich willig zeigen, freiwillig geben

נָדָב Nadab n. pr. m.

נְדָבָה freier Antrieb, freiwillige Gabe

נְדַבְיָה Nedabja n. pr. m.

נדד q weichen, fliehen

	po flüchten		נהל *pi* leiten, geleiten, transportieren, *jmd.* versorgen
	hitpo → נוד *hitpol*		
	hi verjagen		
	ho verscheucht, verweht werden		*hitp* nach-, weiterziehen
	נְדֻדִים Unrast		נַחֲלָל Nahalal *n. l.*
	נדה *pi jdn.* ausstoßen, ausschließen	I	נַחֲלָל* Tränkestelle, Wasserplatz
		II	נַחֲלָל → נַהֲלָל
	נֶ֫דֶה* Geschenk, Lohn		נהם *q* knurren (v. Löwen), tosen, stöhnen
	נִדָּה Abscheuliches, Unreinheit, Menstruation		
			נַ֫הַם d. Knurren, Fauchen
	נדח *q* schwingen		נְהָמָה* d. Tosen, d. Stöhnen
	ni verstoßen, vertrieben werden (23x)		נהק *q* schreien, brüllen
		I	נהר *q* strömen
	pu ptz hineingestoßen	II	נהר *q* leuchten, strahlen
	hi verstoßen, verjagen, verführen (26x)		נָהָר Strom, Fluss (119x)
			נְהָרָה Licht, Tageshelle
	ho ptz verscheucht		נַהֲרַיִם Naharaim *n. t.*
	נָדִיב bereitwillig, willig, Edler (26x)		נוא *hi jmd.* abweisen, zunichte machen, *etw.* vereiteln
	נְדִיבָה* Edles, Würde		
I	נָדָן* (Schwert-)Scheide		נוב *q* wachsen, gedeihen
II	נָדָן* Geschenk, Liebeslohn		*pol* gedeihen lassen
	נדף *q* verwehen		נוב Jes 57,19 K → נִיב*
	ni verweht werden		נוֹבַי* Neh 10,20 K → נֵיבַי* Nebai *n. pr. m.*
	נדר *q* geloben, ein Gelübde ablegen (31x)		
			נֻגוֹת Klgl 1,4 → I יגה *ni*
	נֶ֫דֶר/נֵ֫דֶר Gelübde (60x)		נוּגֵי Zeph 3,18 → I יגה *ni*
	נֹהַּ Herrlichkeit?, Gewalttätigkeit?		נוד *q* schwanken, flattern, flüchten
I	נהג *q* treiben, leiten, führen (20x)		*hi* heimatlos machen, schütteln
	pi treiben, leiten, führen (10x)		*hitpol* schwanken, sich schütteln, klagen
II	נהג *pi* stöhnen, seufzen, schluchzen	I	נוֹד* unstetes Leben, Elend
		II	נוֹד Nod *n. t.*
	נהה *q* wehklagen		נוֹדָב Nodab *n. pr. m.; n. g.*
	ni sich klagend an *jmd.* wenden	I	נוה *q* zum Ziel kommen
	נְהִי Wehklage, Klagelied	II	נוה *hi* verherrlichen, preisen

I	נָוֶה	Weide, Flur, Trift, Stätte (32x)
II	נָוֶה*	schön, lieblich
	נָוָה*	Wohnung
	נָוֹת	1Sam 20,1 → נָיוֹת
	נוח	q sich niederlassen, ruhen, ausruhen (31x)
		hi I sich lagern lassen, etw. ruhen lassen, jdn. Ruhe verschaffen
		hi II setzen, stellen, legen, liegen lassen (74x)
		ho I in Ruhe gelassen werden
		ho II eine Stätte bereitet werden, ptz das Leergelassene
	נוֹחַ	Ruhe
	נוֹחָה	Noha n. pr. m.
	נוט	q wanken, beben
	נוית	1Sam 19,18f K→ נָיוֹת
	נום	q schlummern, schlafen
	נוּמָה	Schläfrigkeit
	נוּן	Nun n. pr. m.
	נוס	q fliehen (154x)
		pol treiben
		hi in die Flucht schlagen
	נוע	q wanken, schwanken (24x)
		ni geschüttelt werden
		hi schütteln, umherirren lassen
	נוֹעַדְיָה	Noadja n. pr. m. + f.
I	נוף	hi hin und herbewegen, schwingen (32x)
		ho hin und her geschwungen werden
		pol schwingen (drohend)
II	נוף	q besprengen

	hi ausgießen
נוֹף	Erhebung, Höhe
נוֹצָה	Gefieder
נוּק*	→ ינק hi
נוֹרָא	→ I ירא ni
נוש	q verzweifeln, zerbrechen ? Ps 69, 21
נזה	q spritzen
	hi sprengen, besprengen
נָזִיד	(gekochtes) Gericht, Mahlzeit
נָזִיר	Nasiräer, Gottgeweihter
נזל	q rinnen, rieseln, fließen
	hi fließen lassen
נֶזֶם	Ring
נֵזֶק*	Belästigung
נזר	ni sich weihen, sich enthalten
	hi als Nasiräer leben
נֵזֶר	Weihe, Diadem, Kranz
נֹחַ	Noah n. pr. m.
נֶחְבִּי	Nachbi n. pr. m.
נחה	q leiten, führen
	hi führen, leiten (28x)
נָחוּם	→ רַחוּם Neh 7,7
נַחוּם	Nahum n. pr. m.
נְחוּמִים*	→ נֶחָמִים Hos 11,8
נָחוֹר	Nahor n. pr. m.
נְחוּשׁ	ehern, aus Erz (Bronze)
נְחוּשָׁה	Kupfer, Bronze, Erz
נְחִילוֹת	Flötenspiel ?
נְחִירַיִם*	Nüstern
נחל	q als Besitz erhalten, in Besitz nehmen (30x)
	pi Erbbesitz zuteilen
	hitp Erbbesitz erhalten
	hi erben lassen, vererben (17x)
	ho Besitzer werden von

I	נַחַל	Bachtal, Wadi, Bach (137x)		נְחֻשְׁתָּא	Nehuschta *n. pr. f.*
II	*נַחַל	Dattelpalme		נְחֻשְׁתָּן	Nehuschtan *n. pr. m.;* die eherne Schlange (Schlangenidol)
	נַחַל־גְּרָר	Nahal–Gerar *n. l.*			
	נַחַל מִצְרַיִם	d. Bach v. Ägypten *n. l.*		נחת	*q* hinabsteigen, herabfahren
	נַחַל שֹׂרֵק	d Bachtal v. Sorek *n. l.*			*ni* eindringen, treffen
I	נַחֲלָה	Erbbesitz (222x)			*pi* niederdrücken, senken
II	נַחֲלָה	Schwachheit, Siechtum			*hi* hinabführen
	נַחֲלֵי גַעַשׁ	→ *גַעַשׁ	I	*נַחַת	das Herabfahren (Gottes)
	נַחֲלִיאֵל	Nahaliël *n. pr. m.*	II	נַחַת	Ruhe
	נֶחֱלָמִי	Nehelamiter *n. g.*	III	נַחַת	Nahat *n. pr. m.*
	נַחֲלָת	→ I נַחֲלָה		*נָחֵת	herabsteigend
	נחם	*ni* sich *etw.* leid tun lassen, sich trösten, getröstet werden (48x) *pi* trösten (51x) *pu* getröstet werden *hitp* sich trösten lassen		נטה	*q* ausstrecken, ausspannen, neigen, sich neigen (135x) *ni* ausgespannt werden, sich erstrecken *hi* ausstrecken, ausbreiten, neigen, beugen, lenken abweisen (76x)
	נַחַם	Naham *n. pr. m.*			
	נֹחַם	Mitleid			
	*נֶחָמָה	Trost, Ermutigung			
	נְחֶמְיָה	Nehemia *n. pr. m.*		נְטֹפָתִי	→ נְטוֹפָתִי
	נִחֻמִים	Trost, Mitleid		*נָטִיל	abwiegend
	נַחֲמָנִי	Nahamani *n. pr. m.*		נְטִפוֹת	→ נְטִיפוֹת
	נַחְנוּ	wir		נְטִישׁוֹת	Ranken (des Weinstocks)
	נְחַנְתְּ	→ אנח *ni* Jer 22,23		נטל	*q* vorlegen, auflegen *pi* aufheben
	נחץ	*q ptz pass* dringlich, eilig			
	נחר	*q* schnauben		*נֵגֶל	Schwere, Gewicht
	*נַחַר	Schnauben (vom Pferd)		נטע	*q* pflanzen (57x) *ni* eingepflanzt werden
	*נַחֲרָה	Schnauben (vom Pferd)			
	נַחְרַי	Nachrai *n. pr. m.*		*נֶטַע	Pflanzung, *etw.* Gepflanztes
	נחשׁ	*pi* wahrsagen			
	נַחַשׁ	Wahrsagerei		נְטָעִים	Netaim *n. l.*
I	נָחָשׁ	Schlange (31x)		נְטָעִים	Pflanzen
II	נָחָשׁ	Nahasch *n. pr. m.*		נטף	*q* tropfen, triefen *hi* triefen (lassen), strömen lassen
III	נָחָשׁ	→ עִיר נָחָשׁ 1Chr 4,12			
	נַחְשׁוֹן	Nachschon *n. pr. m.*			
I	נְחֹשֶׁת	Kupfer, Bronze, bronzene Fessel (139x)		נָטָף	Tropfen
II	*נְחֹשֶׁת	Menstruation			

	נְטֹפָה	Netofa *n. l.*	
	נְטִפוֹת	Ohrgehänge, Halskettenanhänger	
	נְטֹפָתִי	Netofatiter *n. g.*	
I	נטר	*q* bewachen, behüten	
II	נטר	*q* zürnen, grollen	
	נטשׁ	*q* hin-, niederwerfen, jdn. belasten, verwerfen, aufgeben, sich selber überlassen (33x) *ni* hingeworfen sein, sich ausbreiten *pu* verlassen sein	
	נִי*	Klagelied	
	נִיב*	Frucht	
	נֵיבַי*	→ נוֹבַי Neh 10,20	
	נִיד*	Kopfschütteln	
	נִידָה	Kopfschütteln, Gespött	
	נָוֺת	Weide, Flur, Wohnung	
	נִיחוֹחַ	Beruhigung, Beschwichtigung (43x)	
	נִין	*q* sprossen (Ps 72,17)	
	נִין	Spross, Nachkommenschaft	
	נִינְוֵה	Ninive *n. l.*	
	נִיס	Flüchtling (?), Flucht (?) (Jer 48,44)	
	נִיסָן	Nisan (Monatsname März/ April)	
	נִיצוֹץ	Funke	
	נֵיר*	→ I נֵר	
	ניר	*q* urbar machen	
I	נִיר	Lampe, Leuchte	
II	נִיר	urbar gemachtes Feld Neubruch	
	נִירָם	→ I ירה *q*	
	נכא	*ni* geschlagen, ausgestoßen werden	
	נָכָא*	ge-, zerschlagen	
	נָכֵא*	geschlagen, niedergeschlagen	
	נְכֹאת	Aroma, Spezerei	
	נֶכֶד	Nachkommen(schaft)	
	נכה	*ni* erschlagen werden *pu* zerschlagen werden *hi* schlagen, erschlagen (ca. 480x) *ho* geschlagen werden	
	נָכֶה*	geschlagen	
	נְכֵה*	geschlagen	
	נְכוֹ/נְכֹה	Necho *n. pr. m.*	
I	נָכוֹן	Stoß, Fußtritt	
II	נָכוֹן	Nachon *n. pr. m.; n. l.*	
III	נָכוֹן	→ כון *ni*	
	נֹכַח	gegenüber, geradeaus, gegenüber von, vor (25x)	
	נָכֹחַ	gerade, redlich, recht, das Gerade, das Rechte	
	נכל	*q ptz* Betrüger *pi* Ränke schmieden gegen *hitp* einen Plan gg. *jdn.* fassen	
	נֵכֶל*	Ränke, Arglist	
	נְכָסִים	Schätze, Reichtümer	
	נכר	*ni* erkannt werden *pi* ansehen, anerkennen, verkennen, entstellen *hitp* sich zu erkennen geben, sich fremd stellen *hi* untersuchen, erkennen kennen (49x)	
	נֵכָר	Fremde, Ausland	
	נֶכֶר	Unglück, Missgeschick	
	נָכְרִי	fremd, ausländisch (45x)	
	נִכֹת*	c. בֵּית Schatzhaus	
	נלה	*hi* vollenden	
	נִמְבְזָה	1 בזה 1Sam 15,9	
	נְמוּאֵל	Nemuël *n. pr. m.*	

	נְמוּאֵלִי	Nemueliter n. g.			hi aufbrechen, ziehen lassen
	נְמָלָה	Ameise		נִסְרֹךְ	Nisroch n. dei
	נְמֵס	→ מסס ni 1Sam 15,9		נֵעָה	Nea n. l.
	נָמֵר	Leopard, Panther		נֹעָה	Noa n. pr. f.
	נִמְרֹד	Nimrod n. pr. m.		*נְעוּרוֹת	Jugend
	נִמְרָה	→ בֵּית נִמְרָה		נְעוּרִים	Jugend, Jugendzeit (46x)
	נִמְרִים	Nimrim n. l.		נְעִיאֵל	Negiël n. l.
	נִמְשִׁי	Nimschi n. pr. m.		נָעִים	angenehm, lieblich, freundlich
	נֵס	Signalstange, Feldzeichen		נעל	q verschließen, verriegeln
	נְסִבָּה	Wendung, Fügung			hi jmd. m. Schuhwerk versehen
	נָסָה	→ נשׂא q			
	נסה	pi prüfen, auf die Probe stellen, versuchen (36x)		נַעַל	Sandale, Schuh, Schuhwerk
	נסח	q herausreißen, niederreißen ni herausgerissen, vertrieben werden		נעם	q angenehm, lieblich sein
	*נָסִיךְ	Trankopfer, Libation, Gußbild, Anführer		*נַעַם	Naam n. pr. m.
				נֹעַם	Annehmlichkeit, Freundlichkeit
I	נסך	q ausgießen, Trankopfer ausgießen, (Metallfiguren) gießen, weihen ni eingesetzt werden pi Wasser ausgießen hi Trankopfer ausgießen ho ausgegossen werden	I	נַעֲמָה	Naama n. pr. f.
			II	נַעֲמָה	Naama n. l.
				נַעֲמִי	Naamiter n. g.
				נָעֳמִי	Noomi n. pr. f.
			I	*נַעֲמָן	Naaman n. dei
			II	נַעֲמָן	Naaman n. pr. m.
				נַעֲמָנִים	Adonisgärten
II	נסך	q ptz pass gewoben, geflochten		נַעֲמָתִי	Naamiter n. g.
				נַעֲצוּץ	Dornengestrüpp
	נֶסֶךְ	Trankopfer, Libation, (metallenes) Gussbild	I	נער	q fauchen, knurren
			II	נער	q schütteln ni sich freischütteln, abgeschüttelt werden pi abschütteln, ausschütteln hitp sich losschütteln
	נִסְמָן	→ סמן			
I	נסס	q schwanken, verzagen			
II	נסס	hitpo sich scharen, sich flüchten zu			
	נסע	q herausreißen, weiterziehen (136x) ni herausgerissen werden		נַעַר	Knabe, junger Mann, Knecht (240x)
				נֹעַר	Jugend, Jugendlichkeit

I	נַעֲרָה	Mädchen, Dienerin (63x)
II	נַעֲרָה	Naara n. pr. f.
III	*נַעֲרָה	Naara n. l.
	נַעֲרַי	Naarai n. pr. m.
	נְעַרְיָה	Nearja n. pr. m.
	נַעֲרָן	→ III נַעֲרָה
	נְעֹרֶת	Werg
	נַעֲרָתָה	→ III נַעֲרָה Jos 16,7
	נֹף	→ מֹף
	נֶפֶג	Nefeg n. pr. m.
I	*נָפָה	Joch, Bergrücken
II	נָפָה	Sieb(?), Schwung(?)
	נְפוּשָׁסִים l נְפִישְׁסִים	Q Neh 7,52; Nefischsiter n. g.
	נְפִיסִים	→ *נְפִיסִי Q Esr 2,50
	נפח	q blasen, hauchen q pass od. pu angeblassen werden hi anblasen, hauchen, jmd. erbosen
	נֹפַח	Nofach n. l.
	נְפִילִים	Riesen, Heroen
	*נְפִיסִי	Q נְפוּסִי Nefisiter n. g.
	נָפִישׁ	Nafisch n. pr. m.
	נֹפֶךְ	(Halb-) Edelstein
	נפל	q fallen, abfallen, sich fallen lassen, sich hinwerfen (ca. 360x) hitp sich niederwerfen, über jmd. herfallen hi fallen lassen, z. Fall bringen (61x) pil נָפַל Ez 28,23 l נָפַל Fehlgeburt
	נֵפֶל	Fehlgeburt
	נִפְלָאוֹת	→ I פלא ni
	נְפִלִים	→ נְפִילִים
	נפץ	q zerschlagen, sich zerstreuen pi zerschmettern pu ptz zerschlagen

	נֶפֶץ	Prasseln, Platzregen
	נפשׁ	ni aufatmen
	נֶפֶשׁ	Kehle, Atem, Leben, Seele, Person, Leute (ca. 750x)
	נֵפֶת	Hügel (?)
	נֹפֶת	flüssiger Honig, Honigseim
	נְפְתּוֹחַ	Neftoach n. l.
	*נַפְתּוּלִים	Kämpfe
	נַפְתֻּחִים	Naftuhiter n. g.
	נַפְתָּלִי	Naphtali n. pr. m.; n. tribus
I	נֵץ	Falke (?; unrein)
II	נֵץ	→ נָצָה
	נצא	q → יצא q Jer 48,9
I	נצב	ni sich hinstellen, stehen, gestellt sein (50x) hi hinstellen, aufrichten (21x) ho hingestellt sein
II	נצב	ni ptz das Matte, Müde
I	נָצָב	Griff (des Dolches)
II	נָצָב	→ I נצב ni
I	נצה	ni sich streiten hi streiten, hadern
II	נצה	q zerstört werden, verfallen ni zerstört werden/ sein
III	נצה	q flüchten (?), wanken (?) Klgl 4,15
	נָצָה	Blüte
I	*נֹצָה	Gewölle(?; das, was herausgewürgt wird)
II	נֹצָה	→ נוֹצָה
	נְצוּרִים	verborgene Orte
	נצח	ni ptz andauernd, beharrlich pi beaufsichtigen, leiten; ptz Chorleiter (64x)

I	נֶצַח	Glanz, Ruhm, Dauer, Ewigkeit			straflos bleiben (25x) pi f. straffrei erklären,
II	נֵצַח*	Saft, Lebenssaft (Blut)			lossprechen, jmd.
I	נְצִיב	Säule, Vorsteher, Vogt			ungestraft lassen (18x)
II	נְצִיב	Nezib n. l.		נְקוֹדָא	Nekoda n. pr. m.
	נְצִיחַ	Neziach n. pr. m.		נְקֻטָּה	Hi 10,1 → קוט ni
	נְצִיר*	1 Q נְצוּרֵי die Bewahrten		נָקִי	unschuldig, rein, fromm, frei (43x)
	נצל	ni sich retten, gerettet werden		נָקִיא	→ נָקִי
		pi ausbeuten, retten		נִקָּיוֹן	Reinheit, Schuldlosigkeit
		hitp sich einer Sache entledigen		נָקִיק*	Spalte (v. Felsen)
		hi entreißen, wegnehmen, retten (191x)		נקם	q rächen, Rache nehmen q pass gerächt werden, d. Rache verfallen ni sich rächen, Rache nehmen, gerächt werden
		ho ptz entrissen, gerettet			pi rächen
	נְצָנִים	→ נִצָּה			hitp sich rächen, Rache üben
	נצץ	q funkeln hi blühen hitpo funkeln			ho → q pass
	נצר	q bewahren, bewachen, befolgen (63x)		נָקָם	Rache, Vergeltung
	נֵצֶר	Spross, Schössling		נְקָמָה	Rache, Vergeltung (27x)
	נקב	q bohren, durchbohren, bezeichnen ni bezeichnet werden		נקע	q sich losreißen, abwenden
			I	נקף	pi abhauen, abreißen
	נֶקֶב*	Eingravierung (?), Durchbohrung (eines Schmuckstückes)	II	נקף	q kreisen (v. Kreisen der Jahresfeste) hi kreisen, umkreisen, umzingeln
	נֶקֶב	Nekeb n. l.		נֹקֶף*	Abschlagen
	נְקֵבָה	Frau, weiblich		נִקְפָה	Strick
	נָקֹד	gesprenkelt (v. Kleinvieh)		נקר	q ausstechen, aushacken pi ausstechen,
	נֹקֵד	Kleinviehzüchter			verblenden, durchbohren pu gebohrt sein, werden
	נְקֻדָּה	(Silber-) Perle			
	נִקֻּדִים	Krümel (v. Brot), Kleingebäck		נִקְרָה/נְקָרָה*	Höhle, Spalt, Kluft
	נקה	q inf. abs. Jer 49,12 → ni ni frei, ledig, rein sein,		נקשׁ	q fangen (?) ni sich verfangen, verstrickt werden pi Fallen stellen,

		Schlingen legen	II	נָשָׂה	→ I נשא
		hitp Schlinge legen		נָשֶׁה	Hüftnerv
I	נֵר	Lampe, Leuchte (44x)		*נְשִׁי	Schuld
II	נֵר	Ner *n. pr. m.*		נְשִׁיָּה	Vergessen
	נֵר	→ נִיר		נָשִׁים	→ אִשָּׁה
	נֵרְגַל	Nergal *n. dei*		*נְשִׁיקָה	Küssen, Kuss
	נֵרְגַל שַׂר־אֶצֶר	Nergal–Sareser *n. pr. m.*		נשׁך	*q* beißen, Zins nehmen
					pi beißen
	נֵרְדְּ	Narde (Aromastoff)			*hi* auf Zins nehmen
	נֵרִיָּה	Nerija *n. pr. m.*		נֶשֶׁךְ	Zins
	נֵרִיָּהוּ	Nerijahu *n. pr. m.*		נִשְׁכָּה	Kammer, Zelle
	נשא	*q* heben, erheben, tragen, nehmen, wegnehmen (ca. 600x) *ni* sich erheben, erhöht, erhoben werden, getragen werden (33x) *pi* erheben, tragen *hitp* sich erheben		נשׁל	*q* ausziehen, lösen, vertreiben *pi* vertreiben
				נשׁם	*q* heftig atmen, schnaufen
				נְשָׁמָה	Hauch, Atem, Lebensgeist (24x)
				נשׁף	*q* blasen, anblasen
				נֶשֶׁף	Dämmerung
	נשׂג	*hi* erreichen, einholen (50x)	I	נשׁק	*q* küssen (26x) *pi* küssen *hi* sich berühren
	נְשׂוּאָה	Last			
I	נָשִׂיא	Fürst, Herrscher, Stammesführer	II	נשׁק	*q* sich rüsten, wappnen
II	*נְשִׂיא	Nebelschwade		נֶשֶׁק	Waffen, Rüstzeug, Schlacht
	נשׂק	*ni* sich entzünden *hi* anzünden		נֶשֶׁר	Adler, Geier
I	נשׁא	*q* leihen, verleihen *hi jmd. etw.* leihen, Darlehen gewähren		נשׁת	*q* vertrocknen, versiegen *ni* versiegen, ausgetrocknet werden
II	נשׁא	*ni* sich täuschen lassen, getäuscht werden *hi* täuschen, betrügen		נִשְׁתְּוָן	Brief
				נְתִינִים	1 → נְתוּנִים Esr 8,17
	נשׁב	*q* wehen, ausblasen *hi* wehen lassen, verscheuchen		נתח	*pi* in Stücke schneiden, zerstückeln
				נֵתַח	Stück (v. Fleisch)
				נָתִיב	Pfad, Weg
I	נשׁה	*q* vergessen *ni* vergessen werden *pi* vergessen lassen *hi* vergessen lassen		נְתִיבָה	Pfad, Weg
				נְתִינִים	Tempelsklaven, Leviten
				נתך	*q* sich ergießen *ni* sich ergießen,

נתן

geschmolzen werden
hi hingießen,
hinschütten, (ein)
schmelzen
ho geschmolzen werden
נָתַן *q* geben, schenken,
setzen, stellen, legen,
tun, machen (ca. 1900x)
q pass gegeben werden
ni gegeben, gesetzt,
gestellt, gelegt werden
(82x)
ho → *q pass*
נָתָן Nathan *n. pr. m.*
נְתַן־מֶלֶךְ Netan–Melech *n. pr. m.*
נְתַנְאֵל Nathanael *n. pr. m.*
נְתַנְיָה Netanja *n. pr. m.*
נְתַנְיָהוּ Netanjahu *n. pr. m.*
נתס *q* auf-, einreißen
נתע *ni* ausgeschlagen werden
נתץ *q* niederreißen, zerstören (31x)
q pass abgerissen werden
ni niedergerissen, zerstört werden
pi niederreißen
pu niedergerissen, zerstört werden
ho → *q pass*
נתק *q* ab-, wegreißen
ni abgerissen werden, sich loslösen
pi zerreißen, herausreißen
hi heraus-, wegreißen, weglocken (militär.)
ho weggelockt werden
נֶתֶק Flechte, Krätze (Hautkrankheit)

I   נתר *q* aufspringen, hüpfen
pi hüpfen, springen
hi aufspringen lassen
II   נתר *hi* losmachen, lösen
נֶתֶר Natron (Laugensalz)
נתש *q* ausreißen, austreiben
q pass ausgerissen werden
ni ausgerissen werden

ס

סְאָה Sea (Trockenmaß für Getreide, Mehl; ca. 15 Liter)
סְאוֹן Soldatenstiefel
סאן *q* einherstiefeln
סאסא *pilp* aufscheuchen
סבא *q* trinken, zechen
סָבָא Trinker
סֹבֶא Wein od. Bier
סְבָא Seba *n. pr. m.; n. populi*
סְבָאִי Sebaiter *n. g.*
סבב *q* sich wenden, sich drehen, herumgehen, umgeben, umzingeln
q pass → *ho*
ni sich umwenden herumgehen (20x)
pi verwandeln
po herumgehen, umkreisen, umgeben
hi herumgehen lassen, abwenden, ändern (33x)
ho z. Drehen gebracht werden, geändert werden, eingefasst werden
סִבָּה Wendung, Fügung (Gottes)

	סָבִיב	Umkreis, Umgebung, ringsum (ca. 330x)		סַד Fußblock
	סבך	q pass verflochten		סָדִין leinenes Untergewand
		pu sich verflechten, verflochten werden		סְדֹם Sodom n. l.
	סְבָך	Dickicht, Gestrüpp		*סֵדֶר Ordnung
	*סְבֹךְ	Dickicht, Gestrüpp		סַהַר Rundung
	סִבְּכַי	Sibbechai n. pr. m.		סֹהַר c. בֵּית Gefängnis
	סבל	q tragen, schleppen		סוֹא So n. pr. m.
		pu pass beladen (?), trächtig (?)	I	סוג q abweichen
		hitp sich dahinschleppen, vollgefressen sein		ni (zurück)weichen, abtrünnig sein
				hi verrücken
	סַבָּל	Lastträger		ho zurückgedrängt werden
	סֵבֶל	Last	II	סוג q pass umhegt, umsäumt
	*סֹבֶל	Last		סוג → סיג
	*סְבָלָה	Last, Frondienst		סוּגַר Halsholz, Halsstock
	סִבֹּלֶת	ephraimitische Aussprache von → שִׁבֹּלֶת		סוֹד vertrauliches Gespräch, Gemeinschaft, Ratsversammlung, Plan, Geheimnis
	סְבָרַיִם	Sibrajim n. l.		
	סַבְתָּא	Sabta n. t.; n. populi		סוֹדִי Sodi n. pr. m.
	סַבְתְּכָא	Sabtecha n. t.; n. populi		סוּחַ Suach n. pr. m.
	סגד	q sich beugen, niederwerfen		סוּחָה Kot, Unrat
				סוֹחֵר → סחר
	סְגוֹר	Verschluss		סוֹטַי Sotai n. pr. m.
	סָגוּר	Blatt-, Feingold	I	סוּךְ → שׂוּךְ
	סְגִים	→ סִיג	II	סוך q salben
	סְגֻלָּה	(Privat-) Eigentum		q pass gesalbt, gegossen werden
	סֶגֶן	Statthalter, Gouverneur		hi sich salben
	סגר	q verschließen, schließen (44x)		ho → q pass
		ni geschlossen werden, sich einschließen		סוֹלְלָה → סֹלְלָה
				סְוֵנֵה Syene n. l.
		pi jmd. preisgeben, ausliefern	I	סוּס → סִיס
			II	סוּס Pferd (137x)
		pu verschlossen werden		*סוּסָה Stute
		hi verschließen, ausliefern, absondern (30x)		סוּסִי Susi n. pr. m.
	סַגְרִיר	Platzregen		סוף q aufhören, ein Ende nehmen
				hi ein Ende machen

	סוֹף	Ende, Nachhut (militär.)
I	סוּף	Schilf
II	סוּף	c. יָם Schilfmeer
III	סוּף	Suf n. l.
I	סוּפָה	Sturm, Sturmwind
II	סוּפָה	Sufa n. l.; n. t.
	סוֹפֵר	→ סֹפֵר
	סוֹפֶרֶת	→ סֹפֶרֶת
	סור	q abbiegen, abweichen, verlassen, abfallen (160x) hi wegnehmen vertreiben, entfernen, abschaffen (132x) ho entfernt, weggenommen werden pol weichen lassen (?)
I	*סוּר	abtrünnig
II	סוּר	Sur n. l. (?) 2Kön 11,6
	סות	hi verlocken, verführen, aufreizen gegen
	*סוּת	Gewand, Kleid
	סחב	q ziehen, zerren, schleifen
	סְחָבָה	abgelegte Kleider, Lumpen
	סחה	pi wegfegen
	סְחִי	Kehricht, Abfall
	סָחִישׁ	Wildwuchs (was von selbst nachwächst)
I	סחף	q wegschwemmen
II	סחף	ni niedergestreckt werden
	סחר	q durchziehen, umherziehen peʿalʿal heftig klopfen
	סֹחֵר	Händler, Kaufmann
	סַחַר	Erwerb, Gewinn
	*סְחֹרָה	Händlerschaft
	סֹחֶרֶת	Ringmauer, Schutzwehr

I	סֹחֶרֶת	→ סחר
II	סֹחֶרֶת	eine Steinart (für Mosaikfußboden)
	סֵטִים	Pl. Verirrungen, Übertretungen
	סִיג	Schlacke, Bleiglätte
	סִיוָן	Siwan (3. Monat d. babyl. Kalenders Mai, Juni)
	סִיחוֹן	Sihon n. pr. m.
	סִין	Sin n. l.; n. t.
	סִינַי	Sinai n. montis, Gottesberg (35x)
	סִינִי	Siniter n. g.; n. populi
	סִינִים	Sinim n. t.
	סִיס	Schwalbe, Mauersegler
	סִיסְרָא	Sisera n. pr. m.
	סִיעָא	Sia n. pr. m.
	סִיעֲהָא	→ סִיעָא
I	סִיר	Topf, Kochtopf, Schüssel
II	סִיר	Dornen, Dorngestrüpp, Angelhaken
	*סִירָה	→ II סִיר
	סָךְ	Gedränge (?)
	*סֹךְ	Hütte, Dickicht
	סֻכָּה	Hütte, Laubdach, Dickicht (31x)
	סֻכּוֹת	Sukkot n. l.
	סֻכּוֹת בְּנוֹת	Sukkot–Benot n. deae
	סִכּוּת	Sikkut n. dei (?)
	סֻכִּיִּים	Sukkijiter n. populi
I	סכך	q bedecken, beschirmen, verhüllen hi bedecken, beschirmen
II	סכך	q weben, formen, bilden ni (?) geformt, gebildet werden po durchflechten, durchwirken

	סֹ֫בֶךְ	Sturmdach			(33x)
	סְבָכָה	Sechacha n. l.			ni vergeben, verziehen werden (13x)
	סכל	ni töricht handeln			
		pi vereiteln			סָלְח bereit zu vergeben
		hi töricht handeln	I	סַלּוּ	→ סְלוּ
	סָכָל	töricht, Tor, Narr	II	סַלַּי	Sallai n. pr. m.
	סֶ֫כֶל	Torheit		סְלִיחָה	Vergebung, Verzeihung
	סִכְלוּת	Torheit, Narrheit		סַלְכָה	Salka n. l.
I	סכן	q nützlich sein, nützen hi vertraut sein, sich mit jmd. befreunden		סלל	q aufschütten pilp hochhalten hitpo sich aufspielen
II	סכן	ni sich gefährden		סֹלְלָה	Angriffsrampe,
III	סכן	pu ptz Holz(art) Jes 40,20		סֹ֫לֶם	Belagerungswall Rampe
	סֹכֵן	Verwalter, Stellvertreter		*סַלְסִלָּה	Ranke (am Weinstock)
	סכסך	pilp an-, aufstacheln	I	סֶ֫לַע	Fels (58x)
I	סכר	ni verstopft, verschlossen werden	II	סֶ֫לַע סָלְעָם	Sela n. l. Heuschrecke
II	סכר	pi ausliefern		סלף	pi verdrehen, zunichte
III	סכר	→ שׂכר			machen
	סכת	hi still sein		סֶ֫לֶף	Falschheit, Verkehrtheit
	סַל	Korb		סלק	q hinaufsteigen
	סֹלָא	pu ptz bezahlt		סֹ֫לֶת	feiner Weizengries,
	סִלָּא	Silla n. l. (?)			Feinmehl
	סַלָּא	→ סַלּוּא		*סַם	Wohlgeruch, Duftstoff
	סלד	pi hüpfen, springen (vor Freude)		סַמְגַּר־נְבוּ סְמָדַר	Samgar–Nebu n. pr. m. Blütenknospe d. Weinrebe
	סֶ֫לֶד	Seled n. pr. m.		סמך	q stützen, unterstützen,
I	סלה	q verwerfen pi verwerfen			helfen (41x) ni sich stützen, stemmen
II	סלה	pu bezahlt werden			pi stärken, erfrischen
	סֶ֫לָה	Sela (musikalischer Terminus in d. Psalmen, vielleicht „Fermate")(74x)		סְמַכְיָ֫הוּ סֶ֫מֶל	Semachja n. pr. m. Statue, Skulptur, Götterbild
	סַלּוּ	Sallu n. pr. m.		סמן	ni ptz etw. Bezeichnetes (?); Hirse (?) Jes 28,25
	סָלוּא	Salu n. pr. m.			
	סַלּוּא	Sallu n. pr. m.		סמר	q schauern, schaudern
	סִלּוֹן	Dorn, Stachel			pi starren, sich sträuben
	סלח	q vergeben, verzeihen		סָמָר	borstig, schaurig

סְנָאָה Senaa n. tribus
סְנָאָה → סְנוּאָה
סַנְבַלַּט Sanballat n. pr. m.
סְנֶה Dornbusch
סֶנֶּה Senne n. l.
סַנָּה → קִרְיַת סַנָּה
סְנוּאָה Senua n. tribus
סַנְוֵרִים Blindheit, Verblendung
סַנְחֵרִיב Sanherib n. pr. m.
סַנְסַנָּה Sansanna n. l.
*סַנְסִנִּים Dattelrispen
סְנַפִּיר koll. Fischflossen
סָס Kleidermotte
*סִסְמַי Sismai n. pr. m.
סעד q stützen, festigen, helfen, jmd. stärken
סעה q stürmen
*סָעִיף Felsspalt, Felsenkluft
סעף pi (Zweige) abhauen, stutzen
*סְעִף gespalten, geteilt
*סְעַפָּה Zweig
סְעִפִּים Krücken
סער q stürmen, toben
ni bewegt werden
pi verwehen
pu verweht, weggetrieben werden
po wegfliegen
סַעַר Sturm (Wind)
סְעָרָה Sturm (Wind), Wettersturm

I סַף Becken, Schale
II סַף Schwelle
III סַף Saf n. pr. m.
ספד q klagen, die Totenklage halten (28x)
ni betrauert, beklagt werden
ספה q wegnehmen, dahinraffen
ni dahingerafft werden
hi hinweggraffen (?)
ספח q bei-, zugesellen
ni sich zugesellen
pi ptz ausschüttend (?)
pu sich zusammentun
hitp an etw. teilhaben
סַפַּחַת Schuppen (ausschlag)
סִפַּי Sippai n. pr. m.
I *סָפִיחַ Sturzregen
II סָפִיחַ Nachwuchs
סְפִינָה Schiff
סַפִּיר Saphir, Lapislazuli
סֵפֶל Schale, Becher
ספן q decken, täfeln
סְפֻן Decke
ספף hipo an der Schwelle sitzen, liegen
I ספק q schlagen, klatschen
II ספק q erbrechen
III ספק → II שׂפק
סָפֵק → שֶׂפֶק
ספר q (auf) zählen, aufzeichnen (27x)
ni gezählt werden
pi zählen, aufzählen, erzählen, verkündigen (67x)
pu erzählt, verkündigt werden
סֹפֵר Schreiber (54x)
סֵפֶר Inschrift, Brief, Dokument, Buch, Buchrolle, Schrift(art) (185x)
I סְפָר Zählung
II *סְפָר Sefar n. l. od. n. t.
סְפָרַד Sefarad n. l.
*סְפָרָה Buch

סְפֹרָה* Zahl (?), Schreibkunst (?), Schrift(en)
סְפַרְוַיִם Sefarwajim n. l.
סְפַרְוִים Sefarwaïter n. g.
סֹפֶרֶת Soferet n. pr. m.
סקל q steinigen
ni gesteinigt werden
pi mit Steinen werfen
pu gesteinigt werden
סַר verdrießlich, missmutig
סָרָב* widerspenstig
סַרְגוֹן Sargon II. n. pr. m. (Assurkönig 722- 705 v. Chr.)
סֶרֶד Sered n. pr. m.
סָרְדִי Serediter n. g.
I סָרָה Aufhören
II סָרָה Widerspenstigkeit, Ungehorsam
סָרָה Sira n. l.
סָרוּחַ herabhängend, überhängend
I סרח q überhängen
II סרח ni stinken, ranzig werden
סֶרַח* Überhängendes
סִרְיוֹן* Schuppenpanzer
סָרִיס hoher Beamter, Eunuch (45x)
סֶרֶן* (Rad-) Achse
סַרְנִים Fürsten
סַרְעַפָּה* Zweig
סרף pi (Leichen) verbrennen (?) Am 6,10; salben (?)
סַרְפָּד Steppenpflanze, Nessel (?)
סרר q widerspenstig, störrisch sein
סְתָו Winter, Regenzeit
סְתוּר Setur n. pr. m.
סתם q verstopfen, verschließen
ni verstopft werden, sich schließen
pi verstopfen
סתר ni sich verbergen, verborgen sein (30x)
pi verbergen
pu ptz verborgen, geheim halten
hitp sich verbergen, versteckt halten
hi jmd./ etw. verbergen (44x)
סֵתֶר Versteck, Hülle, Schutz, Heimlichkeit
סִתְרָה Schutz, Schirm
סִתְרִי Sitri n. pr. m.

ע

I עָב ein hölzernes Bauteil am Tempel: Gatter (?), Geländer (?), Schwelle (?)
II עָב Dickicht, Gewölk
עֹב → I עב
עבד q arbeiten, dienen (ca. 270x)
q pass gearbeitet werden
ni bearbeitet, bebaut werden
pu → q pass
hi arbeiten lassen
ho bewirken, dass gedient wird
I עֶבֶד Sklave, Knecht, Diener (ca. 800x)
II עֶבֶד Ebed n. pr. m.
עֲבָד* Tat, Handlung

	עֹבֵד־אֱדֹם	Obed–Edom n. pr. m.			Seite; Rand, Ufer (90x)
	עֶבֶד־מֶלֶךְ	Ebed–Melech n. pr. m.	II	עֵבֶר	Eber n. pr. m.
	עֲבֵד(־)נְגוֹא	Abednego n. pr. m.		*עָבֵר	→ עֲבוּר
	עַבְדָּא	Abda n. pr. m.		עֲבָרָה	Furt
	עַבְדְּאֵל	Abdeël n. pr. m.	I	*עֶבְרָה	Überheblichkeit, Überhebung
	עֲבֹדָה	Arbeit, Werk, Dienst, Gottesdienst (145x)	II	עֶבְרָה	Zorn, Grimm, Wut (34x)
	עַבְדָּה	Dienerschaft	I	עִבְרִי	Hebräer, Hebräerin n. g.
I	עַבְדּוֹן	Abdon n. l.	II	עִבְרִי	Ibri n. pr. m. (34x)
II	עַבְדּוֹן	Abdon n. pr. m.		עֲבָרִים	Abarim n. t.
	*עַבְדוּת	Knechtschaft		עֶבְרֹן	Ebron n. l.
	עַבְדִּי	Abdi n. pr. m.		עַבְרֹנָה	Abrona n. l.
	עַבְדִּיאֵל	Abdiël n. pr. m.		עבשׁ	q eintrocknen, verdorren
	עֹבַדְיָה	Obadja n. pr. m.		עבת	pi beugen, krümmen, binden
	עֹבַדְיָהוּ	Obadjahu n. pr. m.			
	עבה	q dick, fett sein		עָבֹת	Ast, Geäst, Zweig
	עֲבוֹדָה	→ עֲבֹדָה		עֲבֹת	Strick, Seil
	עָבוֹט	Pfand		עֹג	→ עוֹג
	*עָבוּר	Ertrag; בַּעֲבוּר wegen, um ... willen (51x)		עגב	q f. jmd. entbrennen, nach jmd. verlangen
	עֲבוֹת	→ עָבֹת		עֲגָבָה	Verlangen, Brunst
I	עבט	q pfänden hi (gegen Pfand) ausleihen		עֲגָבִים	Liebe, Verlangen
				עֻגָּה	Brotfladen
II	עבט	pi den Weg verlieren		עָגוֹל	→ עָגֹל
	עַבְטִיט	Pfandschuld		עָגוּר	Vogelart, Drossel (?), Kranich(?)
	*עֳבִי	Dicke		עָגִיל	Ring
I	עבר	q vorübergehen, durchziehen, hinübergeben (ca. 460x) ni durchschritten werden pi bespringen, besamen, durchziehen lassen hi überschreiten lassen, vorbeigehen lassen, fernhalten, wegnehmen (80x)		עָגֹל	rund
				עֵגֶל	Jungstier (35x)
			I	עֶגְלָה	Kalb, Jungkuh
			II	עֶגְלָה	Egla n. pr. f.
				עֲגָלָה	Wagen
			I	עֶגְלוֹן	Eglon n. pr. m.
			II	עֶגְלוֹן	Eglon n. l.
				עֶגְלַיִם	→ עֵין עֶגְלַיִם
				עֶגְלַת שְׁלִשִׁיָּה	Eglat–Schelischija n. l.
II	עבר	hitp sich ereifern, entrüsten, zürnen		עגם	q betrübt, traurig sein
				עגן	ni sich hindern lassen
I	עֵבֶר	die gegenüberliegende	I	עַד	Ewigkeit, unbegrenzte

		Zukunft, immer, immerfort (47x)
II	עַד	bis, bis zu (ca. 1260x)
III	עַד*	Raub, Beute
	עֵד	Zeuge (69x)
	עַד	→ עוֹד
	עֲדוֹ(א)	→ (א)עֲדוֹ
I	עדה	q schreiten hi ablegen, ausziehen
II	עדה	q sich m. etw. schmücken, jmd. schmücken
	עָדָה	Ada n. pr. f.
I	עֵדָה	Volksversammlung, Gemeinde, Schar, Rotte (149x)
II	עֵדָה	Zeugnis
III	עֵדָה	→ עֵדוּת
	עֵדָה*	Monatsregel (d. Frau)
	עִדּוֹ(א)	Iddo n. pr. m.
	עֵדוּת	Verordnung, Gesetz, Gebot, Zeugnis (83x)
	עֲדִי	Schmuck
	עֲדִיָא	Adaja n. pr. f.
	עֲדִיאֵל	Adiël n. pr. m.
	עֲדָיָה	Adaja n. pr. m.
	עֲדָיָהוּ	Adajahu n. pr. m.
	עֲדִים	→ עָדָם Jes 64,5
I	עָדִין*	wohlhabend, üppig, verzärtelt
II	עָדִין	Adin n. pr. m.
	עֲדִינָא	Adina n. pr. m.
	עֲדִיתַיִם	Aditajim n. l.
	עַדְלַי*	Adlai n. pr. m.
	עֲדֻלָּם	Adullam n. l.
	עֲדֻלָּמִי	Adullamiter n. g.
	עדן	hitp schwelgen
I	עֵדֶן*	Wonne, Lust
II	עֵדֶן	Eden n. t. (Gen 2,8)
III	עֵדֶן	Eden n. pr. m.
	עֶדֶן	Eden n. t.
	עֶדֶן	bisher, noch (< *עַד־הֵן)
	עַדְנָא/ה	Adna n. pr. m.
	עֶדְנָה	Liebeslust
	עֲדֶנָה	→ עֶדֶן
	עַדְנָח	Adnach n. l.
	עֲדָעָדָה	Adada n. l.
	עדף	q überschüssig sein hi Überschuss haben
I	עדר	q helfen, unterstützen
II	עדר	ni behackt werden
III	עדר	ni vermisst werden, fehlen pi vermissen, fehlen lassen
I	עֵדֶר	Herde
II	עֵדֶר	Eder n. pr. m.
III	עֵדֶר	Eder n. l.
	עֵדֶר*	Eder n. pr. m.
	עַדְרִיאֵל	Adriël n. pr. m.
	עֲדָשָׁה*	Linsen
	עֵדֶת	→ עֵדוּת
	עֻוָּא	→ עַוָּה II
	עוב	hi verdunkeln (?), verschmähen (?)
	עוֹבֵד	Obed n. pr. m.
	עוֹבָל/עֵיבָל	Obal, Ebal n. populi
	עוג	q backen
	עוֹג	Og n. pr. m.
	עוּגָב	Flöte
I	עוד	pi umgeben pol aufrichten hitpol sich aufrecht halten
II	עוד	hi Zeuge sein, Zeugnis ablegen, beteuern, warnen, mahnen (39x)
	עוֹד	Dauer, weiterhin, ferner, noch, wieder (490x)
	עוֹדֵד	Oded n. pr. m.

		עוה q sündigen			Schuld, Strafe (ca. 230x)
		ni gebeugt, verkehrt sein			עֲוִים Verwirrung
		pi umdrehen, ent-, verstellen	I		עוּף q fliegen, flattern
					hi fliegen lassen
		hi verdrehen, sündigen			pol fliegen, schweben
I		עַוָּה Trümmer			hitpol dahinfliegen
II		עַוָּה Awwa n. l.	II		עוּף q dunkel sein, werden
		עַוָּה → II עַוָּה			עוֹף koll. Vögel (71x)
		עוז q sich bergen, Zuflucht suchen			עוּפִי Jer 40,8 K → עֵיפִי
					עוֹפֶרֶת → עֹפֶרֶת
		hi etw. in Sicherheit bringen			עוּץ q (sich) beraten
			I		עוּץ Uz n. pr. m.; n. tribus
		עוז → עֹז	II		עוּץ Uz n. t.
		עֲוִיל Knabe, Junge			עוּק hi zum Wanken bringen (?), aufspalten (?)
I		עַוִּים Awwiter n. g.			
II		עַוִּים Awwim n. l.	I		עוּר pi blenden, blind machen
		עֲוִית Awit n. l.	II		עוּר ni entblößt sein, werden
I		עוּל pi verdrehen, Unrecht tun	III		עוּר q wach sein, aufwachen
					ni geweckt werden, sich erheben
II		עוּל q säugen			
		עוּל → עַל			hi aufwecken, in Bewegung bringen (33x)
		עוּל Säugling			
		עָוֶל Unrecht, Unredlichkeit, Frevel			pol wecken, erregen, reizen, schwingen
		עַוָּל d. Unredliche, Ungerechte			hitp sich wecken lassen, sich aufraffen, sich erregen
		עַוְלָה Unredlichkeit, Unrecht, Frevel			
					polp (?) ein Geschrei erheben (?) Jer 15,5
I		עוֹלָה → עוֹלָה			
II		עוֹלָה → עֹלָה			עוֹר Haut (99x)
		עוֹלֵל Kind, Kleinkind			עִוֵּר blind
		עוֹלָל Kind, Kleinkind			עוֹרֵב → עֹרֵב
		עוֹלֵלוֹת → עֹלֵלוֹת			עִוָּרוֹן Blindheit, Erblindung
		עוֹלָם lange Zeit, ferne Zeit, Dauer, Ewigkeit (ca. 440x)			עַוֶּרֶת Blindheit
					עוּשׁ q helfen, zu Hilfe kommen
		עָווֹן → עָוֹן			
		עוּן q wohnen (?)	I		עות pi krümmen, biegen
		עוּן 1Sam 18,9 K→ עִין			pu ptz was krumm ist
		עָוֹן Sünde, Vergehen,			hitp sich krümmen

II	עוּת	q helfen, unterstützen (?) Jes 50,4		עֲזִיזָא Asisa n. pr. m.
	*עֲוָתָה	Entrechtung, Bedrückung	I	עַזְמָוֶת Asmawet n. pr. m.
	עוּתַי	Utai n. pr. m.	II	עַזְמָוֶת → בֵּית־עַזְמָוֶת
	עַז	stark, hart		עַזָּן Assan n. pr. m.
	עֵז	Ziege (74x)		עָזְנִיָּה unreiner Vogel, Geier (?)
	עֹז	Kraft, Stärke, Macht, Zuflucht (93x)		עזק pi umgraben
	עֻזָּא/ה	Ussa n. pr. m.		עֲזֵקָה Aseka n. l.
	עֲזָאזֵל	Asasel n. pr. m. (Wüstendämon)		עזר q helfen, unterstützen (75x) ni geholfen werden, Hilfe bekommen hi helfen
	עזב	q verlassen, zurücklassen, übriglassen (ca. 200x) ni verlassen sein, werden, jmd. überlassen werden pu verlassen sein	I	עֵזֶר Hilfe, Unterstützung
			II	עֵזֶר Eser n. pr. m.
				*עֵזֶר Eser n. pr. m.
				עַזּוּר → עֶזֶר
				עֶזְרָא Esra n. pr. m.
	*עִזְבוֹנִים	Kommissionswaren, Handelsgüter		עֲזַרְאֵל Asarel n. pr. m.
			I	עֶזְרָה Hilfe, Unterstützung
	עַזְבּוּק	Asbuk n. pr. m.	II	עֶזְרָה Esra n. pr. m.
	עַזְגָּד	Asgad n. pr. m.		עֲזָרָה Hof, Tempelvorhof, Einfassung (d. Altars)
	עַזָּה	Gaza n. l.		
	עֲזוּבָה	Asuba n. pr. f.		עֶזְרִי Esri n. pr. m.
	עִזּוּז	stark, Starker		עַזְרִיאֵל Asriël n. pr. m.
	*עֱזוּז	Stärke, Gewalt, Macht		עֲזַרְיָה Asarja n. pr. m.
	עַזּוּר	Assur n. pr. m.		עֲזַרְיָהוּ Asarjahu n. pr. m.
	עזז	q stark sein, sich stark erweisen, trotzen hi frech auftreten		עַזְרִיקָם Asrikam n. pr. m.
				עֶזְרָת → עֲזָרָה
				עַזָּתִי Gazatiter n. g.
	עָזָז	Asas n. pr. m.		*עֵט Griffel
	עֲזַזְיָהוּ	Asasjahu n. pr. m.	I	עטה q verhüllen, sich in etw. hüllen hi jmd. einhüllen
	עֻזִּי	Ussi n. pr. m.		
	עֻזִּיָּא	Ussija n. pr. m.		
	עֲזִיאֵל	→ יַעֲזִיאֵל	II	עטה q entlausen (?)
	עֻזִּיאֵל	Ussiël n. pr. m.		*עָטוּף schwach, kraftlos
	עֻזִּיאֵלִי	Ussieliter n. g.		*עֲטִין Olive (?)
	עֻזִּיָּה	Ussia n. pr. m.		עֲטִישָׁה Niesen
	עֻזִּיָּהוּ	Ussijahu n. pr. m.		עֲטַלֵּף Fledermaus, Flughund
			I	עטף q abbiegen, bedecken, sich bedecken

II	עָטַף	q schwach, verzagt sein bzw. werden	II	עַיִן	Ajin n. l.
		ni verschmachten		עֵין(־)גֶּדִי	En–Gedi n. l.
		hitp verzagen, sich schwach fühlen		עֵין(־)גַּנִּים	En–Gannim n. l.
		hi schwächlich sein		עֵין־דֹּאר	En–Dor n. l.
	עָטַר	q umgeben, umzingeln		עֵין חַדָּה	En–Hadda n. l.
		pi bekränzen, krönen		עֵין חָצוֹר	En–Hazor n. l.
		hi Kränze, Diademe verleihen		עֵין מִשְׁפָּט	En–Mischpat n. l.
I	עֲטָרָה	Krone, Diadem, Kranz		עֵין עֶגְלַיִם	En–Eglajim n. l.
II	עֲטָרָה	Atara n. pr. f.		עֵין רִמּוֹן	En–Rimmon n. l.
	עֲטָרוֹת	Atarot n. l.		חֲצַר עֵינוֹן → עֵינוֹן	
	עֲטְרוֹת אַדָּר	Atrot Addar n. l.		עֵינַיִם	Enajim n. l.
	עֲטְרוֹת בֵּית יוֹאָב	Atrot–Bet Joab n. l.		עֵינָם	Enam n. l.
	עֲטֶרֶת → עֲטָרוֹת			עֵינָן	Enan n. pr. m.
	עֲטְרוֹת שׁוֹפָן	Atrot–Schofan n. l.		עוּף	q müde, erschöpft sein
	עִי	Ai n. l.		עָיֵף	müde, erschöpft
	עִי	Trümmerhaufen	I	עֵיפָה	Dunkelheit, Finsternis
	עוב → עיב		II	עֵיפָה	Epha n. tribus
I	עֵיבָל	Ebal n. pr. m.	III	עֵיפָה	Epha n. pr. m. + f.
II	עֵיבָל	Ebal n. montis		עֵיפַי	Efai n. pr. m.
III	עֵיבָל	1Chr 1,22 → עוֹבָל		עֵיפָתָה	Hi 10,22 → I עֵיפָה
	עַיָּה	Ajja n. l.		עוּק → עיק	
	עִיּוֹן	Ijjon n. l.	I	עִיר	Stadt, Stadtbevölkerung (ca. 1080x)
	עיט	q sich auf etw. stürzen, jdn. anschreien	II	עִיר	Schreck, Erregung
	עַיִט	Raubvogel	III	עִיר*	Ir n. pr. m.
	עֵיטָם	Etam n. l.		עִיר הַהֶרֶס	Jes 19,18 Stadt der Zerstörung (?)
	עִיֵּי הָעֲבָרִים	Ijje–Haabarim n. l.		עִיר(־)הַתְּמָרִים	die Palmenstadt n. l.
	עִיִּים	Ijjim n. l.		עִיר־הַמֶּלַח	die Salzstadt n. l.
	עֵילוֹם	2Chr 33,7 → עוֹלָם		עִיר נָחָשׁ	Ir–Nahasch n. l.
	עֵילַי	Ilai n. pr. m.		עִיר שֶׁמֶשׁ	Ir–Schemesch n. l.
I	עֵילָם	Elam n. t.; n. populi		עַיִר	Eselhengst
II	עֵילָם	Elam n. pr. m.		עִירָא	Ira n. pr. m.
	עֵיָם	Gewalt (?)		עִירָד	Irad n. pr. m.
	עין	q jdn. mißgünstig ansehen		עִירוּ	Iru n. pr. m.
				עִירִי	Iri n. pr. m.
I	עַיִן	Auge, Quelle (ca. 900x)		עִירָם	Iram n. pr. m.
				עֵירֹם	nackt, bloß, Nacktheit
				עַיִשׁ	Sternbild (Löwe)

עַכְבּוֹר	Achbor *n. pr. m.*	עלז	*q* jubeln, frohlocken
עַכָּבִישׁ	Spinne	עָלֵז	fröhlich, ausgelassen
עַכְבָּר	Maus	עֲלָטָה	Dunkel, Finsternis
עַכּוֹ	Akko *n. l.*	עֵלִי	Eli *n. pr. m.*
עָכוֹר	Achor *n. t.*	עֲלִי־ (ֿ)	→ עַל־ (ֿ)
עָכָן	Achan *n. pr. m.*	עֱלִי	Stößel, Stampfer d. Mörsers
עכס	*pi* hüpfen, springen, klirren	*עֲלִי	oberer
עֶכֶס	Fußspange, Fußkette	עַלְיָה	1Chr 1,51 K → II עֲלְוָה
עַכְסָה	Achsa *n. pr. f.*	עֲלִיָּה	Obergemach
עכר	*q* trüben, verwirren, zerrütten *ni* aufgerührt, zerrüttet werden	עֶלְיוֹן	oberer, höchster, der Höchste (53x)
		עָלִיז	fröhlich, ausgelassen
		עֱלִיל	Schmelztiegel, -ofen (?)
עָכָר	Achar *n. pr. m.*	עֲלִילָה	Tat, Handlung
עָכְרָן	Ochran *n. pr. m.*	עֲלִילִיָה	Tat (Jahwes)
עַכְשׁוּב	Hornviper (?)	עֶלְיָן	→ עֶלְיוֹן
עַל	auf, über, an, bei, gegen, wegen, Höhe, Oberes (ca. 5700x)	*עֲלִיצוּת	Jubel, Frohlocken
		I עלל	*po jmd. etw.* antun, Nachlese halten *poal* angetan werden *hitp jmd.* mitspielen *hitpo* tun, vollbringen
עֹל	Joch (40x)		
עֻלָּא	Ulla *n. pr. m.*		
*עָלֵג	ein Stammelnder		
עלה	*q* hinaufsteigen, hinaufziehen (ca. 600x) *ni* sich erheben, erhaben sein *hitp* sich brüsten *hi* hinaufbringen, hinaufführen (ca. 260x) *ho* dargebracht, weggeführt werden	II עלל	*po* hineinstecken, -bohren
		עֹלֵל	1Sam 15,3 → עוֹלֵל
		עֹלֵלוֹת	Nachlese (bei der Ernte)
		עלם	*q ptz pass* Verborgenes *ni* verborgen sein, bleiben *hitp* sich verbergen, sich verstecken *hi* verbergen, verhüllen
עָלֶה	Blatt, *coll.* Blätter		
עֹלָה	Brandopfer, Ganzopfer (ca. 280x)		
		עֶלֶם	junger Mann, Jüngling
I עַלְוָה	Unredlichkeit, Frevel	עֹלָם	→ עוֹלָם
II עַלְוָה	Alwa *n. pr. m.*	עַלְמָה	junge Frau, Mädchen
*עֲלוּמִים	Jugendalter	עַלְמוֹן	Almon *n. l.*
עַלְוָן	Alwan *n. tribus*	עֲלָמוֹת	→ עַלְמָה
עֲלוּקָה	Blutegel	עֲלָמוֹת	musikalischer *term. tech.*
		עַלְמוֹן	→ עַלְמוֹן

I	עֲלֶמֶת	Alemet *n. pr. m.*		עָמוֹק	Amok *n. pr. m.*
II	עֲלֶמֶת	Alemet *n. l.*		עַמִּיאֵל	Ammiël *n. pr. m.*
	עלס	*q* genießen, froh werden		עַמִּיהוּד	Ammihud *n. pr. m.*
		ni sich lebhaft bewegen		עַמִּיזָבָד	Ammisabad *n. pr. m.*
		hitp sich erfreuen, schwelgen		עַמִּיחוּר	Ammihur *n. pr. m.*
	*עלע	*pi* lecken, schlürfen		עַמִּינָדָב	Amminadab *n. pr. m.*
	עלף	*pu* bedeckt sein, in Ohnmacht fallen		עַמִּי־נָדִיב	→ עַמִּינָדָב
		hitp sich verhüllen, vermummen, schwach werden		עָמִיר	Halm, geschnittene Ähre
				*עַמִּישַׁדַּי	Ammischaddai *n. pr. m.*
	עֲלֻפֶּה	verschmachtet Ez 31,15 (?) 1 עֻלְּפוּ sie waren verschmachtet		*עָמִית	Gemeinschaft, Volksgenossenschaft
				עמל	*q* sich be-, abmühen, arbeiten
	עלץ	*q* jauchzen, frohlocken	I	עָמָל	Mühsal, Elend, Not (55x)
	עֲלָטָה	Schlechtigkeit	II	עָמָל	Amal *n. pr. m.*
	עִם	mit, zusammen mit (ca 1050x)		עָמֵל	sich (ab) mühend, Arbeiter
	עַם	Verwandtschaft, Sippe, Volk (ca. 1870x)		עֲמָלֵק	Amalek *n. pr. m.; n. tribus*
	עמד	*q* hintreten, sich stellen, stehen, stehenbleiben, bleiben (435x)		עֲמָלֵקִי	Amalekiter *n. g.*
			I	עמם	*q* gleichkommen, vergleichbar sein
		hi stellen, aufstellen, einsetzen, bewahren (85x)	II	עמם	*q* für *jmd.* unverständlich sein (?), verblüffen (?) Ez 28,3
		ho (auf) gestellt werden			*ho* glanzlos, blind werden, zerdrückt werden (?) Klgl 4,1
	עַמּוּד	→ עַמּוּד			
	*עִמָּד	bei, neben, mit (45x)		עֲמָמִים	→ I עַם
	עֹמֶד	Stelle, Platz, Standort		עִמָּנוּ אֵל	Immanuel *n. pr. m.*
	*עֲמָדָה	Platz, Standort		עַמּוֹנִי	→ עַמּוֹנִי
	עֻמָּה	Umma *n. l.*		עמס	*q* aufladen, beladen, tragen
	*עֻמָּה	nahe bei, dicht an, entsprechend			*hi jmd. etw.* aufladen
	עַמּוּד	Säule, Pfeiler, Podest (111x)		עֲמַסְיָה	Amasja *n. pr. m.*
				עֲמָעָד	Amad *n. l.*
	עַמּוֹן	Ammon *n. populi*		עמק	*q* tief sein
	עַמּוֹנִי	Ammoniter *n. g.*			*hi* tief machen, eintiefen
	עָמוֹס	Amos *n. pr. m.*		עֵמֶק	Ebene, Tal (63x)

	עֵמֶק קָצִיץ	Emek–Keziz n. l.
	עֹמֶק	Tiefe
	*עָמֵק	tief, unverständlich, dunkel
	עָמֹק	tief, unergründlich, unerforschlich
I	עמר	pi ptz Ährensammler, Garbenbinder
II	עמר	hitp jdn. seiner Freiheit berauben
I	עֹמֶר	Ährenhaufen, Garbe
II	עֹמֶר	Omer (Hohlmaß f. Getreide u.a.)
	עֲמֹרָה	Gomorrha n. l.
	עָמְרִי	Omri n. pr. m.
	עַמְרָם	Amram n. pr. m.
	עַמְרָמִי	Amramiter n. g.
	עֲמָשָׂא	Amasa n. pr. m.
	עֲמָשַׂי	Amasai n. pr. m.
	עֲמַשְׂסַי	Amaschsai n. pr. m.
	עֲנָב	Anab n. l.
	עֵנָב	Weintraube
	ענג	pu ptz verweichlicht; hitp sich verzärteln, sich laben, sich lustig machen
	עָנֹג	verzärtelt, verwöhnt
	עֹנֶג	Lust, Wonne
	ענד	q umbinden
I	ענה	q antworten, erwidern, entgegnen, erhören (ca. 310x); ni sich zu einer Antwort bewegen lassen; hi Antwort geben
II	ענה	q gebeugt, elend sein; ni sich beugen, gebeugt werden; pi bedrücken, erniedrigen, demütigen, vergewaltigen (56x); pu gedemütigt werden; hitp sich beugen, demütigen
III	ענה	q sich abmühen, plagen; hi jmd. mit etw. beschäftigen
IV	ענה	q singen, anstimmen; pi singen, besingen
	עֲנָה	Ana n. pr. m.
	*עֹנָה	sexueller Verkehr
	עָנָו	gebeugt, demütig
	עַנּוּ	K → עֲנִי Neh 12,9
	עָנוּב	Anub n. pr. m.
	עֲנָוָה	Demut
	עֲנָוָה	Milde
	עֲנוֹק	→ II עֲנָק Jos 21,11
	עֲנוֹת	→ בֵּית־עֲנוֹת
	*עֱנוּת	Elend, Leiden
	עָנִי	elend, arm (75x)
	עֳנִי	Elend, Leiden
	עֻנִּי	Unni n. pr. m.
	עֲנָיָה	Anaja n. pr. m.
	עֲנִין	Q → עָנָן Num 12,3
	עָנִים	Anim n. l.
	עֲנִים	Klgl 4,3 → *יָעֵן
	עִנְיָן	Mühsal, Qual, Geschäftigkeit
	עֲנָם	Anem n. l.
	עֲנָמִים	Anamim n. populi
	עֲנַמֶּלֶךְ	Anammelech n. dei
I	ענן	pi Wolken aufziehen lassen, auftürmen
II	ענן	po zaubern, wahrsagen
I	עָנָן	Wolke, Gewölk (87x)
II	עָנָן	Anan n. pr. m.
	עֲנָנָה	Wolke
	עֲנָנִי	Anani n. pr. m.
I	עֲנָנְיָה	Ananja n. pr. m.
II	עֲנָנְיָה	Ananja n. l.
	עָנָף	Zweig(e)

	עָנֵף*	voller Zweige	II	עצב	q jmd. betrüben, kränken
	ענק	q um den Hals legen			ni bekümmert sein, sich
		hi jmd. beladen,			grämen
		ausstatten			pi betrüben, kränken
I	עֲנָק	Pl. Halsschmuck			hitp bekümmert sein
II	עֲנָק	Enak n. populi			hi kränken
I	עֲנֵר	Aner n. pr. m.		עָצָב*	Götzenbild, Götze
II	עֲנֵר	Aner n. l.		עָצָב*	(hart) Arbeitender
	ענשׁ	q jmd. eine Geldstrafe	I	עֶצֶב	Gefäß
		auferlegen	II	עֶצֶב	Kränkung, Mühe
		ni bestraft werden	I	עֹצֶב*	Götze
	עֹנֶשׁ	Geldbuße	II	עֹצֶב	Schmerz, Qual
	עֲנָת	Anat n. pr. m.		עִצָּבוֹן	Mühe, Mühsal
I	עֲנָתוֹת	Anatot n. l.		עַצֶּבֶת*	Pl. Schmerzen, Qual,
II	עֲנָתוֹת	Anatot n. pr. m.			Leiden
	עֲנְתֹתִי	Anatotiter n. pr. m.		עצה	q zukneifen
	עָסִיס	junger Wein, Most		עָצֶה	Steißbein (d. Schafes)
	עסס	q zertreten	I	עֵצָה	koll. Holz
	עֲפִי*	dichtes Laub	II	עֵצָה	Rat, Ratschluss, Plan
	עפל	pu vermessen sein			(86x)
		hi sich vermessen zu		עָצוּם	stark, mächtig
I	עֹפֶל	Ofel n. l.		עֶצְיוֹן־גֶּבֶר	Ezion–Geber n. l.
II	עֹפֶל	Geschwulst		עצל	ni träge sein, zögern
	עָפְנִי	Ofni n. l.		עָצֵל	träge, faul
	עַפְעַפַּיִם*	Wimpern		עַצְלָה	Faulheit, Trägheit
	עפר	pi mit Erde bewerfen		עַצְלוּת	Faulheit, Trägheit
	עָפָר	Erdkrume, Staub (110x)		עַצְלְתַיִם	Riesenfaulheit
	עֵפֶר	Efer n. pr. m.	I	עצם	q stark, mächtig sein od.
	עֹפֶר	Jungtier, Kalb			werden, zahlreich sein
	עָפְרָה*	→ בֵּית לְעַפְרָה			pi d. Knochen abnagen
I	עָפְרָה	Ophra n. pr. m.			hi stark machen
II	עָפְרָה	Ophra n. l.	II	עצם	q (ver) schließen
I	עֶפְרוֹן	Ephron n. pr. m.			pi verschließen
II	עֶפְרוֹן	Ephron n. l.; n. t.	I	עֶצֶם	Knochen, Gebein,
	עֶפְרֹן	Q → I עֶפְרוֹן 2Chr 13,19			Wesen (einer Sache),
	עֹפֶרֶת	Blei			eben, genau (126x)
	עָפְרָת	→ II עָפְרָה Ri 6,24	II	עֶצֶם	Ezem n. l.
	עֵץ	Baum, Holz (330x)	I	עֹצֶם*	Kraft, Stärke
I	עצב	pi bilden, schaffen	II	עֹצֶם	Gebein
		hi abbilden		עָצְמָה	Kraft, Stärke

	עַצְמוֹן	Azmon *n. l.*			*pi* durchschneiden, lähmen, unbrauchbar machen
	עֲצָמוֹת*	Beweise? Jes 41,21			
	עֶצֶן*	Streitaxt ? 2Sam 23,8 *text. corr.*			
				עָקָר	unfruchtbar
	עצר	*q* aufhalten, zurückhalten, behalten, verschließen, verhaften (36x) *ni* zurückgehalten werden, verschlossen sein	I	עֵקֶר*	Abkömmling
			II	עֵקֶר	Eker *n. pr. m.*
				עַקְרָב	Skorpion, Geißel
				עֶקְרוֹן	Ekron *n. l.*
				עֶקְרוֹנִי	Ekroniter *n. g.*
	עֵצֶר	Besitz ?		עקש	*ni ptz* einer, der krumme Wege geht *pi* verkehren, krumm machen *hi* für krumm, verkehrt erklären
	עֹצֶר	Verschlossenheit, Druck, Last			
	עֲצָרָה	Enthaltung, Abstinenz, Feiertag			
	עֲצֶרֶת	→ עֲצָרָה	I	עִקֵּשׁ	verkehrt, verdreht
I	עקב	*q* betrügen, hintergehen, an der Ferse halten	II	עִקֵּשׁ	Ikkesch *n. pr. m.*
				עִקְּשׁוּת*	Verkehrtheit, Falschheit
II	עקב	*pi* zurückhalten		ער	→ ערר *pilp.* u. *hitpalp*
	עָקֵב	Ferse, Nachhut, *Pl.* Tritte	I	עָר	Ar *n. t.*
			II	עָר*	Feind, Widersacher
	עָקֹב	höckrig, trügerisch	I	עֵר	wach (?) Mal 2,12
	עֵקֶב	Lohn, Ergebnis, wegen, dafür dass	II	עֵר	Er *n. pr. m.*
			I	ערב	*q* bürgen, verpfänden, tauschen
	עָקְבָה	Hinterlist	II	ערב	*hitp* sich in *etw.* einmischen, sich vermischen
	עקד	*q* binden, fesseln			
	עֵקֶד	→ בֵּית־עֵקֶד			
	עָקֹד	gestreift	III	ערב	*q* angenehm sein *hi* angenehm machen
	עָקָה*	Bedrängnis, Geschrei			
	עַקּוּב	Akkub *n. pr. m.*	IV	ערב	*q* Abend werden *hi* spät am Abend tun
	עקל	*pu ptz* verdreht, verkehrt			
	עֲקַלְקַל*	krumm	I	עֶרֶב	Araber *n. g.*
	עֲקַלָּתוֹן	gewunden (Schlange) Jes 27,1	II	עֶרֶב	Abend (134x)
			III	עֶרֶב	→ II עֶרֶב
	עָקָן	Akan *n. pr. m.*	I	עֵרֶב	Gewebe, Gewirktes
	עקר	*q* entwurzeln *ni* ausgerissen, zerstört werden	II	עֵרֶב	Mischvolk, Gemisch
				עָרָב	Araber *n. populi*
				עָרֵב	angenehm
			I	עֹרֵב	Rabe

II	עֹרֵב	Oreb n. pr. m.			vergleichen, gleichstellen (69x)
	עָרֹב	Stechfliege (4. ägypt. Plage)			hi schätzen, taxieren, zurüsten
I	עֲרָבָה	Euphratpappel		*עֶרֶךְ	Schicht, Reihe, Ausrüstung, Schätzung
II	עֲרָבָה	Steppe, Wüste (60x),			
	הָעֲרָבָה	Jordansenke, Araba (bis zum Golf v. Akaba)		ערל	q unbeschnitten lassen, ungeerntet lassen ni die Vorhaut zeigen
	עֲרֻבָּה	Bürgschaft, Pfand		עָרֵל	unbeschnitten (35x)
	עֵרָבוֹן	Pfand, Unterpfand		עָרְלָה	Vorhaut
	עֲרָבִי/עַרְבִי	Araber n. g.			
	עַרְבָתִי	Arbatiter n. g.	I	ערם	ni sich aufstauen
	ערג	q verlangen, lechzen	II	ערם	q listig, schlau sein, klug sein od. werden
I	עֲרָד	Arad n. pr. m.			
II	עֲרָד	Arad n. l.			hi einen unheilvollen Plan machen (mit סוֹד)
	ערה	ni ausgegossen werden pi entblößen, bloßlegen, ausleeren hitp sich entblößen hi entblößen, ausgießen		עָרֹם עֵרֹם	→ עָרוֹם → עֵירוֹם
				עָרְמָה	Klugheit, Hinterlist
	*עָרָה	Binse (Pflanze)		עֲרֵמָה	Haufen
	*עֲרוּגָה	Pflanzenbeet		עַרְמוֹן	Plantane
	עָרוֹד	Wildesel		עֵרָן	Eran n. pr. m.
	עֶרְוָה	Blöße, Scham (gegend)(54x)		עֵרָנִי עֲרוֹעֵר	Eraniter n. g. Aror n. l.
	עָרוֹם	nackt, notdürftig gekleidet	I	עָרֹעֵר	nackt, entblößt
			II	עֲרֹעֵר	Wacholder (?)
	עָרוּם	listig, klug		עֲרוֹעֵר	→ II עֲרוֹעֵר
I	עַרְעֵר	Wacholder		עֲרֹעֵרִי	Aroëriter n. g.
II	עֲרוֹעֵר	Aroër n. l.	I	ערף	q träufeln, tropfen
	*עָרוּץ	Hang	II	ערף	q (das Genick) brechen
	עָרוֹת	→ *עָרָה		עֹרֶף	Nacken, Genick (33x)
	עֵרִי	Eri n. pr. m.; n. g.		עָרְפָּה	Orpa n. pr. f.
	עֶרְיָה	Blöße, Nacktheit		עֲרָפֶל	Wolkendunkel
	*עֲרִיסָה	Teig		ערץ	q schrecken, sich fürchten
	*עֲרִיפִים	Geträufel, Gewölk (?)			ni ptz schrecklich, furchtbar
	עָרִיץ	gewaltig, gewalttätig, Gewalthaber			hi fürchten, erschrecken
	עֲרִירִי	kinderlos		ערק	q abnagen
	ערך	q zurichten, ordnen,		עַרְקִי	Arkiter n. g.

	ערר	q sich entblößen po entblößen, bloßlegen pilp schleifen hitpalp geschliffen werden		עֶשְׂרוֹן → עֶשְׂרוֹן
	עֶרֶשׂ	Bett, Ruhelager	I	עָשׁ Motte
	עֵשֶׂב	Kraut, Kräuter (33x)	II	עָשׁ Eiter
I	עשׂה	q machen, tun, arbeiten, erschaffen, bereiten(ca. 2500x) q pass gemacht, geschaffen werden Ps 139,15 ni gemacht, geschaffen werden (99x) pu → q pass	III	עָשׁ → עָיִשׁ
				עָשׁוֹק Bedrücker
				עֲשׁוּקִים Bedrückung(en)
				עָשׂוֹת bearbeitet
				*עַשְׂוָת Aschwat n. pr. m.
				עָשִׁיר reich
				עשׁן q rauchen
			I	עָשָׁן Rauch, Qualm
			II	עָשָׁן Aschan n. l.
				עָשֵׁן rauchend
				עשׁק q bedrücken, unterdrücken, erpressen (36x) pu ptz misshandelt
II	עשׂה	q → pi pi drücken, pressen		
	עֲשָׂהאֵל	Asaël n. pr. m.		
	עֵשָׂו	Esau n. pr. m.		עֹשֶׁק Bedrückung, Unterdrückung, Erpressung
	עָשׂוֹר	Zehnzahl, Dekade		
	עֲשִׂיאֵל	Asiël n. pr. m.		עָשְׁקָה Bedrückung
	עֲשָׂיָה	Asaja n. pr. m.		עֲשׁוּקִים → עֲשֻׁקִּים
	עֲשִׂירִי	Zehnter, ein Zehntel		עשׁר q reich sein/ werden hitp sich reich stellen hi jdn. reich machen, es zu Reichtum bringen
	עשׂק	hitp streiten, hadern		
	עֵשֶׂק	Esek n. l.		
	עשׂר	q den Zehnten erheben pi den Zehnten entrichten, etw. verzehnten, d. Zehnten einsammeln hi → pi		
				עֹשֶׁר Reichtum (37x)
				עשׁשׁ q schwach werden, anschwellen
			I	עשׁת q dick sein (?)
			II	עשׁת hitp sich um jmd. kümmern, gedenken an
	עֶשֶׂר	zehn (ca. 490 x)		*עֶשֶׁת Platte
	עָשָׂר	zehn		*עַשְׁתּוּת Meinung (?)
	עָשׂוֹר	→ עָשׂוֹר		עַשְׁתֵּי nur mit עָשָׂר elf, elfter
	עֲשָׂרָה	→ עֶשֶׂר		*עֶשְׁתֹּנֶת Gedanke, Plan
	עֲשָׂרֵה	→ עֶשֶׂר		עַשְׁתָּרוֹת Aschtarot n. l.
	עֶשְׂרוֹן	Zehntel		עַשְׁתָּרֹת → עַשְׁתָּרוֹת
	עֲשִׂירִי	→ עֲשִׂירִי		עַשְׁתֹּרֶת Astarte n. deae
	עֶשְׂרִים	zwanzig		*עֲשֶׁתֶרֶת Zuwachs

	עֶשְׁתְּרָתִי	Aschtarotiter *n. g.*		פ
	עֵת	Zeitpunkt, Zeit (ca. 300x)		פֹּא → פֹּה
	*עֵת קָצִין	Et–Kazin *n. l.*		פאה *hi* zerschlagen
	עָתָ → עָתָה			פֵּאָה Seite, Rand (86x)
	עתד	*pi* besorgen	I	פאר *pi* durchsuchen
		hitp bestimmt sein	II	פאר *pi* verherrlichen
	עָתָה	jetzt, nun (ca. 430x)		*hitp* sich verherrlichen, sich rühmen
	*עָתוּד	bereit, Vorrat		
	*עָתוּד	Bock (Ziegen, Schafe)		פְּאֵר Kopfbinde, Turban
	עִתִּי	bereitstehend		*פֹּארָה Gezweig, Geäst, *Pl.* Zweige
	עַתַּי	Attai *n. pr. m.*		
	עֲתָיָה	Ataja *n. pr. m.*		פֻּארָה → *פֹּארָה
	עָתִיק	erlesen, prächtig		פָּארוּר Glühen, Glut
	*עַתִּיק	entwöhnt, alt		פָּארָן Pharan *n. l.* + *n. t.*
	עֶתֶךְ	Atach *n. l.*		*פֹּארֹת → פֹּארָה
	*עַתְלַי	Atlai *n. pr. m.*		*פַּג unreife Feige
	עֲתַלְיָה	Atalja *n. pr. f.* + *m.*		פִּגּוּל unreifes (Opfer-) Fleisch
	עֲתַלְיָהוּ	Ataljahu *n. pr. f.*		פגע *q* treffen auf, herfallen über, *jmd.* bitten (40x)
	עתם	*ni* sich verfinstern (?)		
	עָתְנִי	Otni *n. pr. m.*		*hi* treffen lassen, eintreten
	עָתְנִיאֵל	Othniël *n. pr. m.*		
	עתק	*q* fortrücken, altern		פֶּגַע Geschick, Zufall
		hi weiterrücken, versetzen, zusammenstellen		פַּגְעִיאֵל Pagiël *n. pr. m.*
				פגר *pi* schlaff, müde sein
	עָתָק	frech, vorlaut		פֶּגֶר Leichnam
	עָתֵק	stattlich		פגש *q jmd.* begegnen, *jdn.* antreffen
	עתר	*q* beten, bitten		
		ni sich erbitten lassen		*ni* sich (einander) begegnen
		hi beten, bitten		*pi* treffen auf
I	*עָתָר	Anbeter, Verehrer		פדה *q* loskaufen, auslösen, befreien (55x)
II	*עָתָר	Duft (des Weihrauches)		
	עֶתֶר	Eter *n. l.*		*ni* losgekauft, ausgelöst werden
	עֲתֶרֶת	Reichtum		*hi* loskaufen lassen
				ho losgekauft werden
				פְּדַהְאֵל Pedahel *n. pr. m.*
				פְּדָהצוּר Pedazur *n. pr. m.*
				*פְּדוּיִם Auslösung

פָּדוֹן Padon n. pr. m.
פְּדוּת Befreiung, Erlösung
פְּדָיָה Pedaja n. pr. m.
פְּדָיָהוּ Pedajahu n. pr. m.
פִּדְיוֹם Auslösung
*פִּדְיוֹן Loskaufgeld
פַּדָּן Paddan n. t.
פדע q befreien (?)
פֶּדֶר Fett
פֶּה Mund, Öffnung, Befehl (ca. 500x)
פֹּה/פּוֹ hier, hierher (82x)
פּוּאָה Pua n. pr. m.
פוג q kalt sein/ bleiben, erschlaffen
ni erschlafft, kraftlos sein
*פּוּגָה Nachlassen
פֻּנָּה Puwwa n. pr. m.
פוח q wehen
hi wehen lassen, anfachen
פּוּט Put n. l. (Libyen ?)
פּוּטִיאֵל Putiël n. pr. m.
פּוֹטִיפַר Potiphar n. pr. m.
פּוֹטִי פֶרַע Potiphera n. pr. m.
פּוּךְ Augenschminke, Mörtel
פּוֹל Bohne

I פּוּל → פּוּט Jes 66,19
II פּוּל Pul n. pr. m. (Tiglatpileser III)
פּוּן Ps 88, 16 l אָפוּנָה; פוג q
פּוּנָה 2Chr 25,23 l הַפִּנָּה Ecke
פּוּנִי Puniter n. g.
פּוּנֹן Punon n. l.
פּוּעָה Pua n. pr. f.
פוץ q sich ausbreiten, sich zerstreuen, überfließen (13x)
ni zerstreut werden (16x)
hi zerstreuen, streuen, sich zerstreuen (36x)

I פוק q taumeln
hi wackeln
II פוק hi bekommen, erlangen, finden lassen
פּוּקָה Anstoß, Stolpern
פּוּר hi brechen, vereiteln
פּוּר Pur, Los, Pl. Purimfest
פּוּרָה Kelter
פּוֹרָתָא Porata n. pr. m.
פּוּשׁ q hüpfen, einhersprengen
ni verstreut sein
פּוּתִי Putiter n. g.
פַּז Feingold

I פזז ho ptz in Feingold gefasst
II פזז q gelenkig sein
pi tanzen
פזר q ptz pass versprengt
ni zerstreut werden
pi zerstreuen, (viel) geben
pu ptz zerstreut

I פַּח Klappnetz (des Vogelstellers)
II פַּח metallene Platte
פחד q beben, sich fürchten
pi beben, sich fürchten
hi zum Beben bringen

I פַּחַד Beben, Schrecken (49x)
II *פַּחַד Schenkel, Keule (v. Nilpferd)
*פֶּחְדָּה Schrecken
פֶּחָה Statthalter, Gouverneur
פחז q leichtfertig, frech sein
פַּחַז Überschäumen
*פַּחֲזוּת Schwindel, Flunkerei
פחח hi schnappen, fangen (?)
פֶּחָם Kohle

פַּחַת Grube, Schlucht
פַּחַת מוֹאָב Pahat–Moab n. pr. m.
פְּחֶתֶת Aushöhlung, Einfressung (an Kleidern; „Kleideraussatz")
פִּטְדָה Edelstein, „Topas"
פָּטִיר 1Chr 9,33 K → Q פטורים → פטר
פַּטִּישׁ Schmiedehammer
פטר q entfernen, freilassen hi einen Spalt machen (mit der Lippe); die Lippen verziehen Ps 22,8
פֶּטֶר Erstgeburt
*פִּטְרָה Erstgeburt
פִּי → פֶּה
פִּי־בֶסֶת Pi–Beset n. l.
פִּי הַחִירֹת Pi–Hahirot n. l.
פִּיד Unglück, Untergang
פֵּיוֹת → פֶּה
*פִּיחַ Ruß
פִּיכֹל Pichol n. pr. m.
פִּילֶגֶשׁ → פִּלֶגֶשׁ
פִּים Pim (Gewichtseinheit)
פִּימָה Fett
פִּינְחָס Pinhas n. pr. m.
I *פִּינֹן → פוּנֹן
II פִּינֹן Pinon n. pr. m.
פִּיפִיּוֹת Schneiden (→ פֶּה)
*פִּיק das Wanken
פִּישׁוֹן Pischon n. fl.
פִּיתוֹן Piton n. pr. m.
פַּךְ Flasche, Krug
פכה pi tröpfeln, rieseln
פֹּכֶרֶת הַצְּבָיִים Pocheret–Zebajim n. pr. m.
פלא ni zu schwer sein, ungewöhnlich sein, wunderbar sein (57x) pi erfüllen (Gelübde) hitp sich als wundersam erweisen hi wunderbar machen
פֶּלֶא Wunder, Wunderbares
*פִּלְאִי wunderbar
פְּלָאִי → פְּלוּא
פְּלָאיָה Palaja n. pr. m.
פלג ni sich teilen, geteilt werden pi teilen, spalten
I *פֶּלֶג Kanal, Graben, Bach
II פֶּלֶג Peleg n. pr. m.
*פְּלַגָּה Abteilung, Bach
*פְּלֻגָּה Abteilung, Gruppe
פִּלֶגֶשׁ Nebenfrau (37x)
*פְּלָדָה Stahl (?)
פִּלְדָּשׁ Pildasch n. pr. m.
פלה ni ausgezeichnet, ausgewählt werden hi besonders behandeln
פַּלּוּא Pallu n. pr. m.
פַּלֻּאִי Palluiter n. g.
I פְּלֹנִי → פְּלֹנִי
II פְּלוֹנִי Peloniter n. g.
פלח q pflügen pi spalten, schneiden, gebären
פֶּלַח Scheibe, Mühlstein
פִּלְחָא Pilha n. pr. m.
פלט q entkommen pi retten (24x) hi in Sicherheit bringen
I *פֶּלֶט Rettung, Heil
II פֶּלֶט Pelet n. pr. m.
*פָּלֵט → פָּלִיט
פַּלְטִי Palti n. pr. m.
*פַּלְטִי Piltai n. pr. m.
פַּלְטִיאֵל Paltiël n. pr. m.
פְּלַטְיָה Pelatja n. pr. m.

	פְּלַטְיָהוּ	Pelatjahu n. pr. m.			wenden
	פְּלִי	→ פְּלָאִי			ho gewendet, gerichtet sein
	פְּלָיָה	Pelaja n. pr. m.			
	פָּלִיט	Entronnener, Flüchtling		*פָּנֶה	→ פָּנִים
	פָּלִיט*	Entronnener, Flüchtling		פִּנָּה	Ecke, Zinne
	פְּלֵיטָה	Entrinnen, Rettung, Entronnener	I	פְּנוּאֵל	Pnuël n. l.
			II	פְּנוּאֵל	Pnuël n. pr. m.
	פָּלִיל*	Richter (28x)		פְּנִיאֵל	Pniël, Pnuël n. pr. m.
	פְּלִילָה	Entscheidung, Urteil		פִּינְחָס	→ פִּינְחָס
	פְּלִילִי	gerichtswürdig		פְּנִיִּים	→ פְּנִינִים
	פְּלִילִיָּה	Urteilsspruch		פָּנִים	Angesicht, Vorderseite,
I	פֶּלֶךְ	Spindel			Oberfläche (ca. 2100x);
II	פֶּלֶךְ	Bezirk			לִפְנֵי vor; לְפָנִים früher
I	פלל	pi richten, entscheiden hitp Schiedsrichter sein		פְּנִימָה	hinein, inwendig
				פְּנִימִי	der, dir, das innere
II	פלל	hitp beten, bitten (80x)		פְּנִינִים	Korallen
	פָּלָל	Palal n. pr. m.		פְּנִנָּה	Peninna n. pr. m.
	פְּלַלְיָה	Palalja n. pr. m.		פנק	verzärteln
	פְּלֹנִי	→ פַּלְמוֹנִי		פַּס*	Kleidungsstück; כְּתֹנֶת
	פְּלֹנִי	der und der, ein gewisser			פַּסִּים langes Ärmelgewand
I	פלס	pi bahnen, bereiten			
II	פלס	pi beachten, achten auf		פַּס דַּמִּים	Pas–Dammim n. l.
	פֶּלֶס	Waage		פסג	pi durchschreiten (?)
	פלץ	hitp erbeben		פִּסְגָּה	Pisga n. montis
	פַּלָּצוּת	Schrecken, Erbeben		פִּסָּה*	Fülle (?)
	פלש	hitp sich wälzen		פסח	q hinken, vorübergehen
	פְּלֶשֶׁת	Peleschet, Philistäa n. t.			ni lahm werden
	פְּלִשְׁתִּים	Philister n. g.			pi hinken (kult. Hinketanz)
	פֶּלֶת	Pelet n. pr. m.			
	פְּלֵתִי	Peleter n. g.		פֶּסַח	Passa (49x)
	פֶּן (־)	dass nicht, damit nicht, sonst (133x)		פָּסֵחַ	Paseach n. pr. m.
				פִּסֵּחַ	lahm, hinkend
	פַּג	Nahrungsmittel, Gebäck?		פָּסִיל*	Gottesbild
				פָּסַךְ	Pasech n. pr. m.
	פנה	q sich wenden, sich umdrehen, weitergehen (116x) pi beseitigen, wegschaffen, räumen hi wenden, kehren, sich		פסל	q behauen, meißeln, schnitzen
				פֶּסֶל	Schnitzbild, Gottesbild (31x)
				פסס	q aufhören
				פִּסְפָּה	Pispa n. pr. m.

פָּעָה q stöhnen, schreien
פָּעוּ Pagu n. l.
פְּעוֹר Peor n. montis; n. l.
פָּעִי → פָּעוּ
פָּעַל q tun, machen (57x)
פֹּעַל Tat, Arbeit, Werk (37x)
פְּעֻלָּה* Tat, Werk, Erwerb, Lohn
פְּעֻלְּתַי Pëulletai n. pr. m.
פעם q jmd. antreiben
ni beunruhigt werden
hitp in Unruhe geraten
פַּעַם Schritt, Mal (mit Zahlen); 118x
פַּעֲמֹן Glöckchen (beim Priestergewand)
פַּעֲנֵחַ → צָפְנַת־פַּעְנֵחַ
פער q (den Mund) aufsperren
פַּעֲרַי Paarai n. pr. m.
פצה q den Mund aufsperren, aufreißen
I פצח q sich freuen, jubeln
II פצח pi zerbrechen
פְּצִירָה Bezahlung, Preis
פצל pi abschälen
פְּצָלוֹת abgeschälte Stellen, Streifen
פצם q spalten
פצע q verwunden, zerquetschen
פֶּצַע Wunde
פצץ po zerschmettern
hitpo zerschmettert werden
pilp zerschmettern
פִּצֵּץ Pizzez n. pr. m.
פָּצֵץ → בֵּית פָּצֵץ
פצר q jmd. nötigen
hi widerspenstig sein (?)
פֵּק → פִּיק*
פקד q beauftragen, besuchen, heimsuchen, mustern (232x)
ni vermisst werden, fehlen, heimgesucht werden (21x)
pi mustern („Jahwe lässt mustern"; Jes 13,4)
pu aufgeboten werden, festgestellt werden
hitpᵉʿēl gemustert werden (=t-Reflexiv q)
hotpaʿal gemustert werden (=t-Passiv q)
hi beordern, bestellen, betrauen (29x)
ho gesetzt, bestellt sein über, anvertraut werden
פְּקֻדָּה Musterung, Aufsicht, Heimsuchung (32x)
פִּקָּדוֹן Vorrat
פְּקֻדַּת Wache, Aufsicht
פְּקוֹד Pekod n. tribus
פְּקוּדִים* Kostenberechnung (?) Ex 38,21
פִּקּוּדִים Gebote, Anordnungen
פַּקּוּעָה Koloquinte (Flaschenkürbis)
פקח q öffnen
ni geöffnet werden
פֶּקַח Pekach n. pr. m.
פִּקֵּחַ sehend, wahrnehmend
פְּקַחְיָה Pekachja n. pr. m.
פְּקַח־קוֹחַ Öffnung, Freilassung
פָּקִיד Aufseher, Vorgesetzter
פְּקָעִים koloquintenförmige Verzierung
פַּר Stier, Jungstier (133x)
פרא hi Frucht bringen
פֶּרֶא Wildesel
פִּרְאָם Piram n. pr. m.

	פַּרְבָּר	Parbar, Bezirk des Jerusalemer Tempels
	פרד	q ptz ausgespannt ni sich trennen, sich teilen pi sich absondern, beiseite gehen pu ptz abgesondert hitp sich trennen, sich zerstreuen hi trennen, absondern
	פֶּרֶד	Maultier
	פִּרְדָּה	Maultier (weiblich)
	פְּרֻדוֹת	Saatkörner (?), Vorräte (?)
	פַּרְדֵּס	Park, Baumgarten
	פרה	q fruchtbar sein, Frucht tragen (22x) hi fruchtbar machen
I	פָּרָה	Kuh, Färse (26x)
II	פָּרָה	Para n. l.
	פָּרָה	→ פָּרָא
	פֻּרָה	Pura n. pr. m.
	פְּרוּדָא	Peruda n. pr. m.
	*פְּרוּזִים	→ פְּרָזִי
	פָּרוּחַ	Paruach n. pr. m.
	פַּרְוַיִם	Parwajim n. l.; n. t.
	פָּרוּר	Topf, Tonschale
	פַּרְוָרִים	→ פַּרְבָּר
	*פָּרוֹת	→ חֲפַרְפָּרָה
	*פֶּרֶז / פָּרָז	Anführer (?), Landvolk
	פְּרָזוֹן	Bauern(schaft)
	פְּרָזוֹת	das offene Land
	פְּרָזִי	Landbevölkerung
	פְּרִזִּי	Perizziter n. g.
I	פרח	q sprossen, blühen, aufbrechen (von Krankheiten)(29x) hi sprossen lassen, aufblühen
II	פרח	q fliegen
	פֶּרַח	Spross, Knospe, Blüte
	פִּרְחַח	Brut (?)
	פרט	q grölen, plärren (?)
	*פֶּרֶט	abgefallene Beeren
	פְּרִי	Frucht, Nachkommenschaft (119x)
	פְּרִידָא	→ פְּרוּדָא
	פָּרִיץ	gewalttätig, Räuber
	פֶּרֶךְ	Zwang, Gewalt
	פָּרֹכֶת	Vorhang (im Heiligtum)
	פרם	q zerreißen
	פַּרְמַשְׁתָּא	Parmaschta n. pr. m.
	פַּרְנָךְ	Parnach n. pr. m.
	פרס	q brechen hi gespaltene Hufe haben
	פֶּרֶס	Geier (?)
	פָּרַס	Persien n. t.; n. populi
	פַּרְסָה	(gespaltene) Klaue, Huf
	פַּרְסִי	Perser n. g.
I	פרע	q frei lassen, etw. unbeachtet lassen, verwildern lassen ni zuchtlos werden hi frei machen, der Zügellosigkeit freien Lauf lassen
II	פרע	q führen (Ri 5,2)
I	פֶּרַע	Haupthaar
II	*פֶּרַע	Führer (Dtn 32,42)
	פַּרְעֹה	Pharao (ca. 270x)
I	פַּרְעֹשׁ	Floh
II	פַּרְעֹשׁ	Parosch n. pr. m.
	פִּרְעָתוֹן	Piraton n. l.
	פִּרְעָתוֹנִי	Piratoniter n. g.
	פַּרְפַּר	Parpar n. f.
	פרץ	q reißen, einreißen, einbrechen (42x) ni ptz verbreitet

		pu ptz eingerissen, zerstört		פַּרְשְׁדֹן*	?; Dittographie zu Ri 3,23
		hitp ausbrechen		פָּרָשָׁה*	genaue Angabe
I	פֶּרֶץ	Riss, Bresche		פרשׁז	→ פרשׁ *q*
II	פֶּרֶץ	Perez *n. pr. m.; n. tribus*		פַּרְשַׁנְדָּתָא	Parschandata *n. pr. m.*
	פַּרְצִי	Pereziter *n. g.*		פְּרָת	Euphrat *n. f.*
	פְּרָצִים	Perazim *n. l.*		פֹּרָת	→ פרה *q ptz*
	פֶּרֶץ עֻזָּה	Perez–Usa *n. l.*		פַּרְתְּמִים	Vornehme, Edle
	פרק	*q* abreißen, herausreißen		פשׂה	*q* sich ausbreiten
		pi abreißen, zerreißen		פשׂע	*q* schreiten
		hitp sich abreißen		פֶּשַׂע	Schritt
	פֶּרֶק	Fluchtweg, Beute		פשׂק	*q* aufsperren, aufreißen
	פָּרָק*	Eingebrocktes			*pi* spreizen
I	פרר	*hi* brechen, übertreten, zunichte machen, aufbrechen (44x) *ho* gebrochen werden, vereitelt werden		פַּשׁ	Torheit (?), Frevel (?), l פשׁע
				פשׁח	*pi* zerreißen
				פַּשְׁחוּר	Paschur *n. pr. m.*
				פשׁט	*q* ausziehen, sich häuten, überfallen (24x)
II	פרר	*q* → *hitpo*			*pi* plündern
		po aufstören			*hitp* sich *etw*. ausziehen
		hitpo ins Schwanken geraten			*hi* ausziehen, entkleiden
		pilp schütteln		פשׁע	*q* brechen (mit), sich vergehen (40x)
	פרשׂ	*q* ausbreiten, ausspannen (57x) *ni* zerstreut werden *pi* ausbreiten, ausstrecken, zerstreuen			*ni ptz* getäuscht, betrogen
				פֶּשַׁע	Verbrechen, Verfehlung, Frevel (93x)
	פרשׁ	*q* Bescheid geben *ni ptz* abgesonderte (?), l נִפְרָשׂוֹת zerstreute Ez 34,12 *pu* entschieden werden *hi* (Gift) spritzen (?) Spr 23,32		פֵּשֶׁר*	Deutung, Auslegung
				פֵּשֶׁת*	Flachs, Leinen
				פִּשְׁתָּה	Flachs, Docht
				פַּת*	Brocken, Bissen
				פֹּת*	Stirn, Stirnseite (?)
				פְּתָאִים	→ פֶּתִי I
				פִּתְאֹם	plötzlich, sofort, überraschend
I	פֶּרֶשׁ	Kot		פַּתְבַּג*	Speise, Verpflegung
II	פֶּרֶשׁ	Peresch *n. pr. m.*		פִּתְגָם	Spruch, Bescheid, Urteil
	פָּרָשׁ	Pferdegespann (am Streitwagen), Reiter (57x)	I	פתה	*q* verführbar sein, sich verführen lassen

		ni sich verführen lassen	פַּתְרוֹס Patros *n. t.* (Oberägypten)
		pi verlocken, verführen	פַּתְרֻסִים Patrositer *n. g.*
		pu verführt, überredet werden	פִּתְשֶׁגֶן Abschrift, Kopie
II	פתה	*q* schwatzen	פתת *q* zerbröckeln
		hi weiten Raum schaffen	
	פְּתוּאֵל	Petuël *n. pr. m.*	
	פִּתּוּחַ	Eingravierung, Gravur	**צ**
	פְּתוֹר	Petor *n. l.*	
	*פְּתוֹת	Stück, Brocken	צֵא Kot, Dreck Jes 30,22 (?)
I	פתח	*q* öffnen (97x)	*צֵאָה Kot, Exkremente
		ni geöffnet werden	צֹאָה Kot, Exkremente
		pi lösen, losbinden, befreien	*צֹאִי beschmutzt (v. Kleidern)
			צֶאֱלִים Lotus-Büsche
II	פתח	*pi* (ein)gravieren	צֹאן Kleinvieh, Schafe,
		pu ptz eingraviert	Ziegen (ca. 270x)
	פֶּתַח	Eingang, Tür, Tor (164x)	צַאֲנָן Zaanan *n. l.*
	*פֵּתַח	Eröffnung, Mitteilung	צֶאֱצָאִים Sprösslinge, Schösslinge
	*פִּתְחוֹן	Auftun (d. Mundes)	צֵאת → יצא *q*
	פְּתִחוֹת	gezückte Schwerter, Dolche	I	צַב Wagen (mit Verdeck)
			II	צָב Eidechse
	פְּתַחְיָה	Petachja *n. pr. m.*	צבא *q* in d. Krieg ziehen,
I	פֶּתִי	junger, einfältiger Mensch	Dienst tun (am Heiligtum)
II	פֶּתִי	Einfalt	*hi* zum Heeresdienst aufbieten
	פְּתִיגִיל	Prunkgewand	
	פְּתַיּוּת	Verlockung(?), Leichtsinn	צָבָא Heer, Heerbann, Heeresaufgebot,
	פָּתִיל	Schnur, Faden	Frondienst, *Pl.*
	פתל	*ni* ringen, kämpfen, verschlagen sein	Heerscharen (ca. 480x); יהוה צבאות Jahwe d.
		hitp sich verdreht, verkehrt zeigen	Heerscharen
			צִבָא → צְבָא
	פְּתַלְתֹּל	verdreht, verkehrt	צְבָאוֹת Hhld 2,7; 3,5; → II צְבִי
	פִּתֹם	Pitom *n. l.*	und צְבִיָּא
	פֶּתֶן	Otter, Viper, Kobra	צְבֹאִים/ Zebojim *n. l.*
	פֶּתַע	Augenblick, augenblicklich	צְבוֹיִם
			צֹבֵבָה Zobeba *n. pr. m.*
	פתר	*q* deuten (Träume)	צבה *q* anschwellen
	*פִּתְרוֹן	Deutung (von Träumen)	*hi* anschwellen lassen

	צָבָה	Sach 9,8 Q → צָבָא			erklären
	צָבֶה*	anschwellend		צֶדֶק	Gerechtigkeit, das Rechte, Gemeinschaftstreue (119x)
	צֹבָה	2Sam 23,36 → צוֹבָא			
	צָבוּעַ	bunt (?)			
	צבט	q jmd. darreichen			
I	צְבִי	Pracht, Zierde, Herrlichkeit		צְדָקָה	Gerechtigkeit, Gerechtigkeitserweis, das Rechte, Gemeinschaftstreue (157x)
II	צְבִי	Gazelle			
	צְבִיָּא	Zibja n. pr. m.			
	צִבְיָה	Zibja n. pr. f.			
	צְבִיָּה	Gazelle (Weibchen)		צִדְקִיָּה	Zidkija n. pr. m.
	צְבִים	→ צְבֹאִים		צִדְקִיָּהוּ	Zedekia n. pr. m.
	צֶבַע	buntes Tuch		צהב	ho ptz rotglänzend (?)
	צִבְעוֹן	Zibon n. pr. m.		צָהֹב	rotglänzend
	צְבֹאִים	Zeboim n. l.	I	צהל	q wiehern, jauchzen
	צבר	q aufschütten, aufhängen	II	צהל	hi glänzen lassen
	צֶבֶר*	Haufen		צהר	(Öl) pressen
	צֶבֶת*	Ährenbündel		צָהֳרַיִם	Mittag, Mittagszeit
	צַד	Seite, Flanke (33x)	I	צַו	Zaw (lautmalend für d. Lallen d. Betrunkenen, „bla-bla")
	צְדָד	Zedad n. l.			
I	צדה	q nachstellen, auflauern	II	צַו*	Nichtiges, Hos 5,11 (Variante für שָׁוְא ?)
II	צדה	ni verheert werden			
	צֵדָה	→ צֵידָה		צַוָּאר	Hals, Nacken (41x)
	צָדוֹק	Zadok n. pr. m.		צוֹבָא	Zoba n. l.; n. t.
	צְדִיָּה	Nachstellung, böse Absicht		צוד	q jagen, nachstellen pol einfangen
	צִדִּים	Ziddim n. l.		צוה	pi befehlen, anordnen (485x) pu befohlen werden, beauftragt werden
	צַדִּיק	gerecht, schuldlos, recht (ca. 200x)			
	צִדֹנִי	→ צִידֹנִי			
	צִדֹנִית	→ צִידֹנִי			
	צדק	q gerecht sein, Recht haben, Recht bekommen ni gerechtfertigt werden pi als gerecht erscheinen lassen, sich gerecht zeigen hitp sich rechtfertigen hi Recht schaffen, Recht geben, für schuldlos		צוח	q schreien
				צְוָחָה	Geschrei, Wehklage
				צוּלָה	Abgrund
				צום	q fasten
				צוֹם	das Fasten
				צוֹעֵר	→ צֹעַר
				צוּעָר	Zuar n. pr. m.
				צוּף	q fließen, strömen hi fluten, strömen lassen,

		zum Schwimmen bringen		צְחִיחָה	das dürre Land
I		*צוּף	Honigseim		*צַחֲנָה	Gestank, Moder
II		צוּף	Zuf n. pr. m.		צְחִחוֹת	dürre (Wüsten-) Gegenden (?) od. leckere Speisen (?) Jes 58,11
		צוֹפַח	Zofach n. pr. m.			
		צוֹפִי	→ II צוּף		צחק	q lachen
		צוֹפִים	Zofim n. l. 1Sam 1,1; n. g.			pi scherzen
					צְחֹק	das Lachen, Spott
		צוֹפַר	→ צֹפַר		*צַחַר	Zahar n. l.
I		צוץ	q aufblühen		*צָחֹר	weiß (?), rot-gelb (?)
			hi blühen, glänzen, strahlen		צֹחַר	Zohar n. pr. m.
				I	צִי	Schiff, Boot
II		צוץ	hi schauen, blicken	II	*צִי	Wüstentier (?), Wüstendämon (?)
I		צוק	hi bedrängen			
			ho bedrängt werden		צִיבָא	Ziba n. pr. m.
II		צוק	q (er) gießen		ציד	hitp sich verproviantieren
		*צוֹק	Bedrängnis, Drangsal			
		צוּקָה	Bedrängnis, Drangsal	I	צַיִד	Jagd, Jagdbeute
I		צור	q verschnüren, belagern (32x)	II	*צַיִד	Reiseproviant, Speise
					*צַיָּד	Jäger
II		צור	q anfeinden, bedrängen		צֵידָה	Reisekost
III		צור	q formen		צִידוֹן	Sidon n. l.
I		צוּר	Fels, Felsblock, Berg (73x)		צִידֹנִי	Sidonier n. g.
					צִיָּה	trocken, Trockenheit
II		*צוּר	→ I צֹר		צִיּוֹן	trockenes, dürres Land
III		*צוּר	→ IV צִיר		צִיּוֹן	Zion n. l.
IV		צוּר	Zur n. pr. m.		צִיּוּן	Steinmal, Denkmal
		צוּר	Tyrus n. l.		צִיחָא	Ziha n. pr. m.
		צַוָּר	→ צַוָּאר		צִיִּים	→ I *צִי; II *צִי
		*צוּרָה	Gestalt		צִין	→ צִן
		*צַוְּרֹנִים	Halskette(n)		צִנֹּק	Halseisen
		צוּרִיאֵל	Zuriël n. pr. m.		צִיעֹר	Zior n. l.
		צוּרִישַׁדַּי	Zurischaddai n. pr. m.		צִיף	→ II צוּף
		צות	hi anzünden	I	צִיץ	Blume, Blüte
		צַח	flimmernd, glänzend	II	צִיץ	Ziz n. l.
		צְחָא	→ צִיחָא		*צִיצָה	Blume
		*צְחֶה	vertrocknet		צִיצִת	(Haar-) Schopf, Quaste
		צחח	q glänzen, weiß sein		צִיקְלַג	→ צִקְלַג
		*צְחִחִי	→ צָחִיחַ		ציר	Textfehler für צִיד in Jos 9,4
		*צָחִיחַ	Glänzendes, Kahles			

I	צִיר	Bote, Gesandter			Zimbeln
II	צִיר*	Wehen, Krämpfe		צֶלֶק	Zelek n. pr. m.
III	צִיר*	Türzapfenloch		צִלְּתַי	Zilletai n. pr. m.
IV	צִיר*	Gestalt, Pl. Götzenbilder		צמא	q durstig sein
	צֵל	Schatten, Schutz (53x)		צָמָא	Durst
	צלה	q braten		צָמֵא	durstig
	צִלָּה	Zilla n. pr. f.		צִמְאָה	Durst
	צָלוּל*	Laib, Fladen		צִמָּאוֹן	wasserlose Gegend
	צלח	q durchdringen, gelingen, glücken hi gelingen lassen, Erfolg haben (40x)		צמד	ni sich einspannen lassen pu ptz angebunden hi vorspannen
	צְלֹחִית	Schüssel, Napf		צֶמֶד*	Gespann, Joch (Ackermaß)
	צַלַּחַת	Schüssel, Napf		צַמָּה	Gesichtsschleier
	צָלִי	Gebratenes		צִמּוּק*	Rosinen
	צָלִיל	→ *צָלוּל		צמח	q sprossen, wachsen pi sprossen, wachsen hi sprossen lassen
I	צלל	q gellen, klingen			
II	צלל	q versinken, untergehen			
III	צלל	q schattig, dunkel werden hi beschatten		צֶמַח	Spross
			I	צָמִיד	Armring
			II	צָמִיד	Verschluss, Deckel
	צֶלֶם	Bild, Abbild, Statue		צַמִּים	Fanggerät, Schlinge (?)
I	צַלְמוֹן	Zalmon n. montis		צְמִיתָת	Schweigepflicht; mit לְ endgültig, unwiderruflich
II	צַלְמוֹן	Zalmon n. pr. m.			
	צַלְמָוֶת	Finsternis			
	צַלְמֹנָה	Zalmona n. l.		צמק	q vertrocknen, welken
	צַלְמֻנָּע	Zalmunna n. pr. m.		צֶמֶר	Wolle
	צלע	q hinken, lahmen		צְמָרִי	Zemeriter n. g.
I	צֶלַע*	d. Straucheln, Hinfallen		צְמָרַיִם	Zemarajim n. l.
II	צֶלַע	→ I צֶלַע		צַמֶּרֶת*	Wipfel (d. Baumes)
I	צֵלָע	Rippe, Seite, Seitenraum (40x)		צמת	q vernichten ni vernichtet werden pi vernichten, verzehren hi vernichten, verderben
II	צֵלָע	Zela n. l.			
	צָלָף	Zalaf n. pr. m.			
	צְלָפְחָד	Zelofhad n. pr. m.		צְמִתָת	→ צְמִיתָת
	צֶלְצַח	Zelzach n. l.		צֵן*	Dorn, Stachel (?)
	צְלָצַל	Grille (?)		צִן	Zin n. l.
	צִלְצָל*	Harpune		צֹנֶה	Kleinvieh; → צֹאן
	צֶלְצְלִים	Becken (Musikinstrument),	I	צִנָּה	Kälte
			II	צִנָּה	(Setz-)Schild

	*צָנוּעַ	bescheiden	
	*צָנוּף → צָנִיף		
	צִנּוֹר	Schacht, Röhre (?)	
	צנח	q herabsteigen, eindringen	
	צְנִינִים	Stacheln, Dornen	
	צָנִיף	Kopfbund, Turban	
	*צָנֻם	hart, unfruchtbar	
	צְאָנָן → צַאֲנָן		
	צְנִנִים → צְנִינִם		
	צנע	hi besonnen, bescheiden sein	
	צנף	q umbinden, zusammenwickeln	
	צְנֵפָה	Knäuel	
	צִנְצֶנֶת	Behälter, Krug	
	*צִנְתָּרוֹת	Röhren (?)	
	צעד	q (einher) schreiten, beschreiten hi schreiten lassen	
	*צַעַד	Schritt, Wandel	
	צְעָדָה	Schreiten, Pl. Schrittkettchen	
	צעה	q ptz gefesselt, sich hinlegen, Küfer sein Jer 48,12 pi neigen, ausschütten	
	*צָעוֹר	klein	
	צָעִיף	Schleier	
I	צָעִיר	klein, jung, gering	
II	*צָעִיר	Zaïr n. l.	
	צְעִירָה	Kleinheit, (geringes) Alter	
	צען	q abbrechen	
	צֹעַן	Zoan n. l.	
	צַעֲנַנִּים	Zaanannim n. l.	
	צַעֲצֻעִים	Gegossenes (?)	
	צעק	q schreien, um Hilfe rufen (47x) ni zusammengerufen, aufgeboten werden pi (mehrfach) schreien hi zusammenrufen, einberufen	
	צְעָקָה	Schreien, Klagegeschrei, Zetergeschrei	
	צער	q klein, gering sein	
	צֹעַר	Zoar n. l.	
	צפד	q schrumpfen, sich zusammenziehen	
I	צפה	q spähen, betrachten, auflauern pi spähen, Ausschau halten	
II	צפה	q ordnen, ausbreiten (?) pi überziehen pu ptz überzogen	
	*צָפָה	Ausfluss (?)	
	צְפוֹ	Zefo n. pr. m.; n. tribus	
	צִפּוּי	(Metall-) Überzug	
I	צָפוֹן	Norden (ca. 150x)	
II	צָפוֹן	Zaphon n. l.	
I	צְפִיוֹן → צָפוֹן		
II	צָפוֹן → בַּעַל צְפוֹן		
I	צְפוֹנִי	der Nördliche Jo 2,20	
II	צְפוֹנִי	Zephoniter n. g.	
I	צִפּוֹר	Vogel, koll. Vögel (40x)	
II	צִפּוֹר	Zippor n. pr. m.	
	צַפַּחַת	Krug	
	צְפִי → צְפוֹ		
	*צְפִיָּה	Warte	
	צִפְיוֹן	Zifjon n. pr. m.	
	צַפִּיחִת	Honigkuchen	
	צָפִין	Ps 17,14 K → צפן q	
	*צָפִיעַ	Mist	
	*צְפִיעָה	Blatt (?)	
	צָפִיר	Ziegenbock	
	צְפִירָה	Kranz, Ez 7,7.10 Ende (?)	
	צָפִית	Decke, Polster	

	צָפַן	q verbergen, sich verbergen, aufbewahren
		ni verborgen sein
		hi verborgen, versteckt halten
	צָפֻן	→ צָפוֹן
	צְפַנְיָה	Zephanja n. pr. m.
	צְפַנְיָהוּ	Zephanjahu n. pr. m.
	צָפְנַת פַּעְנֵחַ	Zafenat–Paneach n. pr. m.
	צֶפַע	Giftschlange (Viper?)
	צפצף	pilp zwitschern
	צַפְצָפָה	Weide
	צפר	q sich entfernen (?) Ri 7,3
	צֹפַר	Zofar n. pr. m.
	צִפֹּר	→ I צִפּוֹר
	צְפַרְדֵּעַ	Frosch, coll. Frösche
	צִפְרָה	→ צְפִירָה
	צִפֹּרָה	Zippora n. pr. f.
	צִפֹּרֶן*	(Finger-, Zehen-) Nagel, Griffelspitze
	צֶפֶת	Kapitell
	צְפַת	Zefat n. l.
	צְפָתָה	Zefata n. l.
	צִצִּים	→ I צִיץ
	צָקוּן	q צוק II →
	צִקְלַג	Ziklag n. l.
	צִקְלֹן*	2Kön 4,42 בצקלם ? Ähren
I	צַר	eng, Not
II	צַר	Feind (70x)
III	צַר	Kieselstein
	צֵר	Zer n. l.
I	צֹר	Kiesel, Feuerstein
II	צֹר	צוּר → Tyrus n. l.
	צָר	→ I צוּר
	צרב	ni versengt werden
	צָרָב*	brennend, versengend
	צָרֶבֶת	Verbrennung, Narbe
	צְרֵדָה	Zereda n. l.
I	צָרָה	Not, Bedrängnis (70x)
II	צָרָה*	Rivalin 1Sam 1,6
	צְרוּיָה	Zeruja n. pr. f.
	צְרוּעָה	Zerua n. pr. f.
I	צְרוֹר	Beutel, Säckchen
II	צְרוֹר	Kiesel, Steinchen
III	צְרוֹר	Zeror n. pr. m.
	צרח	q schreien
		hi Kriegsgeschrei erheben
	צֹרִי	Tyrer n. g.
I	צֳרִי/צְרִי	Harz (d. Mastixstrauches)
II	צְרִי	Zeri n. pr. m.
	צְרוּיָה	→ צְרוּיָה
	צְרִיחַ	Höhle, Gewölbe, Pl. Grabkammern
	צֹרֶךְ*	Bedarf
	צרע	q ptz hautkrank, aussätzig
		pu aussätzig
	צִרְעָה	Hornisse(n), Wespe(n) (?)
	צָרְעָה	Zora n. l.
	צָרְעִי	Zoratiter n. g.
	צָרַעַת	Ausschlag (d. Haut)
	צָרְעָתִי	Zoratiter n. g.
	צרף	q schmelzen, läutern, sichten; ptz Feinschmied
		ni geläutert werden
		pi ptz Läuterer, Schmelzer
	צָרְפִי	Angehöriger der Zunft der Feinschmiede
	צָרְפַת	Zarfat n. l.
I	צרר	q I einwickeln, einsperren
		q II eng sein, beengt sein (35x)

		pu ptz zusammengeflickt	
		hi bedrängen	
II	צָרַר	*q* befeinden; *ptz* Feind	
	*צָרֹר	→ I צְרוֹר	
	*צְרֵרָה	Zerera *n. l.*	
	צֶרֶת	Zeret *n. pr. m.; n. tribus*	
	צֶרֶת הַשַּׁחַר	Zeret–Schahar *n. l.*	
	צָרְתָן	Zaretan *n. l.*	

ק

*קֵא	Erbrochenes	קִבְצָה*	das Einsammeln (von Metall)
קָאַת	unreiner Vogel, Eulenart	קַבְצַיִם	Kibzajim *n. l.*
קַב	Kab, Tockenmaß (ca. 2 l)	קָבַר	*q* begraben (87x)
קבב	*q* verfluchen, verwünschen		*q pass* → *pu* *ni* begraben werden (39x)
קֵבָה	Labmagen, Fettmagen, Bauch		*pi* begraben *pu* begraben werden
קֻבָּה	(überwölbter) Hausinnenraum, Frauengemach (?)	קֶבֶר	Grab (67x)
*קִבּוּץ	Ansammlung (von Götzen) (?)	קִבְרוֹת הַתַּאֲוָה	Kibrot-Taawa *n. l.*
קְבוּרָה	Begräbnis, Grab	קדד	*q* sich neigen, niederknieen
קבל	*pi* nehmen, empfangen *hi* (feindlich) entgegentreten	קִדָּה	Zimtblüte
		קַדְמוֹנִים	Urzeit
קֹבֶל	Belagerungsmaschine, Mauerbrecher (?)	קָדוֹשׁ	heilig, furchterregend (116x)
קבע	*q* berauben (?)	קדח	*q* entzünden, sich entzünden
*קֻבַּעַת	Becher, Kelch	קַדַּחַת	Entzündung, Fieber
קבץ	*q* sammeln (38x) *ni* sich versammeln, gesammelt werden (31x) *pi* sammeln (49x) *pu ptz* gesammelt *hitp* sich (ver)sammeln	קָדִים	Osten (69x)
		קדם	*pi* vorangehen, entgegentreten, begegnen *hi* begegnen lassen, überholen
		קֶדֶם	vorn, Osten, früher, Vorzeit (61x)
		*קֵדְמָה	nach Osten, ostwärts
		*קַדְמָה	Ursprung, früherer Zustand
		*קִדְמָה	gegenüber von, östlich von
קַבְצְאֵל	Kabzeël *n. l.*	I	קָדְמָה	→ *קֶדֶם
		II	קֵדְמָה	Kedma *n. pr. m.; n. tribus*
		*קַדְמוֹן	östlich
		I	קַדְמוֹנִי/ קַדְמֹנִי	östlich, früher

II	קַדְמוֹנִי	Kadmoniter *n. g.*
	קְדֵמוֹת	Kedemot *n. l.*
	קַדְמִיאֵל	Kadmiël *n. pr. m.*
	קָדְקֹד	Scheitel
	קדר	*q* sich verfinstern, trüb sein/ werden, trauern
		hitp sich verfinstern
		hi verfinstern, in Trauer versetzen
	קֵדָר	Kedar *n. pr. m.; n. tribus*
	קִדְרוֹן	Kidron *n. fl.*
	קַדְרוּת	Verfinsterung, Dunkel
	קְדֹרַנִּית	traurig
	קדש	*q* heilig sein
		ni sich als heilig erweisen, heilig gehalten werden
		pi heiligen, weihen (75x)
		pu ptz geheiligt, geweiht
		hitp sich heiligen
		hi heiligen, weihen (45x)
	קָדֵשׁ	Kadesch *n. l.*
	קֹדֶשׁ	Heiligkeit, Heiligtum, Heiliges (ca. 470x)
I	קָדֵשׁ	Geweihte(r), Kultprostituierte(r)
II	קָדֵשׁ	Qadesch *n. l.*
	קָדֵשׁ בַּרְנֵעַ	Qadesch Barnea *n. l.*
	קהה	*q* stumpf werden
		pi stumpf machen
	קהל	*ni* sich versammeln
		hi versammeln
	קָהָל	Aufgebot, (Volks-)Versammlung, Gemeinde (123x)
	קְהִלָּה	Versammlung, Gemeinde
	קֹהֶלֶת	Versammlungsleiter, Kohelet *n. pr. m.*
	קְהֵלָתָה	Kehelata *n. l.*
	קְהָת	Kehat *n. pr. m.; n. tribus*
	קְהָתִי	Kehatiter *n. q.*
I	קַו/קָו	Messschnur, Schnur
II	קַו/קָו	d. Lallen (von Betrunkenen) (onomatopoetisch)
	קוֹבַע	Helm
I	קוה	*q* warten, hoffen
		pi harren, warten, hoffen (41x)
II	קוה	*ni* sich sammeln
	קָוֶה*	Messschnur
	קוֹחַ	→ פְּקַח־קוֹחַ
	קוט	*q* Widerwillen empfinden
		ni Ekel empfinden
		hitpalel sich ekeln
	קוֹל	Geräusch, Lärm, Stimme
	קוֹלָיָה	Kolaja *n. pr. m.*
	קום	*q* aufstehen, zustande kommen, Bestand haben (ca. 460x)
		pi bestätigen
		pol aufrichten
		hitpol sich erheben, auflehnen
		hi aufstellen, hinstellen, ausführen (146x)
		ho errichtet werden
	קוֹמָה	Höhe, Wuchs
	קוֹמְמִיּוּת	*adv.* aufrecht
	קוֹעַ	Koa *n. tribus*
	קוֹף*	Affe
	קוץ	*q* sich ekeln, sich fürchten
		hi jmd. Furcht einjagen
I	קוֹץ	Dornen
II	קוֹץ	Koz *n. pr. m.*
	קְוֻצּוֹת*	Locken

	קוּר	q graben		קִיא	Gespei, Erbrochenes
		hi sprudeln lassen		קִיטוֹר	Rauch, Qualm
	קוּר*	dünne Fäden, Spinnwebe		קִים*	Widersacher (?)
	קוֹרֵא	→ קרא II		קִימָה*	d. Aufstehen, Stehen
	קוֹרָה	Balken		קִין	pol d. Leichenlied singen
	קוֹשׁ	q eine Falle stellen	I	קַיִן*	Lanze, Speer
	קוּשָׁיָהוּ	Kuschajahu n. pr. m.	II	קַיִן	Kain n. pr. m.; n. tribus
	קַח	→ לקח q	III	קַיִן	Kain n. l.
	קָחָם	→ לקח q	I	קִינָה	Leichenklagelied
	קָט	klein (?) Ez 16,47	II	קִינָה	Kina n. l.
	קֶטֶב	Stachel, Seuche, Verderben		קֵינִי	Keniter n. tribus; n. populi
	קְטוֹרָה	Räucherung		קִינִים	→ קֵינִי
	קְטוּרָה	Ketura n. pr. f.		קֵינָן	Kenan n. pr. m.
	קטל	q töten	I	קיץ	q den Sommer zubringen
	קֶטֶל*	Tötung, Mord	II	קיץ	hi auf-, erwachen
	קטן	q klein, gering sein hi klein machen		קַיִץ	Sommer, Sommerobst
				קִיצוֹן*	Letzter, Äußerster
I	קָטָן	klein, jung (47x)		קִיקָיוֹן	Rizinus(staude)
II	קָטָן	Katan n. pr. m.		קִיקָלוֹן	Schmutz, Dreck
	קָטֹן	klein, jung (54x)	I	קִיר	Wand, Mauer (73x)
	קְטֶן*	Kleiner	II	קִיר	Stadt..., in Ortsnamen
	קטף	q abpflücken, abreißen ni abgeschnitten werden	III	קִיר	Kir n. t.
				קִיר־חֶרֶשׂ	Kir–Heres n. l.
	קטר	pi räuchern, in Rauch aufsteigen lassen (42x) pu ptz umduftet hi räuchern, in Rauch aufsteigen lassen (70x) ho geopfert, geräuchert werden		קִיר־חֲרֶשֶׂת	Kir–Hareset n. l.
				קִיר־מוֹאָב	Kir–Moab n. l.
				קֵירֹס	Keros n. pr. m.
				קִישׁ	Kisch n. pr. m.
				קִישׁוֹן	Kischon n. fl.
				קִישִׁי	Kischi n. pr. m.
				קַל	schnell, leicht
	קִטֵּר	Opferrauch	I	קַל*	Leichtfertigkeit
	קִטְרוֹן	Kitron n. l.	II	קַל	→ קוֹל
	קְטָרוֹת	Rauch (?)		קלה	2Sam 20,14 K→ קהל ni
	קְטֹרֶת	Opferrauch, Räucherwerk (60x)	I	קלה	q rösten ni ptz Geröstetes, Entzündung
	קַטָּת	Kattat n. l.			
	קִיא	q (aus) speien, sich übergeben hi ausspeien, erbrechen			

קלה

II	קלה	*ni* entehrt, verachtet werden
		hi geringschätzen, verachten
	קָלוֹן	Schmach, Schande, Scham
	קַלַּחַת	Topf, Kessel
	קלט	*q ptz* verkümmert, untauglich
	קָלִי	Röstkorn
	קַלָּי	Kallai *n. pr. m.*
	קְלָיָה	Kelaja *n. pr. m.*
	קְלִיטָא	Kelita *n. pr. m.*
	קלל	*q* gering sein, schnell sein
		ni gering sein, sich gering wissen, sich erniedrigen
		pi verfluchen, verwünschen (40x)
		pu verflucht sein/werden
		hi erleichtern, leicht machen, geringschätzen
		pilp → I+II קלקל
		hitpalp → I קלקל
	קָלָל	blank, glatt
	קְלָלָה	Fluch, Verfluchung
	קלס	*pi* verschmähen
		hitp jmd. verspotten
	קֶלֶס	Hohn, Spott
	קַלָּסָה	Spott, Gespött
I	קלע	*q* schleudern
		pi schleudern
II	קלע	*q* schnitzen
I	קֶלַע	Schleuder
II	קֶלַע	Vorhang; Schnitzwerk 1Kön 6,34 (?)
	קַלָּע*	Schleuderer
I	קלקל	*pilp* schütteln

		hitpalp erschüttert werden
II	קלקל	*pilp* schärfen, schleifen
	קַלְקַל	gering, ärmlich (?)
	קִלָּשׁוֹן	Axt (?)
	קָמָה	stehendes Getreide
	קְמוּאֵל	Kamuël
	קָמוֹן	Kamon *n. l.*
	קִמּוֹשׂ	Unkraut
	קֶמַח	Mehl
	קמט	*q* packen
		pu gepackt werden
	קמל	*q* hinwelken
	קמץ	*q* eine Handvoll nehmen
	קֹמֶץ*	Handvoll
	קֵן	Nest
	קנא	*pi* eifersüchtig sein, beneiden, eifern (30x)
		hi reizen
	קַנָּא	eifernd, eifersüchtig
	קִנְאָה	Eifer, Eifersucht (43x)
I	קנה	*q* kaufen, erwerben
		ni gekauft werden
		hi kaufen
II	קנה	*q* (er)schaffen
	קָנֶה	Schilfrohr, Rohr, Halm, Rohrlänge (6 Ellen), Waagebalken (62x)
	קָנָה	Kana *n. l.; n. fl.*
	קַנּוֹא	eifernd, eifersüchtig
	קְנַז	Kenas *n. tribus*
	קְנִזִּי	Kenissiter *n. g.*
I	קִנְיָן	Besitz, Eigentum
II	קִנְיָן*	d. Geschaffene Ps 104,24
	קִנָּמוֹן	Zimt
	קנן	*pi* nisten
		pu ptz eingenistet
	קֵנֶץ*	Grenze (?)
	קְנָת	Kenat *n. l.*

קסם q wahrsagen, orakeln
קֶסֶם Wahrsagung, Orakel
קסם po abpflücken (?)
קֶסֶת* Schreibzeug
קְעִילָה Keïla n. l.
קַעֲקַע Tätowierung
קְעָרָה Schüssel
קפא q gerinnen, starr werden
 hi gerinnen lassen
קִפָּאוֹן Erstarrung Sach 14,6 Q
קפד pi zusammenrollen
קִפֹּד Igel, Eule
קְפָדָה Beklemmung, Angst
קִפּוֹד → קפד
קִפּוֹז Schlange(nart)
קֹפִים → קוֹף*

I קפץ q zusammenziehen, (ver)schließen
II קפץ pi hüpfen, springen
III קפץ ni weggerafft werden (?)
קֵץ Ende (67x)
קצב q abschneiden
קֶצֶב Zuschnitt, Gestalt
קצה q das Ende bringen
 pi abbrechen, abhauen
 hi abkratzen (?), → I קצע
קָצֶה Ende, Rand, Äußerstes
קָצָה Ende, Äußerstes
קֵצֶה Ende
קָצוּ* Ende
קָצוּר* verkürzt
קְצוֹת → קָצֶה + קצה q
קְצָוֹת → קָצָה*
קֶצַח Schwarzkümmel
קָצִין Vorsteher, Führer
I קְצִיעָה* Zimtblüte
II קְצִיעָה Kezia n. pr. f.
קְצִיץ → עֵמֶק קְצִיץ
I קָצִיר Ernte (49x)
II קָצִיר Zweig, Trieb

I קצע hi abkratzen
II קצע pu ptz gewinkelt
 ho ptz gewinkelt Ez 46,22 (?)
קצף q zürnen, unwillig werden
 hitp in Zorn geraten, sich ärgern
 hi jmd. zum Zorn reizen
I קֶצֶף Zorn, Unmut
II קֶצֶף Reisig, abgeknickter Zweig (?), Hos 10,7
קְצָפָה Verstümmelung (?), Jo 1,7
קצץ q abhauen, abschneiden
 pi abschneiden, zerschneiden, zerbrechen
 pu ptz abgehauen (Daumen + Zehen), Ri 1,7
I קצר q ernten (34x)
 hi ernten
II קצר q (zu) kurz sein od. werden, ungeduldig sein/werden
 pi verkürzen
 hi verkürzen
קֹצֶר* Kürze
קָצֵר* kurz
קְצָת* Ende, Äußerstes
קַר* kalt, kühl
קַר Lärm
קֹר Kälte
I קרא q rufen, nennen, verkündigen, lesen (ca. 660x)
 ni gerufen werden, genannt werden (63x)
 pu (od. q pass) gerufen, genannt werden

II	קרא	q begegnen, treffen (133x); לִקְרַאת, entgegen, gegenüber ni sich treffen lassen, jmd. entgegentreten hi treffen lassen	
I	קֹרֵא	Rebhuhn	
II	קֹרֵא	Kore n. pr. m.	
	קרב	q sich nähern, herantreten (94x) ni sich nähern pi heranbringen, nahebringen hi heranbringen, darbringen (177x)	
	קָרֵב	herannahend	
	קְרָב	Kampf, Krieg	
I	קָרֵב*	kampfbereit (?), Ez 23,5.12)	
II	קָרֵב	→ קָרוֹב	
	קֶרֶב	Inneres, Mitte, Eingeweide (227x)	
	קִרְבָה	das Nahen (Gottes)	
	קָרְבָּן	Darbringung, Gabe (80x)	
	קָרְבָּן*	Lieferung (von Holz)	
	קַרְדֹּם*	Axt	
	קַרְדֹּם*	→ קַרְדְּמוּת	
I	קרה	q begegnen, treffen ni sich treffen lassen von, jmd. begegnen, sich (zufällig) befinden hi begegnen lassen, auswählen	
II	קרה	pi etw. m. Balken versehen, zimmern	
	קָרָה	Kälte, Frost	
	קָרֶה*	Pollution	
	קָרוֹב	nahe, Nächster (75x)	
	קרח	q kahlscheren ni sich kahlscheren	

hi sich kahlscheren
ho ptz kahlgeschoren
קֶרַח Eis, Frost, Kristall
קֵרֵחַ Kareach n. pr. m.
קֵרֵחַ Glatzkopf
קֹרַח Korach n. pr. m.
קָרְחָה Glatze
קָרְחִי Korachiter n. g.
קָרַחַת kahle Stelle (am Kopf)
קְרִי* (feindliche) Begegnung
קָרִיא* berufen
קְרִיאָה Verkündigung, Botschaft
קִרְיָה Stadt, Ortschaft (29x)
קִרְיַת אַרְבַּע Kirjat–Arba n. l.
קִרְיַת־בַּעַל Kirjat–Baal n. l.;
→ קִרְיַת יְעָרִים
קִרְיַת חֻצוֹת Kirjat–Huzot n. l.
קִרְיַת יְעָרִים Kirjat–Jearim n. l.
קִרְיַת־סַנָּה Kirjat–Sanna n. l.
קִרְיַת־סֵפֶר Kirjat–Sefer n. l.
קִרְיַת עָרִים → קִרְיַת יְעָרִים
קְרִיּוֹת Kerijot n. l.
קְרִיּוֹת חֶצְרוֹן Kerijot–Hezron n. l.
קִרְיָתַיִם Kirjatajim n. l.
קרם q überziehen
קרן q strahlen
hi Hörner tragen
קֶרֶן Horn; übertr. Macht, Strahl (75x)
קֶרֶן הַפּוּךְ Keren–Happuch n. pr. f.
קַרְנַיִם* Karnajim n. l.
קרס q sich krümmen
קֶרֶס* Haken
קֶרֶס → קֶרֶס
קַרְסֹל Knöchel
קרע q zerreißen, abreißen (58x)
קְרָעִים Stücke, Fetzen

קָרַץ *q* zusammenpressen,
-kneifen
pu (od. *q pass*)
abgekniffen werden

קֶרֶץ Bremse (Insekt)

I קַרְקַע Boden, Fußboden

II קַרְקַע* Karka *n. l.*

קִרְקֵר *pilp* lärmen (?), Jes 22,5;
Num 24,17 l קַדְקֹד

קַרְקֹר Karkor *n. l.*

קרר *hi* kühl halten

קֶרֶשׁ Brett, Schiffsdeck (?)

קֶרֶת Stadt

קַרְתָּה Karta *n. l.*

קַרְתָּן Kartan *n. l.*

קַשְׂוָה Schale, Kanne

קְשִׂיטָה Kesita (Gewichtsmaß;
Zahlungsmittel)

קַשְׂקֶשֶׂת Schuppe(n)

קַשׁ (Stroh-) Stoppeln

קִשֻּׁאִים Gurken

קשׁב *q* aufmerksam sein
hi aufmerken,
aufmerksam hören (45x)

קֶשֶׁב Aufmerken,
Aufmerksamkeit

קַשָּׁב* aufmerksam

קַשֻּׁב* aufmerksam

קשׁה *q* schwer, hart sein
ni ptz bedrückt
pi es schwer haben
hi verhärten, hart
machen

קָשֶׁה hart, stark, schwer,
schwierig (36x)

קשׁח *hi* verhärten; hart,
unbarmherzig behandeln

קֹשֶׁט Wahrheit

קֶשֶׁט Bogen

קְשִׂי* Verstocktheit

קִשְׁיוֹן Kischjon *n. l.*

קשׁר *q* binden, sich
verschwören (36x)
ni gebunden sein
pi binden, umbinden
pu ptz kräftig, stark
hitp sich verschwören

קֶשֶׁר Verschwörung,
Rebellion

קִשֻּׁרִים Gürtel, Bänder (?)

קשׁשׁ *q* → *hitpo*
po Stroh, Holz sammeln
hitpo sich (ver-)
sammeln

קֶשֶׁת Bogen, Waffe (76x)

קַשָּׁת Bogenschütze

ר

ראה *q* sehen (ca. 1100x)
q pass gesehen werden
ni sich sehen lassen,
erscheinen (101x)
pu → *q pass*
hitp sich gegenseitig
ansehen, sich (im
Kampf) messen
hi sehen lassen, zeigen
(62x)
ho gezeigt werden,
gezeigt bekommen

רָאֶה schauend, angesichts (?)

I רֹאֶה Seher

II רֹאֶה das Schauen

רְאוּבֵן Ruben *n. pr. m.*

רְאוּבֵנִי Rubenit *n. g.*

רַאֲוָה *inf. cs. q* von ראה Ez
28,17

רְאוּמָה Reüma *n. pr. f.*

	רְאוּת*	d. Sehen, Aussehen
	רְאִי	Spiegel
	רְאִי	d. Schauen, d. Aussehen
	רְאָיָה	Reaja n. pr. m.
	רֵאִים	→ רְאֵם
	רִאשׁוֹן	→ רִאשׁוֹן
	רְאִית	→ רְאוּת*
	רָאַם	q hoch sein
	רְאֵם	Wildstier
I	רָאמוֹת	Korallen, Perlen (?)
II	רָאמוֹת	Ramot n. l.
	רָאמַת נֶגֶב	→ רָמָה II
	רֹאשׁ	→ רוֹשׁ q
	רֹאשׁ	→ רֵישׁ
I	רֹאשׁ	Kopf, Haupt, Gipfel (ca. 600x)
II	רֹאשׁ	Gift(pflanze)
III	רֹאשׁ	Rosch n. pr. m.
	רֹאשָׁה	mit אֶבֶן Grundstein, Sach 4,7
	רֹאשָׁה*	Pl. frühere Zeiten
	רִאשׁוֹן	erster, früherer (ca. 180x)
	רִאשׁוֹנִי*	das erste (Jahr), Jer 25,1
	מֵרָאשׁוֹת*	→ מַרְאֲשׁוֹת
	רֵאשִׁית	Anfang, Erstling, d. erste und beste Teil (51x)
I	רַב	viel, groß (ca. 420x)
II	רַב*	Schütze
III	רַב*	Geschoss, Pfeil
	רַב	→ רִיב
	רֹב	Menge, Größe (152x)
I	רבב	q viel, zahlreich sein, groß sein bzw. werden pu ptz verzehntausendfacht
II	רבב	q (Pfeile) schießen, treffen
	רְבָבָה	zehntausend, sehr große Menge
	רְבִיבִים	→ רְבִיבִים
	רבד	q ein Lager bereiten
I	רבה	q viel, zahlreich sein, sich (ver)mehren, groß werden bzw. sein, heranwachsen (59x) pi vermehren, großziehen hi viel, zahlreich machen, groß machen (112x)
II	רבה	q ptz Schütze
I	רַבָּה	Sg. f. st. abs. zu רַב I
II	רַבָּה	Rabba n. l.
	רִבּוֹ/רִבּוֹא	große Menge, zehntausend
	רְבִיבִים	Regen(güsse), Schauer
	רָבִיד	Halskette
	רְבִיעִי	vierter (56x)
	רַבִּית	Rabbit n. l.
	רבך	ho ptz an-, eingerührt
	רִבְלָה	Ribla n. l.
	רַב־מָג	→ מָג
	רַב־סָרִיס	→ סָרִיס I
I	רבע	q liegen, sich begatten hi sich begatten lassen
II	רבע	q ptz viereckig pu ptz viereckig
I	רֶבַע*	Viertel, Seite
II	רֶבַע	Reba n. pr. m.
I	רֹבַע	Viertel
II	רֹבַע	Staub
	רִבֵּעַ*	4. Generation
	רְבִיעִי	→ רְבִיעִי
	רבץ	q liegen, (sich) lagern hi (sich) lagern lassen
	רֶבֶץ*	Lagerstätte
	רִבְקָה	Rebekka n. pr. f.
	רַב־שָׁקֵה	→ שָׁקֵה
	רַבַּת	→ רַב I

רֹדָנִים

רְבָתִי → I רַב
*רֶגֶב Erdscholle
רגז q erregt werden, erbeben
hitp sich erregen, toben
hi jmd. beunruhigen, erregen
רֹגֶז Unruhe, Erregung, Zorn
רַגָּז zitternd, bebend
רְגָזָה Zittern, Bangen
רגל q verleumden
pi verleumden, auskundschaften
$tif^e el$ jmd. das Laufen beibringen
רֶגֶל Fuß, Bein (247x)
רֹגֶל → I עַיִן
רַגְלִי Fußgänger
רֹגְלִים Roglim n. l.
רגם q steinigen
רֶגֶם Regem n. pr. m.
רֶגֶם מֶלֶךְ Regem–Melech n. pr. m.
*רִגְמָה Haufen (?), Geschrei (?) Ps 68,28
רגן q murren
ni sich mürrisch zeigen
I רגע q erregen
hi sofort tun, „im Nu"; → I רֶגַע
II רגע q verkrusten (der Haut)
ni ruhen
hi Ruhe verschaffen, Ruhe haben
רָגֵעַ ruhig, still
I רֶגַע Augenblick, kleine Weile, Nu
II רֶגַע Ruhe, Frieden
רגשׁ q beben, tosen, unruhig sein
*רֶגֶשׁ Unruhe, Tumult
רִגְשָׁה Unruhe, Tumult

רדד q niedertreten, unterwerfen
hi (Goldbelag) aufhämmern lassen
I רדה q herrschen, (die Kelter) treten
hi hinuntergehen lassen
II רדה herausschälen (Honig)
רַדַּי Raddai n. pr. m.
*רָדִיד Kleidungsstück: Umhang, Umschlagtuch
רדם ni tief schlafen
רדף q verfolgen, nachjagen (131x)
ni verfolgt, gejagt werden
pi (wiederholt) nachjagen, verfolgen
pu gejagt werden
hi verfolgen
רהב q bestürmen, zusetzen
hi jmd. bestürzen, verwirren
רַהַב Rahab n. pr. m. (Chaosungeheuer; Name f. Ägypten)
*רַהַב Stolz (?), Ungestüm (?)
רְהָבִים d. Trotzige (?), d. Hoffärtige (?)
רֹהְגָה Rohga n. pr. m.
רהה q vor Schreck gelähmt sein (Jes 44,8)
*רַהַט Tränkrinne, Viehtränke, Hhld 7,6: Haarflechte (?)
*רָהִיט Dachsparren
רוב → רִיב
רוֹב → רַב
רוד q umherschweifen
hi sich losreißen
רוֹדָנִים Rodaniter n. g.

רוה

	רוה	q sich satt trinken		polal gejubelt werden
		pi tränken		hitpol jubeln
		hi tränken, laben	I	רוץ q laufen, eilen (96x)
	רָוֶה	getränkt, bewässert		pol hin und her fahren
	רֹוְחָה → רְוָחָה			hi zum Laufen bringen,
I	רוח	q weit, leicht werden		vertreiben (schnell)
		pu ptz geräumig, weit		herbeiholen
II	רוח	hi riechen	II	רוץ q geknickt sein/ werden,
	רוּחַ	Hauch, Wind, Geist		zerbrechen
		(378x)		רוּשׁ q arm sein
	רְוָחָה	Erleichterung, Weite		pol jmd. arm machen
	רְוָיָה	Überfluss		hitp sich arm stellen
	רום	q hoch sein, werden; sich		hi + ho → ירשׁ hi + ni
		erheben; stolz sein,		רוּשׁ → II רֹאשׁ
		werden		רוּת Ruth n. pr. f.
		ptz hoch, erhaben (70x)		רזה q hinschwinden lassen
		pol in die Höhe bringen,		ni dahinschwinden
		aufziehen, aufrichten,		*רָזֶה mager
		großziehen, preisen	I	רָזוֹן Abmagerung
		polal erhöht, erhoben	II	רָזוֹן Würdenträger
		werden		רָזוֹן Reson n. pr. m.
		hitpol sich (stolz)		רָזִי Siechtum
		erheben		רזם q blinzeln
		hi erheben, erhöhen,		רזן q ptz Würdenträger
		wegnehmen, aufhören,		רחב q offen sein/ werden
		darbringen (89x)		ni ptz weit, geräumig
		ho aufgehoben werden,		hi weit, geräumig
		ausgeführt werden		machen; verbreitern
	רוֹם	Höhe		(21x)
	רוּם	Höhe		רַחַב Weite, Breite
	רוֹמָה	Höhe		רֹחַב Weite, Breite
	רוּמָה	Ruma n. l.	I	רָחָב weit, breit
	רוֹמָם	Erhebung, Lobpreis	II	רָחָב Rahab n. pr. f.
	*רוֹמְמוּת	Erhabenheit	I	רְחֹב freier, geräumiger Platz
I	רון	hitpol (vom Wein)		(43x)
		betäubt	II	רְחֹב Rehob n. l.
II	רון	q jubeln	III	רְחֹב Rehob n. pr. m.
	רוע	hi (laut) schreien,		רְחֹבוֹת Rehobot n. l.
		lärmen, jauchzen, (Lärm)		רְחַבְיָהוּ Rehabjahu n. pr. m.
		blasen (40x)		רְחַבְעָם Rehabeam n. pr. m.

148

I-III	רְחוֹב	→ רְחֹב I-III
	רַחוּם	barmherzig
	רְחוּם	Rehum n. pr. m.
	רָחוֹק	fern, entfernt (85x)
	רָחִיט*	→ רָהִיט Hhld 1,17 K
	רֵחַיִם	Handmühle
I	רָחֵל	Mutterschaf
II	רָחֵל	Rahel n. pr. f.
	רחם	q lieben
		pi sich jmd. erbarmen (42x)
		pu Erbarmen finden
	רַחַם	Raham n. pr. m.
	רֶחֶם	Mutterleib, Eingeweide, Inneres (30x)
	רַחֻם	→ רַחוּם
	רָחָם	Aasgeier
	רַחֲמָה*	Sklavin, Beischläferin (aus der Kriegsbeute)
	רַחֲמִים	Erbarmen (39x)
	רַחֲמָנִי*	weichherzig, zärtlich
	רחף	q beben, zittern
		pi schweben Gen 1,2
	רחץ	q waschen, sich waschen, baden (69x)
		pu gewaschen werden
		hitp sich waschen
	רַחַץ*	das Waschen
	רַחְצָה	Schwemme (f. Kleinvieh)
	רחק	q fern, entfernt sein, sich entfernen (29x)
		ni entfernt werden
		pi entfernen, fern sein
		hi entfernen, sich entfernen
	רָחֵק*	sich entfernend
	רָחֹק	→ רָחוֹק
	רחש	q erregt sein
	רַחַת	Worfschaufel

	רטב	q nass sein, werden
	רָטֹב	saftig, frisch grünend
	רטה	q → ירט Hi 16,11
	רֶטֶט	Schrecken
	רטפש	q kräftig, frisch sein (?)
	רטש	pi zerschmettern
		pu zerschmettert werden
	רִי	Nass, Feuchtigkeit
	רִיב	q streiten, einen Rechtsstreit führen (65x)
		hi angreifen
	רִיב	Streit, Rechtsstreit (61x)
	רִיבַי	Ribai n. pr. m.
	רִיה*	Jes 16,9 → רוה pi
	רֵיחַ	Geruch, Duft (58x)
	רִיחִים*	Jes 43,14 → בְּרִיחַ
	רֵים	Hi 39,9f → רְאֵם
	רֵיעַ	Hi 6,27 → רֵעַ II
	רִיפוֹת	Körner, Gerstengraupen
	רִיפַת	Rifat n. populi
	רִיק	hi ausleeren, ausgießen
		ho umgeschüttet werden
	רִיק	leer, umsonst
	רֵיק*	leer, eitel, nichtig
	רֵיקָם	leer, grundlos
	ריר	q absondern
	רִיר*	Speichel, Geifer, Schleim
	רֵישׁ	Armut
	רִישׁוֹן	Hi 8,8 → רִאשׁוֹן
	רַךְ	zart, schwach, verzärtelt, sanft, mild
	רֹךְ	Weichlichkeit
	רכב	q reiten, fahren (58x)
		hi reiten lassen, fahren lassen (20x)
	רֶכֶב	Wagen, Streitwagen, oberer Mühlstein (119x)
	רַכָּב	Reiter, Wagenlenker
	רֵכָב	Rechab n. pr. m.

	רִכְבָּה	das Reiten		*רָמָךְ/רִמְכָה	Rennstute (?)	
	*רֵכָבִי	Rekabiter n. g.		רְמַלְיָהוּ	Remaljahu n. pr. m.	
	רֵכָה	Recha n. l.	I	רמם	q hoch sein	
	*רְכוּב	Fahrzeug, Wagen			ni sich erheben	
	רְכוּשׁ	Besitz, Habe	II	רמם	q verfaulen	
	רָכִיל	Verleumdung		לְמַמְתִּי עָזֶר	Romamti–Eser n. pr. m.	
	רכך	q weich, furchtsam sein	I+II	רִמּׁן	→ I+IV רִמּוֹן	
		pu weich gemacht werden		רִמֹּנִי	(mein) Granatapfel	
		hi verzagt machen		רמס	q treten, zertreten	
	רכל	q ptz Kaufmann, Händler			ni zertreten werden	
	רָכָל	Rachal n. l.		רמשׁ	q kriechen	
	*רְכֻלָּה	Handel, Handelsware		רֶמֶשׂ	Kriechtiere	
	רכס	q festbinden		רֵמֶת	→ II רָאמוֹת	
	*רֶכֶס	das Höckrige		רָמָתִי	Ramatiter n. g.	
	*רֹכֶס	Verleumdung (?)		רָמָתַיִם	→ II רָמָה	
	רכשׁ	sammeln, erwerben		*רֹן	Jubel(lied) (?)	
	רֶכֶשׁ	koll. Gespann, Pferde		רנה	q klingen, klappern	
	רָכֻשׁ	→ רְכוּשׁ	I	רִנָּה	Jubel(ruf) (33x)	
I	רָם	→ רום q	II	רִנָּה	Rinna n. pr. m.	
II	רָם	Ram n. pr. m.		רנן	q jubeln (19x)	
III	רָם	→ בֵּית הָרָם			pi jauchzen (28x)	
I	רמה	q werfen, (Pfeile) schießen			pu gejubelt werden hi zum Jubeln bringen	
II	רמה	pi täuschen, betrügen, verraten		רְנָנָה	Jubel, Jauchzen	
I	רָמָה	Höhe, Anhöhe		רְנָנִים	Vogelart: Straußenweibchen	
II	רָמָה	Rama n. l.		רִסָּה	Rissa n. l.	
	רִמָּה	Made(n), Gewürm	I	*רָסִיס	Tropfen	
I	רִמּוֹן	Granatapfel(baum)	II	*רָסִיס	Bruchstück, Trümmer	
II	רִמּוֹן	Rimmon n. pr. m.	I	רֶסֶן	Zügel, Halfter, Gebiss	
III	רִמּוֹן	Rimmon n. l.	II	רֶסֶן	Resen n. l.	
IV	רִמּוֹן	Rimmon n. dei		רסס	q besprengen	
	רִמּוֹנוּ	→ III רִמּוֹן		רַע/רָע	schlecht, böse, schädlich, d. Böse (ca. 350x)	
	רָמוֹת	Ramot n. l.				
	*רָמוּת	Leichenhaufen (?)	I	רַע	Geschrei, Donnerstimme (von Gott)	
	*רמז	→ רזם				
	רֹמַח	Lanze, Speer	II	רֵעַ	Freund, Nächster (187x)	
	רַמְיָה	Ramja n. pr. m.	III	רֵעַ	Wollen, Absicht, Gedanke	
	רְמִיָּה	Lässigkeit, Täuschung				

	רֹעַ	schlechte Beschaffenheit, Bosheit, Hässlichkeit, Verdrossenheit
	רעב	q hungrig sein hi hungern lassen
	רָעָב	Hunger, Hungersnot (101x)
	רָעֵב	hungrig
	רְעָבוֹן	Hunger
	רעד	q beben hi zittern
	רַעַד	Beben, Zittern
	רְעָדָה	Beben, Zittern
I	רעה	q weiden, hüten (167x) ptz Hirte
II	רעה	q sich einlassen mit pi sich jmd. (als Brautführer) zugesellen hitp sich befreunden mit
	רָעָה	Böses, Übel, Unheil (ca. 300x)
	רֵעֶה*	Freund (auch als Amtsbezeichnung)
	רֵעָה*	Freundin
	רֹעֶה	Hirte → I רעה q
	רֹעָה	das Brechen, Bersten (?), Jes 24, 19; Spr 25,19
	רְעוּ	Regu n. pr. m.
	רְעוּאֵל	Reguël n. pr. m.
I	רְעוּת*	Freundin, Nächste
II	רְעוּת	Streben, Trachten
	רְעִי	Weide
	רֵעִי	Rei n. pr. m.
	רַעְיָה*	Freundin, Geliebte
	רַעְיוֹן	Streben
	רעל	ho geschüttelt werden = (Pferde) gehen durch (?), Nah 2,4
	רַעַל	Taumeln, Schwanken

	רְעָלָה*	Schleier
	רְעֵלָיָה	Reelaja n. pr. m.
I	רעם	q toben, brausen hi donnern (lassen)
II	רעם	q bedrückt sein hi jmd. bedrückt machen
	רַעַם	Donner, Gebrüll
	רַעְמָא	→ II רַעְמָה
I	רַעְמָה	Mähne
II	רַעְמָה	Ragma n. l.
	רַעְמְיָה	Raamja n. l.
	רַעְמְסֵס	Ramses n. l.
	רען	pil laubreich, saftig sein
	רַעֲנָן	laubreich, saftig, grün
I	רעע	q schlecht, böse sein (26x) ni schlecht behandelt werden hi schlecht machen, schlimm handeln (68x)
II	רעע	q zerbrechen, zerschmettern hitpol zertrümmert werden, sich gegenseitig Böses antun
	רעף	q träufeln hi träufeln lassen
	רעץ	q zerschmettern
	רעש	q erbeben, erzittern ni erbeben hi erbeben lassen, erschüttern
	רַעַשׁ	das Beben, Dröhnen, Gerassel
	רפא	q heilen (38x) ni geheilt, gesund werden (17x) pi heilen, gesund machen hitp sich heilen lassen

	רֹפֵא	Arzt → רפא q			*רֶד	Stück (?)
	רָפָא	Rafa n. pr. m.		I	רצא	q Ez 1,14 l יְצוֹא → יצא
	רְפָאוּת	Heilung		II	רצא	→ I רצה
I	רְפָאִים	Totengeister			רצד	pi (eifersüchtig) blicken
II	רְפָאִים	Refaïter n. populi; n. g.				auf, belauern
III	רְפָאִים	mit עֵמֶק die Ebene		I	רצה	q Gefallen haben an,
		Refaim (bei Jerusalem)				freundlich gesinnt sein
	רְפָאֵל	Raphael n. pr. m.				(40x)
	רפד	q ausbreiten				ni gnädig angenommen
		pi ausbreiten, erquicken				werden
	רפה	q schlaff sein, werden				pi jmd.es Wohlwollen
		ni ptz schlaff, faul				suchen
		pi sinken lassen, lockern				hitp sich gefällig machen
		hitp sich lässig zeigen,		II	רצה	q bezahlen, erstattet
		sich mutlos zeigen				bekommen
		hi ablassen, aufhören,				ni bezahlt, abgetragen
		verlassen, loslassen				werden
		(21x)				hi abtragen, ersetzen
	רָפָה	Rafa n. pr. m.			רָצוֹן	Wohlgefallen (56x)
	רָפֶה	schlaff, kraftlos			רצח	q töten, morden (40x)
	רָפוּא	Rafu n. pr. m.				ni getötet werden
	*רְפוּאָה	Arznei(en), Heilung				pi (immer wieder)
	רְפוֹת	→ רִיפוֹת				morden
	רֶפַח	Refach n. pr. m.			רֶצַח	Mord, Morden
	רְפִידָה	Lehne od. Unterlage (am			רִצְיָא	Rizja n. pr. m.
		Tragsessel)			רְצִין	Rizin n. pr. m.
	רְפִידִים	Refidim n. l.			רצע	q durchstechen
	רְפָיָה	Refaja n. pr. m.			רצף	q ptz pass eingelegt (?)
	*רִפְיוֹן	Erschlaffung		I	*רֶצֶף	Glühstein
	רפס	→ רפש		II	רֶצֶף	Rezef n. l.
	רַפְסֹדוֹת	Flöße		I	רִצְפָה	→ I רֶצֶף
	רפף	po'al schwanken		II	רִצְפָה	Rizpa n. pr. f.
	רפק	hitp sich anlehnen, sich			רְצָפָה	Steinpflaster,
		stützen auf				Mosaikboden
	רפש	q trüben			רצץ	q zerbrechen,
		ni ptz getrübt				misshandeln
		hitp niedertreten (?), sich				ni zerbrochen werden
		niederwerfen (?)				pi bedrücken,
	רֶפֶשׁ	Schlamm, Tang				zerschmettern
	*רֶפֶת	Stall				po unterdrücken

		hitpo sich stoßen		רָקֻעַ*	Gehämmertes
		hi zerschmettern		רָקַק	*q* ausspeien
I	רַק*	dürr, mager		רַקַּת	Rakkat *n. l.*
II	רַק	nur, aber, jedoch (109x)		רָשׁ	→ רוּשׁ *q*
	רֵק	→ רֵיק*		רִשָּׁיוֹן*	Ermächtigung
	רֹק	Speichel		רֵשִׁית	→ רֵאשִׁית
	רָקַב	*q* verfaulen		רָשַׁם	*q ptz pass* aufgezeichnet
	רָקָב	Fäulnis, Knochenfraß		רָשַׁע	*q* schuldig sein, werden
	רִקָּבוֹן	Fäulnis			*hi* für schuldig erklären,
	רָקַד	*q* tanzen			freveln
		pi hüpfen, tanzen		רֶשַׁע	Frevel, Schuld, Unrecht,
		hi hüpfen, springen			Gottlosigkeit (30x)
		lassen		רָשָׁע	frevelhaft, schuldig,
	רַקָּה*	Schläfe			gottlos, Gottloser (ca.
	רַקּוֹן	Rakkon *n. l.*			260x)
	רָקַח	*q* Salben, Gewürze		רִשְׁעָה	Frevel, Gottlosigkeit
		mischen		רִשְׁעָתַיִם	→ כּוּשַׁן רִשְׁעָתַיִם
		pu ptz gemischt,	I	רֶשֶׁף	Glut, Seuche, Pest,
		zubereitet			Flamme
		hi mischen lassen (?)	II	רֶשֶׁף	Reschef *n. pr. m.*
	רֶקַח	Würze		רָשַׁשׁ	*po* zertrümmern
	רֹקַח	Gewürz-,			*pu* zerschlagen,
		Salbenmischung			vernichtet sein
	רַקָּח*	Gewürz-, Salbenmischer		רֶשֶׁת	Netz
	רְקָחִים	Salben		רָתוֹק	Kette
	רָקִיעַ	Firmament,		רתח	*pi* sieden
		Himmelsgewölbe			*pu* zum Sieden gebracht
	רָקִיק	Brotfladen			werden
	רָקַם	*q ptz* Buntwirker, Bunt-			*hi* sieden, brodeln lassen
		sticker		רֶתַח*	das Sieden
		pu od. *q pass* gewirkt,		רַתִּיקוֹת	→ רַתּוֹק
		gebildet werden		רתם	*q* anbinden, anschirren
I	רֶקֶם	Rekem *n. pr. m.*		רֹתֶם	Ginster
II	רֶקֶם	Rekem *n. l.*		רִתְמָה	Ritma *n. l.*
	רִקְמָה	Buntes, Buntgewirktes		רתק	*ni* gefesselt sein
	רקע	*q* stampfen, breit-,			*pu* in Fesseln gelegt
		festtreten			werden
		pi hämmern, überziehen		רְתֻקוֹת*	Ketten (?)
		pu ptz dünn gehämmert		רְתֵת	Schrecken
		hi ausbreiten			

שׂ

	שְׂאֹר	Sauerteig
I	שְׂאֵת	Erhebung, Hoheit
II	שְׂאֵת	Hautfleck, Geschwulst
	שָׂב	→ שׂיב
	שְׂבָכָה	Flechtwerk, Netz, Gitter
	שְׂבָם/שִׂבְמָה	Sebam n. l.
	שׂבע	q satt werden, sein; sich sättigen (78x)
		ni gesättigt sein
		pi jmd. sättigen
		hi satt machen, sättigen
	שָׂבָע	Sättigung, Überfluss, Fülle
	שָׂבֵעַ	satt, gesättigt
	שֹׂבַע	Sättigung, Fülle
	*שִׂבְעָה	Sättigung
	שׂבר	q prüfen, untersuchen
		pi hoffen, warten
	*שֵׂבֶר	Hoffnung
	שׂגא	hi groß machen, preisen
	שׂגב	q uneinnehmbar sein, zu hoch sein
		ni hoch, erhaben sein
		pi hoch machen = schützen
		pu geschützt werden
		hi sich als erhaben erweisen
	שׂגה	q groß werden, wachsen
		hi groß machen
	שְׂגוּב	Segub n. pr. m.
	*שַׂגִּיא	groß, erhaben
	שָׂגִיב	→ שְׂגוּב
	שׂגשׂג	pilp groß werden lassen
		→ שׂגה/שׂגא
	שׂדד	pi pflügen, eggen
	שָׂדֶה	Feld, Gefilde (320x)
	שָׂדַי	Feld, Gefilde

	שִׂדִּים	Siddim n. l.
	*שְׂדֵרָה	Reihe, 1Kön 6,9 Säulenhalle (?)
	שֶׂה	Schaf, Ziege (47x)
	*שָׂהֵד	Zeuge
	שָׂהֲדוּתָא	→ ba. שָׂהֲדוּ Zeugnis
	שַׂהֲרֹנִים	Möndchen (als Schmuck)
	שׂוֹא	→ נשׂא q
	שׂוֹבֶךְ	Dickicht, Geäst
	שׂוג	→ I סוג
	שׂוח	q nachdenken (?), meditieren (?)
	שׂוט	q sich abwenden zu
	שׂוך	q versperren, umzäunen
	*שׂוֹךְ	Gezweig
	*שׂוֹכָה	Gezweig
	שׂוֹכֹה/שׂכֹה	Socho n. l.
	*שׂוּכָתִי	Suchatiter n. g.
	שׂוֹם	→ שׂים
I	שׂור	q streiten, kämpfen
II	שׂור	q (zer) sägen
III	*שׂור	→ שׂרר hi
IV	*שׂור	→ סור q
	שׂוֹרָה	Gerste (?), Hirse (?)
	שׂוֹרֵק	→ I+II שֹׂרֶק
	שׂוּשׂ	→ שׂישׂ
	שַׂח	Gedanke, Plan
	שׂחה	q schwimmen
		hi überschwemmen
	שָׂחוּ	das Schwimmen
	שְׂחוֹק	→ שְׂחֹק
	שׂחט	q auspressen
	*שָׂחִיף	Ez 41,16 c. עֵץ Holzverkleidung (?)
	שׂחק	q lachen (18x)
		pi scherzen, spielen, tanzen (17x)
		hi verspotten

	שְׂחֹק	Lachen, Scherzen, Gespött		שִׂכְיָה	Sakja n. pr. m.; n. tribus
	שֵׂטִים	Abweichungen (?)		שַׂכִּין	Messer
	שׂטה	q abweichen, untreu werden		שָׂכִיר	Lohnarbeiter, Tagelöhner
	שׂטם	q anfeinden, feind sein		שׂכך	q jmd. abschirmen po → II סכך po
	שׂטן	q anfeinden, feind sein	I	שׂכל	q Erfolg haben pi → סכל pi
	שָׂטָן	Widersacher, Feind (27x)			hi verstehen, klug machen, Erfolg haben (59x)
I	שִׂטְנָה	Anklage			
II	שִׂטְנָה	Sitna n. l.	II	שׂכל	pi kreuzen, übers Kreuz legen
	*שִׂיא	Hochmut			
	שִׂיאֹן	Sion n. l.		שֵׂכֶל	Einsicht, Verständnis
	שׂיב	q grau, weiß, alt werden		שִׂכְלוּת	→ סִכְלוּת
	שֵׂיבָה/*שֵׂיב	graues Haar, hohes Alter		שׂכר	q in Dienst nehmen, mieten
	שִׂיג	unterwegs, auf Reisen (?) 1Kön 18,27			ni sich verdingen hitp sich verdingen
	שִׂיד	q übertünchen		שֶׂכֶר	Lohn
	שִׂיד	Kalk	I	שָׂכָר	Lohn
	שְׂיחוּ/שֵׂיוּ	→ שֶׂה	II	שָׂכָר	Sachar n. pr. m.
	שׂיח	q denken, nachsinnen, reden, klagen pol denken, nachsinnen		שְׂלָו	Wachtel(n)
I	שִׂיחַ	Gebüsch, Strauch		שַׂלְמָא	Salma n. pr. m.
II	שִׂיחַ	Sorge, Unruhe, Kummer, 1Kön 18,27 (in) Gedanken (?)	I	שַׂלְמָה	Mantel, Umhang
			II	שַׂלְמָה	Salma n. pr. m.
	שִׂיחָה	Betrachtung, Andacht		שַׂלְמֹון	Salmon n. pr. m.
	שׂים	q setzen, stellen, legen, bestimmen (ca. 580x) hi achthaben auf (?) ho → q pass		*שַׂלְמַי	Salmai n. pr. m.
				שׂמאל	hi nach links gehen
				שְׂמֹאל	links, linke Seite (54x)
				שְׂמָאלִי	links
	שׂיש	q sich freuen, frohlocken		שׂמח	q sich freuen, fröhlich sein (126x) pi jmd. erfreuen, fröhlich machen hi sich freuen lassen
	שֵׂךְ	Dorn			
	*שֹׂךְ	Hütte			
	שִׂכָּה	Harpune			
	שׂכה	→ שׂוכה			
	שֶׂכוּ	Sechu n. l.		שָׂמֵחַ	fröhlich, froh
	שֶׂכְוִי	Hahn		שִׂמְחָה	Freude, Jubel (94x)
	*שְׂכִיָּה	Schiff		שְׂמִיכָה	Decke
				שַׂמְלָה	Samla n. pr. m.

שַׂמְלַי Samlai *n. pr. m.*
שְׂמָמִית Gecko (?)
שׂנא *q* hassen; *ptz* Feind
(129x)
ni gehasst werden,
verhasst sein
pi ptz Hasser, Feind
שִׂנְאָה Hass, Feindschaft
*שָׂנִיא verhasst, zurückgesetzt
שְׂנִיר Senir *n. l.; n. montis*
I *שָׂעִיר → שָׂעָר
II שָׂעִיר Ziegenbock (52x)
III שָׂעִיר Bocksdämon
IV שָׂעִיר Regenböe
שָׂעִיר Seïr *n. t.; n. montis; n. tribus*
I *שְׂעִירָה → II שָׂעִיר
II שְׂעִירָה Seira *n. l.*
שְׂעִפִּים (beunruhigende) Gedanken, Grübeleien
I שׂער *q* erschaudern
II שׂער *q* hinwegfegen
ni Ps 50,3 es stürmt
pi im Sturm fortreißen
hitp anstürmen
III שׂער *q* kennen
I שַׂעַר Schauder, Haarsträuben
II *שַׂעַר Sturm
שָׂעִר haarig
שֵׂעָר Haar(e), Behaarung
שַׂעֲרָה (das einzelne) Haar
שְׂעָרָה Sturm(wind)
שְׂעֹרָה Gerste
שְׂעֹרִים Seorim *n. tribus*
שָׂפָה Lippe, Sprache, Rand, Ufer (176x)
שׂפח *pi* aufdecken, entblößen
שָׂפָם Schnurbart
שִׂפְמוֹת Sifmot *n. l.*
שׂפן *q* verbergen

I שׂפק *q* → I ספק *q*
hi in die Hände klatschen
II שׂפק *q* reichen, genügen
hi Überfluss haben Jes 2,6
שֶׂפֶק Reichtum, Überfluss
שַׂק Trauerschurz, Sack (48x)
שׂקד *ni* → שׁקד *ni*
שׂקר *pi* verführerische Blicke werfen, blinzeln
שַׂר Beamter, Vorsteher, Fürst (ca. 420x)
שַׂר־סָרִים Jer 39,3 1 שַׂר סָרִים
שַׂרְאֶצֶר / Sarezer *n. pr. m.*
שַׁר־אֶצֶר
שׂרג *pu* verflochten sein
hitp sich verflechten
שׂרד *q* entfliehen, entkommen
שָׂרָד eine Textilart: Stickerei (?)
שֶׂרֶד Rötel (?), Hobel (?)
שׂרה *q* streiten
I *שָׂרָה Herrin, Fürstin
II שָׂרָה Sara *n. pr. f.*
שְׂרוּג Serug *n. pr. m.*
*שְׂרוֹךְ c. נְעָלָיו Sandalriemen; Kleinigkeit
*שְׂרוּקִים → שָׂרֹק
שֶׂרַח Serach *n. pr. f.*
שׂרט *q* sich Einschnitte machen
ni sich wund reißen
שֶׂרֶט Einritzung
שָׂרַי Sarai *n. pr. f.*
*שָׂרִיג Ranke (der Rebe)
I שָׂרִיד Entronnener
II שָׂרִיד Sarid *n. l.*
שְׂרָיָה Seraja *n. pr. m.*
שְׂרָיָהוּ Serajahu *n. pr. m.*

	שִׂרְיֹן	Sirjon *n. montis*
	שָׂרִיק	gekämmt; vom Flachs: gehechelt (Jes 19,9)
	שׂרך	*pi* (Wege) verflechten = sinnlos hin und her laufen
	שׂרע	*q ptz pass* „gestreckt", d. h. missgebildet, mit einem Makel behaftet *hitp* sich ausstrecken
	שַׂרְעַפִּים	Gedanken, Grübeleien
I	שׂרף	*q* verbrennen (102x) *ni* verbrannt werden *pu* → *q pass*
II	שׂרף	*q* salben 1Sam 31,12 (?), Jer 34,5 (?)
I	שָׂרָף	Saraf, Schlange (myth, Wesen)
II	שָׂרָף	Saraf *n. pr. m.*
	שְׂרֵפָה	Brand, Verbrennung
	שָׂרֹק*	fuchsrot (von Pferden); Edeltraube
I	שֹׂרֵק	Edeltraube
II	שֹׂרֵק	Sorek *n. l.*
	שֹׂרֵקָה	(edler) Weinstock
	שׂרר	*q* regieren, herrschen *hitp* sich zum Herrn aufwerfen *hi* Beamte einsetzen
	שָׂשׂוֹן	Freude, Jubel
	שֵׁת	→ I שְׂאֵת Hi 41,17
	שׂתם	*q* verschließen (d. Gebet), d.h. unerhört bleiben
	שׂתר	*ni* gespalten werden, aufbrechen

שׁ

	שֶׁ/ שֶׁ	Relativpartikel; der, die, das; „von welchem gilt"; Konjunktion: dass (139x) (seltener שְׁ)
	שׁאב	*q* schöpfen
	שׁאג	*q* brüllen
	שְׁאָגָה	das Brüllen
I	שׁאה	*q* öde liegen *ni* verwüstet werden *hi* veröden lassen
II	שׁאה	*ni* brausen
III	שׁאה	*hitp* betrachten
	שֹׁאָה	→ שׁוֹאָה
	שְׁאִיָּה	1 שׁוֹאָה Spr 1,27
	שְׁאוֹל	Scheol, Unterwelt, Totenreich (65x)
	שָׁאוּל	Saul *n. pr. m.*
	שָׁאוּלִי	Sauliter *n. g.*
I	שָׁאוֹן	Verderben
II	שָׁאוֹן	Lärm, Getöse
	שְׁאָט	Verachtung
	שְׁאִיָּה	Verderben, Verödung
	שׁאל	*q* fragen, bitten, fordern (163x) *ni* sich (Urlaub) erbitten *pi* fragen, betteln *hi* eine Bitte gewähren
	שְׁאָל	Scheal *n. pr. m.*
	שְׁאָל	→ שְׁאוּל
	שְׁאֵלָה	Bitte
	שְׁאַלְתִּיאֵל	Schealtiël *n. pr. m.*
	שׁאן	*pil* sorglos sein
	שְׁאָן	→ בֵּית(־)שְׁאָן
	שַׁאֲנָן	sorglos, sicher
	שְׁאָסֶיךָ	→ שׁסס *q* Jer 30,16
	שׁאף	*q* schnappen (nach), nachstellen

	שאר	q übrig sein		שְׁבִי* gefangen weggeführt
		ni übrig bleiben, zurückbleiben (94x)		שׁוֹבָי* Schobai n. pr. m.
		hi übrig lassen (38x)		שׁוֹבִי Schobi n. pr. m.
	שְׁאָר	Rest		שָׁבִיב* Funke
	שְׁאָר יָשׁוּב	Schear-Jaschub n. pr. m.		שְׁבִיָה Wegführung, Gefangenschaft
	שְׁאֵר	Leib, Fleisch, Blutsverwandter		שְׁבִיל* Weg, Pfad
	שַׁאֲרָה	Leib, Fleisch, Blutsverwandter		שָׁבִים* Stirnband
	שֶׁאֱרָה	Scheera n. pr. f.	I	שְׁבִיעִי siebenter (Ordinalzahl)(98x)
	שְׁאֵרִית	Rest (66x)	II	שְׁבִית* → שְׁבוּת
	שׁאשׁא	pilp gängeln		שְׁבִית Gefangenschaft
	שֵׁאת	Verwüstung		שֹׁבֶל Schleppe, Rocksaum
	שְׁבָא	Saba n. populi	I	שַׁבְּלוּל Schnecke (?)
	שְׁבָאִים	Sabäer n. g.	II	שִׁבֹּלֶת Ähre
	שְׁבָאֵל	→ שְׁבוּאֵל		שִׁבֹּלֶת Strom, Flut
	שְׁבָבִים	(Holz-) Splitter		שֶׁבְנָא/שֶׁבְנָה Schebna n. pr. m.
	שׁבה	q gefangen wegführen (39x) ni gefangen weggeführt werden		שְׁבַנְיָה Schebanja n. pr. m.
				שְׁבַנְיָהוּ Schebanjahu n. pr. m.
				שבע ni schwören (154x) hi schwören lassen (31x)
	שְׁבוֹ	Achat (Halbedelstein)	I	שֶׁבַע sieben (ca. 500x)
	שְׁבוּאֵל	Schebuël n. pr. m.	II	שֶׁבַע Scheba n. pr. m.; n. l.
	שְׁבוּל*	→ שְׁבִיל	I	שִׁבְעָה → I שֶׁבַע
	שָׁבוּעַ	Woche	II	שִׁבְעָה Schiba n. l. (Quelle)
	שְׁבוּעָה	Eid, Schwur		שְׁבֻעָה → שְׁבוּעָה
	שָׁבוּר	Bruch		שְׁבִיעִי → שְׁבִיעִי
	שְׁבוּת*	Gefangenschaft, Geschick		שִׁבְעָנָה → I שֶׁבַע Hi 42,13
				שִׁבְעִים siebzig
I	שבח	pi loben, preisen hitp sich rühmen		שׁבץ pi weben pu ptz eingefasst
II	שבח	pi beschwichtigen hi besänftigen, stillen		שָׁבָץ Schwäche, Zittern (?)
			I	שׁבר q zerbrechen (52x) ni zerbrochen werden (57x) pi zerschmettern (36x) hi durchbrechen lassen ho gebrochen sein
	שֵׁבֶט	Stab, Stamm (190x)		
	שְׁבָט	Schebat (11. Monat das nachexil. Kalenders, Febr./März)		
	שְׁבִי	Wegführung, Gefangenschaft (49x)	II	שׁבר q (Getreide) kaufen hi (Getreide) verkaufen

I	שֶׁבֶר	das Brechen, der Bruch (44x)		שַׁד*	Brust	
II	שֶׁבֶר	Getreide		שֵׁד*	Dämon	
III	שֶׁבֶר	Scheber n. pr. m.	I	שֹׁד	Gewalttat, Verwüstung	
	שִׁבָּרוֹן	Zusammenbruch	II	שֹׁד	Brust	
	שְׁבָרִים	Schebarim n. l.		שדד	q gewalttätig sein, verheeren, verwüsten (32x)	
	שבת	q aufhören, ruhen ni zum Aufhören gebracht werden hi zum Aufhören bringen, ausrotten, beseitigen (40x)			q pass verwüstet werden ni verheert sein pi jmd. Gewalt antun, zerstören pu verheert, verwüstet sein (20x)	
I	שֶׁבֶת	das Aufhören				
II	שֶׁבֶת	→ ישׁב q			poel zertrümmern	
	שַׁבָּת	Sabbat (111x)			ho → q pass	
	שַׁבָּתוֹן	Sabbatfeier		שִׁדָּה	Dame, Herrin (?)	
	שַׁבְּתַי	Schabbetai n. pr. m.		שַׁדַּי	Schaddaj n. dei (48x)	
	שׁגג	q sich (unwissentlich) vergehen		שְׁדֵיאוּר	Schedëur n. pr. m.	
	שְׁגָגָה	(unwissentliches) Vergehen	K	שְׁדִין	Q שֵׁדִין „... wer Richter ist" (?); Hi 19,29	
	שׁגה	q umherirren, sich vergehen hi irreführen		שְׁדֵמָה	Feld, Terrasse(n) (für Weinberge)	
				שׁדף	q austrocknen	
	שָׁגֶה	Schage n. pr. m.		שְׁדֵפָה	Vertrocknen, Brand	
	שׁגח	hi blicken, schauen		שִׁדָּפוֹן	Getreidebrand	
	שְׁגִיאָה	Verirrung		שַׁדְרַךְ	Schadrach n. pr. m.	
	שִׁגָּיוֹן	Klagelied (?)	I	שֹׁהַם	Edelstein, Karneol	
	שׁגל	q schlafen mit q pass vergewaltigt werden ni vergewaltigt werden pu → q pass	II	שֹׁהַם	Schoham n. pr. m.	
				שָׁו	→ שָׁוְא	
				שָׁוְא	Nichtiges, Lüge, Unheil (53x)	
	שֵׁגַל	Frau des Königs		שָׁוָא	Schewa n. pr. m.	
	שׁגע	pu pass verrückt, wahnsinnig hitp sich verrückt gebärden		שׁוֹא*	Verwüstung (?) Ps 35,17 → שׁוֹאָה	
				שׁוֹאָה/שֹׁאָה	Unwetter, Verwüstung, Verderben	
	שִׁגָּעוֹן	Verrücktheit, Raserei		שׁוב	q zurückkehren, umkehren, (sich) wenden, wieder tun (ca. 680x)	
	שֶׁגֶר*	Wurf (vom Muttertier)				

		שׁוּב *polel* verleiten, zurückbringen, wiederherstellen *polal* wiederhergestellt werden, abtrünnig werden *hi* zurückbringen, vergelten, zurückdrängen, widerrufen (360x) *ho* zurückgebracht werden		
		שׁוּבָאֵל Schubaël *n. pr. m.*		
I		שׁוֹבָב abtrünnig, abgewandt		
II		שׁוֹבָב Schobab *n. pr. m.*		
		שׁוֹבֵב abtrünnig		
		שׁוּבָה Umkehr		
		שׁוֹבָךְ Schobach *n. pr. m.*		
		שׁוֹבָל Schobal *n. pr. m.*		
		שׁוֹבֵק Schobek *n. pr. m.*		
		שׁוּד → שׁד		
I		שׁוה *q* gleich, ähnlich sein, angemessen sein *ni* sich gleichen *pi* gleich machen, besänftigen *hi* vergleichen, gleichstellen		
II		שׁוה *pi* stellen, legen		
		*שָׁוֶה Ebene		
		שָׁוֵה Schawe *n. l.* (Ebene)		
		שׁוח *q* sinken, gebeugt sein		
		שׁוּחַ Schuach *n. pr. m.*		
I		שׁוּחָה Grube, Schlucht		
II		שׁוּחָה Schucha *n. pr. m.*		
		שׁוּחִי Schuchiter *n. g.*		
		שׁוּחָם Schucham *n. pr. m.*		
		שׁוּחָמִי Schuchamiter *n. g.*		
I		שׁוט *q* umherstreifen *pol* umherstreifen		
				hitpol umherlaufen
	II		שׁוט	*q* verachten
			שׁוֹט	Peitsche, Geißel
			שׁוֹטֵר	Amtsträger
			*שׁוּל	Gewandsaum, Schleppe (auch übertragen für d. weibl. Scham)
			שׁוֹלָל	barfuß
			שׁוּלַמִּית	Schulamit *n. pr. f.* + Schulamitin *n. g.*
			*שׁוּם	Knoblauch
			שׁוֹמֵר	Schomer *n. pr. m.*
			שׁוּנִי	Schuni *n. pr. m.* + Schuniter *n. g.*
			שׁוּנֵם	Schunem *n. l.*
			*שׁוּנַמִּי	Schunamit *n. g.*
			שׁוע	*pi* um Hilfe rufen
			*שֶׁוַע	Hilferuf
	I		שׁוֹעַ	edel, vornehm
	II		שׁוֹעַ	Schoa *n. populi*
	I		שׁוּעַ	Geschrei (um Hilfe)
	II		שׁוּעַ	Schua *n. pr. m.*
			שׁוּעָא	Schua *n. pr. f.*
			*שַׁוְעָה	Geschrei (um Hilfe)
	I		שׁוּעָל	Fuchs
	II		שׁוּעָל	Schual *n. pr. m.*
	III		שׁוּעָל	Schual *n. l.*
			שׁוֹעֵר	Torhüter
			שׁוּף	*q jmd.* attackieren
			שׁוֹפֵט	Richter, Retter
			שׁוֹבָךְ → שׁוֹפָךְ	
			שׁוּפָמִי	Schufamiter *n. g.*
			שׁוֹפָן → עֲטָרוֹת	
			שׁוֹפָר	Schophar–Horn (als Blasinstrument; 72x)
			שׁוק	*hi* überfließen *polal* überfließen lassen
			שׁוֹק	Schenkel, Wade, Keule
			שׁוּק	Straße, Gasse

I	שׁוּר	q herabsteigen, sich beugen (?)				töten (80x)
						ni geschlachtet werden
II	שׁוּר	q blicken, schauen, lauern		II	שׁחט	q ptz gehämmert (?), legiert (?)
III	שׁוּר	q ptz Pl. f. Karawane			שְׁחִיטָה*	Schlachten, Schlachtung
	שׁוֹר	(das einzelne Stück) Rindvieh (n. unitatis) (79x)			שְׁחִין	Geschwür
					שָׁחִים	→ סָחִישׁ
					שְׁחִית*	Grube
I	שׁוּר*	→ שׁוֹרֵר*			שַׁחַל	Löwe
II	שׁוּר	Mauer			שְׁחֶלֶת	Räucherklaue
III	שׁוּר	Schur n. l.				(wohlriechende Substanz)
	שׁוּרָה*	Stützmauer (von Terrassen)			שַׁחַף*	unreiner Vogel, Möwe (?)
	שׁוֹרֵר*	Feind				
	שַׁוְשָׁא	Schawscha n. pr. m.			שַׁחֶפֶת	Schwindsucht
I	שׁוּשַׁן	Lilie, Seerose, Lotos			שַׁחַץ*	Stolz
II	שׁוּשַׁן	Schuschan, Susa n. l.			שַׁחֲצִים	Schachazim n. l.
	שׁוּשֵׁק	→ שִׁישַׁק			שׁחק	q zerreiben
	שׁוּת	→ שִׁית			שַׁחַק	Staub, Wolken, Gewölk
	שׁוּתֶלַח	Schutelach n. pr. m.		I	שׁחר	q schwarz werden
	שֻׁתַלְחִי	Schutelachiter n. g.		II	שׁחר	q streben
	שׁוּף	q schauen, erblicken, bräunen				pi nach etw. suchen, auf etw. aus sein
	שׁוּר	ho ptz gezwirnt			שַׁחַר	Morgenröte
	שַׁח*	gebeugt			שָׁחֹר	schwarz, dunkel
	שׁחד	q beschenken			שָׁחֹר	→ שִׁיחוֹר
	שֹׁחַד	Geschenk, Bestechungsgeschenk			שַׁחֲרוּת	Morgenröte (des Lebens), schwarzes Haar
	שׁחה	q sich niederwerfen hitpa‘el → חוה; hištaf‘el (170x) hi niederdrücken			שְׁחַרְחֹר*	schwärzlich
					שְׁחַרְיָה	Scheharja n. pr. m.
					שַׁחֲרַיִם	Schaharajim n. pr. m.
	שָׁחוֹר	→ שִׁיחוֹר			שׁחת	ni verdorben sein, werden
	שְׁחוֹר	Ruß				pi verderben, vernichten (39x)
	שְׁחוּת*	Grube				
	שׁחח	q sich ducken, gebeugt werden ni gebeugt werden hi niederbeugen				hi verderben, vernichten, zerstören (95x)
						ho ptz verdorben
					שַׁחַת	(Fang-) Grube, Grab
I	שׁחט	q schlachten, schächten,			שִׁטָּה	Akazie

שָׂטַח q ausbreiten
pi ausbreiten
שׁוֹט Geißel, Peitsche
שִׁטִּים n. l.
שָׁטַף q strömen, fluten,
abspülen
q pass abgespült werden
ni überflutet werden
pu → q pass
שֶׁטֶף Srömen, Überflutung
שֹׁטֵר q ptz Amtsträger, d.h.
Beamter, Schreiber,
Aufseher
שִׁטְרַי Schitrai n. pr. m.
שַׁי Gabe, Geschenk
שְׁיָא Scheja n. pr. m.
שִׁיאוֹן Schion n. l.
I שִׁיבָה* Wiederherstellung
II שִׁיבָה* Weilen, Residieren (?)
2Sam 19,33
שׂיה 1 תָּשֶׁה I > נשה Dtn 32,18
שִׁיזָא Schisa n. pr. m.
שׂיח q zerfließen, sich
auflösen
hitpol aufgelöst sein
שִׂיחָה → I שׂוּחָה Grube
שִׁיחוֹר Schihor n. geogr.
שִׁיחוֹר לִבְנָת Schihor Libnat n. fl.
שַׁיִט Ruder
K שִׁילֹה שִׁילוֹ Q Gen 49,10 „ nach
Silo" (?)
שִׁילוֹ Silo n. l.
שִׁילוֹנִי → שִׁילֹנִי
K שִׁילָל שׁוֹלָל Q Mi 1,8
שִׁילֹנִי Silonit n. g.
שִׁמְעוֹן Simon n. pr. m.
שַׁיִן* Urin
שִׁיר q singen (49x)
q pass gesungen werden
pol singen, besingen

ho → q pass
שִׁיר Lied, Gesang (77x)
שִׁירָה Lied, Gesang
שַׁיִשׁ → II שֵׁשׁ
שִׁישָׁא Schischa n. pr. m.
שִׁישַׁק Schischak n. pr. m.
שׁית q setzen, stellen, legen
(81x)
q pass auferlegt werden
שַׁיִת Dorngestrüpp
שִׁית Gewand, Kleid(ung)
שָׁךְ ? 1 כְּשָׂךְ „wie ein
Versteck, Verschlag,
Netz" (?) Jer 5,26
שׁכב q sich legen, liegen
(198x)
q pass u. ni vergewaltigt
werden
hi hinlegen, ausgießen
ho gebettet werden
שְׁכָבָה* Ablagerung,
Samenerguss
שְׁכֹבֶת Beischlaf
שׁכה hi ptz geil (von
Hengsten)
שְׁכוֹל Kinderlosigkeit
שַׁכּוּל* kinderlos
שַׁכּוּל kinderlos
שִׁכּוֹר betrunken
שׁכח q vergessen (86x)
ni vergessen werden
pi vergessen machen
hitp vergessen werden
hi in Vergessenheit
geraten lassen
שָׁכֵחַ* vergessend
שׁכך q zurückgehen (Wasser),
nachlassen (Zorn)
hi niederhalten

	שׁכל	q kinderlos sein		שׁלג	hi schneien
		pi kinderlos machen, Fehlgeburten verursachen		שֶׁלֶג	Schnee
				שׁלה	q ruhig, sorglos sein
		hi ptz fehlgebärend			ni nachlässig sein
	*שְׁכֻלִים	Kinderlosigkeit			hi falsche Hoffnungen machen
	שׁכם	hi sich früh aufmachen (65x)	I	*שֵׁלָה	→ שְׁאֵלָה Bitte
I	שְׁכֶם	Nacken, Schulter, Bergrücken	II	שֵׁלָה	Schela n. pr. m.
				שִׁלֹה	→ שִׁילֹה
II	שְׁכֶם	Sichem n. l.		שַׁלְהֶבֶת	Flamme
III	שְׁכֶם	Sichem n. pr. m.		שָׁלֵו/שָׁלֵיו	ruhig, sorglos
	שֶׁכֶם	Sechem n. pr. m.		שָׁלוּ	Ruhe, Sorglosigkeit
	שִׁכְמִי	Sichemiter n. g.		שִׁלוּ	→ שִׁילֹה
	שׁכן	q sich niederlassen, bleiben, wohnen (111x)		שַׁלְוָה	Ruhe, Sorglosigkeit
				שִׁלּוּחִים	Entlassung (einer Frau aus der Ehe), Mitgift, Aussteuer
		pi wohnen lassen			
		hi wohnen lassen		שָׁלוֹם	Wohlbefinden, Heil, Frieden (237x)
	שָׁכֵן	Bewohner, Anwohner, Nachbar			
				שַׁלּוּם/שַׁלֻּם	Schallum n. pr. m.
	שְׁכַנְיָה	Schechanja n. pr. m.		שִׁלּוּם	Vergeltung, Entgelt
	שְׁכַנְיָהוּ	Schechanjahu n. pr. m.		שַׁלּוּן	Schallun n. pr. m.
	שׁכר	q sich berauschen		שִׁילוֹנִי	→ שִׁילֹנִי
		pi betrunken machen		שָׁלוֹשׁ	→ שָׁלֹשׁ drei
		hitp sich betrunken gebärden		שׁלח	q ausstrecken, schicken, senden (564x)
		hi betrunken machen			ni geschickt werden
	שֵׁכָר	berauschendes Getränk, Bier			pi loslassen, entlassen. schicken, senden (267x)
	שִׁכֹּר	→ שִׁכּוֹר			pu entlassen werden, geschickt werden, verscheucht werden
I	שִׁכָּרוֹן	Trunkenheit, Rausch			
II	*שִׁכָּרוֹן	Schikkaron n. l.			
	*שַׁל	Sorglosigkeit (?) Verfehlung (?) 2Sam 6,7			hi loslassen auf
			I	שֶׁלַח	Wurfspieß, Schössling, Hhld. 4,13
	שֶׁל	→ שֶׁ	II	שֶׁלַח	Wasserleitung, Kanal
	שַׁלְאֲנָן	→ שַׁאֲנָן	III	שֶׁלַח	Schelach n. pr. m.
	שׁלב	pu ptz verbunden, verzahnt		שִׁלֹחַ	Schiloach n. l. (Wasserkanal in Jerusalem)
	שְׁלַבִּים	Sprossen, Verbindungsleisten			

	שְׁלֻחוֹת*	Ranken			pi vollständig machen
	שִׁלְחִי	Schilhi n. pr. m.			vergelten, ersetzen (89x)
	שְׁלָחִים	→ I שֶׁלַח Hhld 4,13			pu vergolten werden
	שִׁלְחִים	Schilhim n. l.			hi vollenden, Frieden
	שִׁלְחִים	→ שְׁלוּחִים			schaffen
	שֻׁלְחָן	Tisch, Kulttisch (71x)			ho in Frieden leben
	שלט	q Macht haben,		שֶׁלֶם	Opferart: Heils-,
		herrschen			Gemeinschaftsopfer (?)
		hi herrschen lassen,			(87x)
		gestatten	I	שָׁלֵם	vollständig, unversehrt
	שֶׁלֶט	Bogenköcher	II	שָׁלֵם	Salem n. l.
	שִׁלְטוֹן	mächtig		שָׁלֵם	→ שָׁלוֹם
	שַׁלֶּטֶת*	→ שַׁלִּיט mächtig	I	שִׁלֵּם	Vergeltung
	שֱׁלִי*	Ruhe, Stille	II	שִׁלֵּם	Schillem n. pr. m.
	שִׁלְיָה	Nachgeburt		שַׁלֻּם	→ שַׁלּוּם
	שָׁלִיו	→ שָׁלֵו ruhig, sorglos		שַׁלֻּם	→ שַׁלּוּם
	שַׁלִּיט	mächtig		שִׁלֻּמָה*	Vergeltung
I	שָׁלִישׁ	Hohlmaß–Drittel, ca. 1/3		שְׁלֹמֹה	Salomo n. pr. m.
		Sea, ca. 4,4 l		שְׁלֹמוֹת	Schelomot n. pr. m.
II	שָׁלִישׁ	Musikinstrument		שְׁלֹמִי	Schelomi n. pr. m.
		(dreisaitig, Harfe ?,		שַׁלְמַי	Schalmai n. pr. m.
		Laute ?)		שִׁלֵּמִי	Schillemiter n. g.
III	שָׁלִישׁ	3. Mann d. Streitwagen,		שְׁלֻמִיאֵל	Schelumiël n. pr. m.
		Adjutant		שֶׁלֶמְיָה	Schelemja n. pr. m.
	שְׁלִישִׁי	dritter, ein Drittel (105x)		שֶׁלֶמְיָהוּ	Schelemjahu n. pr. m.
	שלך	hi werfen (112x)		שְׁלֹמִית	Schelomit n. pr. m. + f.
		ho geworfen werden		שַׁלְמָן	Schelman n. pr. m.
	שָׁלָך	(unreiner) Vogel, Reiher		שַׁלְמַנְאֶסֶר	Schalmaneser n. pr. m.
		?, Kormoran ?		שַׁלְמֹנִים	Geschenke
I	שַׁלֶּכֶת	das Fällen (v. Bäumen)		שֵׁלָנִי	Schelaniter n. g.
II	שַׁלֶּכֶת	Schallechet n. l.		שִׁלֹנִי	→ שִׁילֹנִי
		(Tempeltor)		שלף	q ausziehen,
I	שלל	q herausziehen			herausziehen
II	שלל	q plündern, rauben		שֶׁלֶף*	Schelef n. tribus
		hitpol ausgeplündert		שׁלשׁ	pi dritteln, am dritten
		werden			Tag tun, zum dritten Mal
	שָׁלָל	Beute, Raub (73x)			tun
	שלם	q heil sein, bleiben;			pu ptz dreijährig,
		fertig werden; Frieden			verdreifacht
		halten		שָׁלֹשׁ	drei (ca. 600x)

	שֶׁלֶשׁ	Schelesch n. pr. m.		שָׁמַיִם	Himmel (421x)
	שָׁלֵשׁ	→ I שָׁלִישׁ		שְׁמִינִי	achter (Ordinalzahl)
	שִׁלְשָׁה	Schilscha n. pr. m.	I	שָׁמִיר	Dornen, Dorngestrüpp
	שָׁלְשָׁה	Schalischa n. t.	II	שָׁמִיר	Schamir n. l.
	שִׁלְשׁוֹם	vor drei Tagen, vorgestern	III	שָׁמִיר	Diamant
	שְׁלִשִׁי	→ שְׁלִישִׁי	IV	שָׁמִיר	Schamir n. pr. m.
	שִׁלֵּשִׁים	Nachkommen d. dritten Generation, Urenkel		שְׁמִירָמוֹת	Schemiramot n. pr. m.
	שַׁלְתִּיאֵל	→ שְׁאַלְתִּיאֵל		שְׁמֶלַי	→ שַׁלְמַי
	שָׁם	dort, da, dann, dorthin (ca. 830x)		שמם	q verödet sein, schaudern, sich entsetzen (36x)
I	שֵׁם	Name, Ansehen (ca. 860x)			ni verwüstet werden (25x)
II	שֵׁם	Schem n. pr. m.			polel ptz zerschlagen, Verwüster
	שַׁמָּא	Schamma n. pr. m.			hitpol starr vor Staunen sein, sich zugrunde richten
	שְׁמָאֶבֶר	Schemeber n. pr. m.			
	שִׁמְאָה	Schima n. pr. m.			
	שַׁמְגַּר	Schamgar n. pr. m.			hi menschenleer, verödet machen, verstören (17x)
	שמד	ni vertilgt werden hi vertilgen, vernichten, ausrotten (69x)			ho inf. Verödung
	*שֶׁמֶד	Schemed n. pr. m.		שָׁמֵם	menschenleer, verödet
	שָׁמָּה	→ שָׁם		שְׁמָמָה	Wüstenei, Ödnis (56x)
I	שַׁמָּה	Entsetzliches, Grauen		שִׁמְמָה	→ שְׁמָמָה Ez 35,7 Entsetzen
II	שַׁמָּה	Schamma n. pr. m.		שִׁמָּמוֹן	Schauder, Entsetzen
	שַׁמְהוּת	Schamhut n. pr. m.		שמן	q fett sein, werden hi fett machen
	שְׁמוּאֵל	Samuel n. pr. m.			
	שַׁמּוּעַ	Schammua n. pr. m.		*שָׁמָן	Fett, fette Gegenden
	שְׁמוֹנָה	→ שְׁמֹנָה		שָׁמֵן	fett
	שְׁמוּעָה	Nachricht, Kunde		שֶׁמֶן	Öl, Fett (193x)
	שָׁמוּר	→ IV שָׁמִיר		שְׁמֹנָה	acht (147x)
	שַׁמּוֹת	Schammot n. pr. m.		שְׁמֹנִים	→ *שָׁמָן
	שמט	q freigeben, loslassen ni herabgestürzt werden hi freigeben lassen		שמע	q hören, anhören, gehorchen (ca. 1050 x) ni gehört werden (43x) pi hören lassen, aufbieten hi hören lassen, verkündigen (63x)
	שְׁמִטָּה	Schuldenerlass			
	שַׁמַּי	Schammai n. pr. m.			
	שְׁמִידָע	Schemida n. pr. m.			
	שְׁמִידָעִי	Schemidaiter n. g.			

I	שֶׁמַע*	Klang		שִׁמְרִית	Schimrit *n. pr. f.*
II	שֵׁמַע	Schema *n. pr. m.*		שִׁמְרֹנִי	Schimroniter *n. g.*
	שֶׁמַע	Schema *n. l.*		שֹׁמְרֹנִי	Samarier *n. g.*
	שֵׁמַע	das Hören, die Kunde		שִׁמְרָת	Schimrat *n. pr. m.*
	שֵׁמַע*	Kunde, Ruf, Gerücht		שֶׁמֶשׁ	Sonne (134x)
	שָׁמָע	Schama *n. pr. m.*		שִׁמְשׁוֹן	Simson *n. pr. m.*
	שִׁמְעָא	Schima *n. pr. m.*		שִׁמְשַׁי	Schimschai *n. pr. m.*
	שִׁמְעָה	Schima *n. pr. m.*		שַׁמְשְׁרַי	Schamscherai *n. pr. m.*
	שִׁמְעָה	Schemaa *n. pr. m.*		שְׁמָתִי	Schumatiter *n. g.*
	שִׁמְעָה	→ שְׁמוּעָה	I	שֵׁן	Zahn (55x)
	שִׁמְעוֹן	Simeon *n. pr. m.; n. tribus*	II	שֵׁן	Schen *n. l.*
	שִׁמְעִי	Schimi *n. pr. m.; n. g.*		שְׁנָא	→ שָׁנָה II
	שְׁמַעְיָה	Schemaja *n. pr. m.*		שֶׁנָא	→ שֵׁנָה
	שְׁמַעְיָהוּ	Schemajahu *n. pr. m.*		שִׁנְאָב	Schinab *n. pr. m.*
	שִׁמְעֹנִי	Simeonit *n. g.*		שִׂנְאָן	Verdoppelung (?), Erhabenheit (?)
	שִׁמְעַת	Schimat *n. pr. m.* + *f.*		שֶׁנְאַצַּר	Schenazzar *n. pr. m.*
	שִׁמְעָתִי*	Schimatiter *n. g.*	I	שנה	*q* wiederholen
	שֶׁמֶץ	Flüstern			*ni* sich wiederholen
	שִׁמְצָה	Gezischel, Gespött (?)	II	שנה	*q* sich ändern, verschieden sein
	שׁמר	*q* hüten, bewachen, aufbewahren, *etw.* beobachten (ca, 420x) *ni* sich hüten, behütet werden (37x) *pi* verehren *hitp* sich hüten vor			*pi* ändern, verändern, sich vorstellen *pu* verändert werden *hitp* sich verkleiden
				שָׁנָה	Jahr (ca. 870x)
				שֵׁנָה	Schlaf
I	שֶׁמֶר*	Weinhefe, alter Wein		שֶׁנְהַבִּים	Elfenbein
II	שֶׁמֶר	Schemer *n. pr. m.*		שָׁנִי	karmesinrot (42x)
	שֹׁמֶר*	das Wachen		שֵׁנִי	zweiter (Ordinalzahl; 156x)
	שֹׁמֵר	→ שׁוֹמֵר			
	שְׁמֻרָה*	Augenlid		שְׁנַיִם	zwei (ca. 760x)
	שְׁמָרָה	Wache		שְׁנִינָה	Spott, Schimpf
I	שִׁמְרוֹן	Schimron *n. pr. m.*		שְׂנִיר	→ שְׂנִיר
II	שִׁמְרוֹן	Schimron *n. l.*		שנן	*q* schärfen
	שֹׁמְרוֹן	Samaria *n. l.; n. terr.*			*pi* einschärfen
	שִׁמְרִי	Schimri *n. pr. m.*			*hitpo* sich gestochen fühlen
	שְׁמַרְיָה	Schemarja *n. pr. m.*			
	שְׁמַרְיָהוּ	Schemarjahu *n. pr. m.*		שנס	*pi* gürten
	שְׁמָרִימוֹת	שְׁמָרִימוֹת 1		שִׁנְעָר	Sinear *n. t.*

שְׁנַת → שֶׁנָה
שׁסה q plündern
  po ausplündern
שׁסס q plündern
  ni geplündert werden
שׁסע q spalten
  pi einreißen, zerreißen,
  1Sam 24,8 jdn. anfahren
  (?)
*שֶׁסַע Spalt (der Klauen)
שׁסף pi in Stücke hauen
שׁעה q blicken, schauen
  hi wegblicken Ps 39,14
  (?)
*שְׁעָטָה das Stampfen
שַׁעַטְנֵז zusammengewirktes
  Gewebe (aus zwei
  Fäden)
*שֹׁעַל hohle Hand, Handvoll
שַׁעַלְבִים Schaalbim n. l.
שַׁעַלְבֹנִי Schaalboniter n. g.
שַׁעֲלִים Schaalim n. t.
שׁען ni sich stützen, sich
  verlassen auf
שׁעע q blind, verblendet sein
  hi verkleben
  hitpalp sich (die Augen)
  verkleben
שַׁעַף Schaaf n. pr. m.
שׁער q berechnen
I שַׁעַר Tor, Torgebäude (ca.
  370x)
II *שַׁעַר Maß (Getreide)
שֵׂעָר → שׂוֹעֵר
*שֹׁעָר verdorben, schlecht
שַׁעֲרוּר abscheulich,
  Abscheuliches
*שַׁעֲרוּרִי abscheulich,
  Abscheuliches
שְׁעַרְיָה Schearja n. pr. m.

שַׁעֲרַיִם Schaarajim n. l.
שַׁעַשְׁגַּז Schaaschgas n. pr. m.
שַׁעֲשׁוּעִים Lust, Wonne
שׁעשׁע pilp erquicken, erfreuen
  polp liebkost werden
  hitpolp sich an etw.
  ergötzen
שׁפה ni ptz kahl
  pu abgemagert sein
*שִׁפְחָה → שְׁפוֹת
שְׁפוֹ/שְׁפִי Schefo n. pr. m.; n.
  tribus
שְׁפוֹט Strafgericht
שְׁפוּפָם Schefufam n. pr. m.
שְׁפוּפָן Schefufan n. pr. m.
*שְׁפוֹת Kuhkäse, Quark
שִׁפְחָה Sklavin (63x)
שׁפט q richten, herrschen
  (184x)
  ni prozessieren, Gericht
  halten, gerichtet werden
  po ptz Gegner
*שֶׁפֶט Strafgericht
שָׁפָט Schafat n. pr. m.
שְׁפַטְיָה Schefatja n. pr. m.
שְׁפַטְיָהוּ Schefatjahu n. pr. m.
שִׁפְטָן Schiftan n. pr. m.
I *שְׁפִי kahler Hügel
II שְׁפִי → שְׁפוֹ
שְׁפִים Schuppim n. pr. m.
שְׁפִיפֹן Schlangenart; Hornviper
שָׁפִיר Schafir n. l.
שׁפך q gießen, schütten
  (101x)
  q pass ausgegossen
  werden
  ni ausgegossen werden
  pu → q pass
  hitp vergossen werden,
  ausgeschüttet sein

שֶׁפֶךְ*	Ausguss (der Fettasche)	
שָׁפְכָה	Harnröhre	
שׁפל	q niedrig sein/ werden, sich senken	
	hi erniedrigen, sich erniedrigen, niederwerfen	
שָׁפָל	niedrig, gering, bescheiden	
שֵׁפֶל	Niedrigkeit	
שִׁפְלָה	das Niedersinken	
שְׁפֵלָה	Schefela n. t.	
שִׁפְלוּת*	das Hängenlassen	
שָׁפָם	Schafam n. pr. m.	
שָׂפָם	Schefam n. l.	
שָׂפָם	→ שָׂפִים	
שִׁפְמִי	Schifmiter n. g.	
I שָׁפָן	Klippdachs	
II שָׁפָן	Schafan n. pr. m.	
שֶׁפַע*	Überfluss (der Meere)	
שִׁפְעָה*	Überfluss, Menge	
שִׁפְעִי	Schifi n. pr. m.	
שפר	q schön sein, mit עַל gefallen	
I שֶׁפֶר*	mit אִמְרֵי schöne Reden Gen 49,21	
II שֶׁפֶר*	Schefer n. montis	
שֹׁפָר	→ שׁוֹפָר	
I שִׁפְרָה	Schönheit	
II שִׁפְרָה	Schifra n. pr. f.	
שַׁפְרִיר*	Prunkzelt (?)	
שׁפת	q aufsetzen, stellen	
שְׁפַתַּיִם	Hürden(?), Abstellplatten od. Leisten (an d. Wand)(?)	
שֶׁצֶף*	das Strömen, Fluten	
I שׁקד	q wachen, wachsam sein	
II שׁקד	pu ptz mandelblütenförmig	
שָׁקֵד	Mandelbaum, Pl.	

	Mandeln	
שׁקה	ni Am 8,8 1 Q וְנִשְׁקְעָה sie senkt sich	
	pu getränkt sein	
	hi trinken lassen, tränken (60x)	
שִׁקּוּי	Getränk	
שִׁקּוּץ	Abscheuliches, Widerliches	
שׁקט	q ruhig sein, Ruhe haben (31x)	
	hi Ruhe schaffen, sich ruhig verhalten	
שֶׁקֶט	Ruhe, Sorglosigkeit	
שׁקל	q wiegen	
	ni gewogen werden	
שֶׁקֶל	Gewicht, Schekel (als Gewichtseinheit ca. 11,5g)	
שִׁקְמָה	Maulbeerfeigenbaum	
שׁקע	q versinken	
	ni sich senken, sinken; Am 8,8 Q	
	hi sich senken lassen, niederdrücken	
שְׁקַעֲרוּרֹת	Vertiefungen (an den Hauswänden)	
שׁקף	ni herunterblicken	
	hi herunterblicken	
שֶׁקֶף*	Türrahmen (?)	
שְׁקֻפִים	Fensterrahmen (?)	
שׁקץ	pi verabscheuen	
שֶׁקֶץ	Abscheuliches, Greuel	
שֶׁקֶץ	→ שִׁקּוּץ	
שׁקק	q sich stürzen, überfallen	
	hitpalp sich überstürzen, sich überrennen	
שׁקר	q jmd. täuschen	
	pi treulos handeln, lügen	
שֶׁקֶר	Lüge, Betrug (113x)	

שֹׁקֶת Tränkrinne
שָׁר → שִׁיר q
*שֵׁר Armspange
*שֹׁר Nabel, Nabelschnur
שָׁרָב Sonnenhitze, Dürre
שֵׁרֵבְיָה Scherebja n. pr. m.
*שַׁרְבִּיט Stab, Zepter
שׂרה q loslassen
pi erlösen (?)
I *שָׂרָה Reihe, Terrasse (des Weinbergs)
II שָׂרָה → שִׁיר q
III שָׂרָה* Karawane Ez 27,25
שָׁרוּחֶן Scharuhen n. l.
שָׁרוֹן Scharon n. t.
שָׁרוֹנִי Scharonit n. g.
*שְׂרוּקָה K → שְׂרֵקָה
שִׂרְטֵי → שִׂטְרֵי
*שָׂרַי Scharaj n. pr. m.
שִׁרְיָה Pfeilspitze, Pfeil
שִׁרְיוֹן Schuppenpanzer
*שָׂרִיר Sehne, Muskel (des Krokodils)
*שְׁרִירוּת Festigkeit, Härte (immer mit לֵב)
*שְׁרִית → שְׁאֵרִית 1Chr 12,39
שְׁרֵמוֹת → שְׁדֵמָה
שׁרץ q kriechen, wimmeln
שֶׁרֶץ Kriechtiere, Kleintiere
שׁרק q pfeifen
שְׁרֵקָה Pfeifen
*שְׁרֵקָה d. Lockpfeifen (d. Herden)
שָׂרָר Scharar n. pr. m.
*שֹׁרֵר → שׁוֹרֵר
שְׁרִירוּת → שְׁרִירוּת
שׁרשׁ pi entwurzeln
pu entwurzelt werden
po Wurzeln schlagen
poal festgewurzelt sein

hi Wurzeln schlagen
*שֶׁרֶשׁ Scheresch n. pr. m.
שֹׁרֶשׁ Wurzel (33x)
*שַׁרְשְׁרָה Kette
שַׁרְשֹׁת → *שַׁרְשְׁרָה
שׁרת pi dienen (97x)
שָׁרֵת Kultdienst
שִׁשָּׂה → שׂשׂה po
I שֵׁשׁ sechs (274x)
II שַׁיִשׁ Alabaster
III שֵׁשׁ Byssus, Leinen
*שָׁשָׁא → שֵׁשָׁא
שֵׁשְׁבַּצַּר Scheschbazzar n. pr. m.
שׁשׁה pi in sechs Teile teilen (?) Ez 45,13b
שִׁשָּׁה → I שֵׁשׁ
שָׁשַׁי Schaschai n. pr. m.
שֵׁשַׁי Scheschai n. pr. m.
שִׁשִּׁי → III שֵׁשׁ Q
שִׁשִּׁי sechster, Sechstel
שִׁשִּׁים sechzig
שֵׁשָׁךְ Scheschach n. l.
שָׁשָׁן Scheschan n. pr. m.
שׁ(וֹ)שַׁנִּים → I שׁוּשַׁן
שָׁשָׁק Schaschak n. pr. m.
שָׁשֵׁר rote Farbe, Mennige
I שֵׁת Gesäß, Fundament
II שֵׁת Schet n. pr. m.; n. populi (?)
III שֵׁת Schet n. pr. m.
שׁתה q trinken (216x)
ni getrunken werden
שְׁתוֹת → שֵׁת
I שְׁתִי Gewebeart
II שְׁתִי das Trinken
שְׁתִיָּה das Trinken
*שָׁתִיל Setzling
שְׁתַּיִם → שְׁנַיִם zwei
שׁתל q pflanzen

שׂתם q ptz pass geöffnet, enthüllt (?)
שׁתן hi ptz uriniert
שׁתע q sich fürchten
שׁתק q zur Ruhe kommen
שֵׁתָר Schetar n. pr. m.
שׁתת q setzen
שָׁתֹת* → I שֵׁת

ת

תָא Nische, Dienstraum
I תאב q verlangen
II תאב pi verabscheuen
תַּאֲבָה Verlangen
תאה pi bezeichnen, markieren, als Grenzmarke nehmen
תְּאוֹ Antilopenart, Oryxantilope
תַּאֲוָה Begehren, Verlangen, Lust
תְּאוֹמִים → תּוֹאֲמִים
תַּאֲלָה* Fluch
תאם hi Zwillinge werfen
תַּאֲנָה* Brunst, Gier
תְּאֵנָה Feigenbaum, Feige (39x)
תֹּאֲנָה Anlass, Vorwand
תַּאֲנִיָּה Traurigkeit
תְּאֻנִים Ez 24,12 Schreibfehler; Dittographie zu Ez 24,11b, delendum
תַּאֲנַת שִׁלֹה Taanat–Schilo n. l.
תאר q umbiegen (von Grenzen)
pi umreißen, vorzeichnen
pu umgebogen werden (von einer Grenze), Jos 19,13 (?)
תֹּאַר Gestalt, Erscheinung
תַּאֲרֵעַ → תַּחְרֵעַ
תְּאַשּׁוּר Zypresse
תֵּבָה Kasten, Arche, Kästchen
תְּבוּאָה Ertrag (42x)
תְּבוּנָה Einsicht, Klugheit (42x)
תְּבוּסָה* Zertretung, Untergang
תָּבוֹר Tabor n. l.; n. montis
תֵּבֵל Festland, Erdkreis (36x)
תֶּבֶל Befleckung, Schändlichkeit
תֻּבַל Tubal n. t.
תַּבְלִית* Vernichtung (?)
תְּבַלֻּל Fleck (im Auge), Entzündung (am Auge)(?)
תֶּבֶן Stroh
תִּבְנִי Tibni n. pr. m.
תַּבְנִית Abbild, Ebenbild, Modell, Plan
תַּבְעֵרָה Tabera n. l.
תֵּבֵץ Tabez n. l.
תִּגְלַת ... Tiglat–Pileser III. (Assurkönig 745-727 v. Chr.)
... פִּלְאֶסֶר
... פִּלֶסֶר
... פִּלְנְאֶסֶר
... פִּלְנֶסֶר
תַּגְמוּל* Wohltat
תִּגְרָה* Schlag, Angriff (?)
תֹּגַרְמָה Togarma n. t.; n. l.
תִּדְהָר Baumart, Esche (?)
תַּדְמֹר Tadmor n. l. (Palmyra)
תִּדְעָל Tidal n. pr. m.
תֹּהוּ Chaos, Leere, Öde, Nichts
תְּהוֹם Urflut, Ozean, Wassertiefe (36x)
תַּהֲלָה Irrtum
תְּהִלָּה Ruhm, Lobpreis (57x)

	תַּהֲלוּכָה*	Prozession, Festzug		תּוֹעֵבָה	Greuel, Abscheu (117x)
	תַּהְפּוּכָה*	Verkehrtheit, Verkehrtes		תּוֹעָה	Verkehrtes, Verwirrung
	תָּו	Zeichen		תּוֹעָפוֹת	Gipfel, Hörner
	תּוֹא	→ תָּאוֹ Jes 51,20		תּוֹצָאוֹת	Ausgänge, Ausläufer
	תּוֹאֲמִם	Zwillinge	K	תּוֹקַהַת	1 תָּקְהַת Tokhat n. pr. m.
	תּוֹאַר	→ תָּאַר		תּוּר	q auskundschaften, erforschen
	תּוּבַל־קַיִן	Tubal–Kajin n. pr. m.			hi auskundschaften lassen
K	תּוֹבֵנָה*	1 תְּבוּנָה Hi 26,12			
	תּוּגָה	Kummer			
	תּוֹגַרְמָה	→ תֹּגַרְמָה	I	תּוֹר*	Reihe, (Schmuck-) Gehänge
	תּוֹדָה	Dank, Lob, Dankopfer, Danklied	II	תּוֹר	Turteltaube
I	תוה	pi Zeichen machen hi ein Zeichen (ת) machen		תּוֹרָה	Lehre, Unterweisung, Belehrung, Tora (220x)
				תּוֹרַק	→ רִיק ho
II	תוה	hi kränken, betrüben		תּוֹשָׁב	Beisasse, ortsansässiger Fremder
	תּוֹחַ	Toach n. pr. m.			
	תּוֹחֶלֶת	Erwartung, Hoffnung		תּוּשִׁיָּה	Erfolg, Gelingen, Umsicht
	תָּוֶךְ	Mitte (418x)			
	תּוֹךְ	→ תָּךְ		תּוֹתָח	eine Waffe, Keule, Knüppel (?)
	תּוֹכֵחָה	Züchtigung, Strafe			
	תּוֹכַחַת	Zurechtweisung, Gegenrede, Tadel, Rüge		תזז	hi abreißen
				תַּזְנוּת*	Hurerei, Buhlerei (metaph. f. Götzendienst)
	תּוּכִיִּים	→ תֻּכִּיִּים			
	תּוֹלָד	Tolad n. l.			
	תּוֹלְדוֹת*	Nachkommen, Geschlechterfolge, Entstehungsgeschichte (39x)		תַּחְבֻּלוֹת	Steuermannskunst
				תֹּחוּ	Tohu n. pr. m.; → תּוֹחַ
				תַּחְכְּמֹנִי	Tachkemoniter n. g.
K	תּוֹלוֹן	1 תִּילוֹן Tilon n. pr. m.		תַּחֲלֻאִים	Krankheiten, Qualen
	תּוֹלֵל*	Verhöhner (→ הלל III)		תְּחִלָּה	Anfang
I	תּוֹלָע	Karmesinrot		תֹּחֶלֶת	→ תּוֹחֶלֶת
II	תּוֹלָע	Tola n. pr. m.		תַּחְמָס	(unreiner) Vogel, Eule ?
	תּוֹלֵעָה	Wurm, Laus (41x)		תַּחַן	Tahan n. pr. m.
	תּוֹלֵעִי	Tolaïter n. g.	I	תְּחִנָּה	Bitten, Flehen, Erbarmen
	תּוֹלַעַת	→ תּוֹלֵעָה	II	תְּחִנָּה	Tehinna n. pr. m.; n. tribus
	תּוֹמִיךְ	Ps 16,5 → תְּמֹךְ q ptz akt. (Nebenform?)		תַּחֲנוּנִים	Flehen, Bitten
				תַּחֲנִי	Tahaniter n. g.
	תּוּמִים	Neh 7,65 → תֻּמִּים		תַּחֲנֹת	das Lagern
	תּוֹמָם	Gen 25,24 → תּוֹאֲמִם		תַּחְפַּנְחֵס	Tachpanhes n. l.

	תַּחְפְּנֵיס	Tachpenes *n. pr. f.* (?), Königsgemahlin (Titel)		תְּכָכִים	→ *Pl.* von תֹּךְ
	תַּחְרָא	Brustpanzer (?)		תִּכְלָה	Vollendung, Vollkommenheit
	*תַּחֲרָה	→ I חרה Tif.		תַּכְלִית	Vollendung, Vollkommenheit, Ende
	תַּחְרַע	Tachrea *n. pr. m.*			
I	תַּחַשׁ	Lederart (?)		תְּכֵלֶת	Purpurwolle (blau, violett) (49x)
II	תַּחַשׁ	Tahasch *n. pr. m.*			
I	תַּחַת	unter, unterhalb, an Stelle von, anstatt (ca. 500x)		תכן	*q* prüfen *ni* geprüft werden, in Ordnung sein
II	תַּחַת	Tahat *n. pr. m.* + *n. l.*			*pi* bestimmen, messen, fest stehen
	תַּחְתּוֹן	unten, das untere			
	*תַּחְתִּי	der, die, das untere			*pu ptz* festgestellt, abgewogen
	תַּחְתִּים חָדְשִׁי	Tachtim–Hodschi *n. l.*	I	תֹּכֶן	Maß, Bemessung, Quantum
	תִּיכוֹן	der, die das mittlere			
	תִּילוֹן	Tilon *n. pr. m.* 1Chr 4,20 Q	II	תֹּכֶן	Tochen *n. l.*
				תָּכְנִית	Vollendung, Richtigkeit
	תֵּימָא	Tema *n. pr. m.; n. t.; n. l.*		*תַּכְרִיךְ	Mantel, Umhang
				תֵּל	Tel, Schutthügel
I	תֵּימָן	Süden, Südgegend		תלא	*q* aufhängen → תלה
II	תֵּימָן	Teman *n. pr. m.; n. t.*		תַּלְאָבוֹת	Dürre
	תֵּימָנִי	Temaniter *n. g.*		תֵּל אָבִיב	Tel Abib *n. l.*
	תֵּימְנִי	Temni *n. pr. m.*		תְּלָאָה	Mühsal, Plage
	*תִּימָרָה	Säule		תְּלַאשַּׂר	Telassar *n. l.; n. t.*
	תִּיצִי	Tiziter *n. g.*		תִּלְבֹּשֶׁת	Bekleidung
	תִּירוֹשׁ	(süßer) Most, Saft, Wein (38x)		תִּלְגַּת פִּלְנֶסֶר	→ תִּגְלַת פִּלְאֶסֶר
	תִּירְיָא	Tirja *n. pr. m.*		תלה	*q* aufhängen
	תִּירָס	Tiras *n. populi*			*ni* aufgehängt werden
	*תַּיִשׁ	Ziegenbock			*pi* aufhängen
	תֹּךְ	Bedrückung, Gewalttätigkeit		תָּלוּל	hoch
				תֶּלַח	Telach *n. pr. m.*
	תכה	*pu* unterworfen sein (?), Dtn 33,3		תֵּל חַרְשָׁה	Tel Harscha *n. l.*
				*תְּלִי	(Wehr-) Gehänge (Köcher mit Pfeilen)
	תְּכוּנָה	Einrichtung, Ausstattung, Vorrat, Wohnsitz		תלל	*hi* täuschen, betrügen *ho* getäuscht werden
	תֻּכִּיִּים	Tierart, Pfauen (?), Paviane (?)		תֶּלֶם	Ackerfurche
				תַּלְמַי	Talmai *n. pr. m.*

תַּלְמִיד	Schüler			hi fertig machen, vollmachen
תֵּל מֶלַח	Tel Melach n. l.		תֵּימָן	→ I תֵּימָן
*תְּלֻנּוֹת	das Murren		תִּמְנָה	Timna n. l.
תלע	pu ptz in Scharlachstoffe gehüllt		תֵּימָנִי	→ תֵּימָנִי
תִּלְפִּיּוֹת	Schichten (von Steinen)		תִּמְנִי	Timniter n. g.
תְּלַשַּׂר	→ תְּלַאשַּׂר		תִּמְנָע	Timna n. pr. f.; n. tribus
תַּלְתַּלִּים	Palmwedel, Dattelrispe		תִּמְנַת־חֶרֶס/	Timnat–Heres, Timnat–
תָּם	ganz, vollständig, fromm, rechtschaffen		תִּמְנַת־סֶרַח	Serach n. l.
תֹּם	Vollkommenheit, Lauterkeit		תִּמְנָתָה	→ תִּמְנָה
תֵּמָא	→ תֵּימָא		תֶּמֶס	Zerfließen (von der Schnecke)
תמה	q staunen, sich wundern, erstarren hitp sich anstarren	I	תָּמָר	Dattelpalme
		II	תָּמָר	Tamar n. pr. f.; n. l.
*תֻּמָּה	Vollkommenheit, Lauterkeit		*תֹּמֶר	Palme
תִּמָּהוֹן	Verwirrung		תִּמֹרָה	Palmenornament
תַּמּוּז	Tammuz n. dei		תַּמְרוּק	Schönheitspflege
תְּמוֹל	gestern	I	תַּמְרוּרִים	Bitterkeiten
תְּמוּנָה	Gestalt, Erscheinung	II	תַּמְרוּרִים	Wegzeichen
תְּמוּרָה	Tausch		*תַּן	Schakal
תְּמוּתָה	Sterben, Tod	I	תנה	q verteilen (?), sich preisgeben (?) Hos 8,10 hi Dirnenlohn geben
*תֶּמַח	Temach n. pr. m.			
תָּמִיד	beständig, immer (104x)	II	תנה	pi preisen, besingen
תָּמִים	vollständig, fehlerfrei, vollkommen		*תְּנוּאָה	Abwendung
תֻּמִּים	Tummim (Pfeile od. Steine als Mittel für Losorakel)		תְּנוּבָה	Frucht, Ertrag
			תְּנוּךְ	Ohrläppchen
			תְּנוּמָה	Schlummer
תמך	q ergreifen, halten ni festgehalten werden		תְּנוּפָה	Schwingen, Weihung, Weihegabe
תְּמֹל	→ תְּמוֹל		תַּנּוּר	Backofen
תמם	q vollständig sein, vollenden, vollzählig sein, zu Ende sein, vollkommen sein (54x) hitp sich untadelig zeigen		*תַּנְחוּם	Trost
			תַּנְחֻמֶת	Tauhumet n. pr. m.
			תַּנִּין	Seeungeheuer, Chaosdrache, Schlange, Krokodil
		I	תִּנְשֶׁמֶת	Echsenart, Chamäleon
		II	תִּנְשֶׁמֶת	Eulenart, Eule

תעב ni verabscheut werden
pi verabscheuen
hi abscheulich handeln
תּוֹעֵבָה → תּוֹעֵבָה
תעה q umherirren, taumeln (27x)
ni irregeführt werden
hi herumirren lassen, taumeln lassen (21x)
תּוֹעוּ / תֹּעִי Tou/ Toï n. pr. m.
תְּעוּדָה Bestätigung, Bezeugung
תֹּעִי → תּוֹעוּ
I תְּעָלָה Graben, Kanal
II תְּעָלָה Heilung (bei einer Wunde)
תַּעֲלוּלִים Willkür, Misshandlung
תַּעֲלֻמָה Verborgenes, Geheimnis
תַּעֲנוּג Wohlleben, Wonne, Genuss
תַּעֲנִית* Kasteiung, Bußübung
תַּעֲנָךְ Taanach n. l.
תעע / תעתע pilp spotten
hitpalp verspotten
תַּעֲצֻמוֹת Kraftfülle
תַּעַר Schermesser, Messer, Scheide
תַּעֲרוּבָה Bürgschaft
תַּעְתֻּעִים Spott, Gespött
I תֹּף Handpauke, Handtrommel
II תֹּף* Gravierung (?), Vertiefung (?), Ez 28,13
תִּפְאָרָה/ תִּפְאֶרֶת Pracht, Schmuck, Ruhm, Ehre (51x)
I תַּפּוּחַ Apfel, Apfelbaum
II תַּפּוּחַ Tappuach n. l.
תְּפוֹצָה* Zerstreuung (?) Jer 25,34
תַּפַּח Tappuach n. pr. m.
תְּפִינִים Mehlart, Backmehl (?) Lev 6,14

תפל hitp sich mit Ränken zeigen (?) 2Sam 22,27
I תָּפֵל Ungesalzenes, Fades Hi 6,6
II תָּפֵל Tünche
תֹּפֶל Tofel n. l.
תִּפְלָה Haltloses, Anstößiges
תְּפִלָּה Gebet (77x)
תִּפְלֶצֶת* Furcht, Schrecken
תִּפְסַח Tifsach n. l.
תפף q die Handpauke schlagen
po trommeln
תפר q zusammennähen
pi nähen
תפש q fassen, ergreifen, in Besitz nehmen, gebrauchen (49x)
ni gefangen, ergriffen werden
pi fangen, greifen
I תֹּפֶת Spucke
II תֹּפֶת Tofet n. l. (Kultstätte)
תָּפְתֶּה Jes 30,33 l תָּפְתֶּה „seine Kultstätte"
תָּקְהַת Tokhat n. pr. m.
I תִּקְוָה* Schnur, Kordel
II תִּקְוָה Hoffnung (32x)
III תִּקְוָה Tikwa n. pr. m.
תְּקוּמָה Standfestigkeit
תְּקוֹמֵם* Ps 139,21 l וּבִמְתְקוֹמְמֶיךָ „und die, die sich gegen dich auflehnen"
תָּקוֹעַ Ez 7,14 Blasinstrument: Horn (?)
תְּקוֹעַ Tekoa n. l.
תְּקוֹעִי Tekoiter n. g.
תְּקוּפָה* Kreislauf, Wendepunkt (d. Sonne)
תַּקִּיף stark

	תָּקַן	q gerade werden		תִּרְעָתִים Tiratiter n. g.
		pi gerade machen		תְּרָפִים Terafim, Götterfiguren
	תָּקַע	q schlagen, klatschen, stoßen, blasen (65x)	I	תִּרְצָה Tirza n. pr. f.
			II	תִּרְצָה Tirza n. l.
		ni geblasen, gestoßen werden, sich verbürgen		תֶּרֶשׁ Teresch n. pr. m.
	*תֶּקַע	das Blasen (ins Horn)	I	תַּרְשִׁישׁ Tarsis n. l.
	תְּקָעִים	Handschlag	II	תַּרְשִׁישׁ Tarsis–Edelstein
	תֹּקֶף	q überwältigen	III	תַּרְשִׁישׁ Tarsis n. pr. m.
	תֹּקֶף	Macht		תִּרְשָׁתָא Trischata, Exzellenz (Titel d. persischen Statthalters in Jerusalem)
	תֹּר	→ תּוֹר I+II		
	תַּרְאֵלָה	Tarala n. l.		תִּרְתָּן Heerführer
	*תַּרְבּוּת	Nachwuchs, Brut		תַּרְתָּק Tartak n. dei od. n. deae
	תַּרְבִּית	Vermehrung, Zuschlag, Wucherzins		*תְּשׂוּמֶת anvertrautes Gut, Depositum
	תרגל	Hos 11,3 → רגל Tifᶜel		תְּשָׁאוֹת Lärm, Geschrei, Donnern
	תרגם	ptz pass übersetzt		תֹּשָׁבֵי → תּוֹשָׁב
	תַּרְדֵּמָה	Tiefschlaf (todesähnlicher Schlaf)		תִּשְׁבִּי Tischbiter n. g.
	תִּרְהָקָה	Tirhaka n. pr. m.		תַּשְׁבֵּץ Durchwirktes (gesäumter Leibrock)
	תְּרוּמָה	Abgabe, Weihegabe, „Hebe" (priesterlicher Terminus) (76x)		תְּשׁוּבָה Rückkehr, Antwort
				תְּשֻׁוָה K Hi 30,22; Q תֻּשִׁיָּה ו תְּשֻׁאָה* Donnern (→ תְּשָׁאוֹת)
	תְּרוּמִיָּה	Sonderweihgabe		
	תְּרוּעָה	Lärm, Kriegsgeschrei, Jubel		תְּשׁוּעָה Hilfe, Rettung, Heil (34x)
	תְּרוּפָה	Arznei, Heilmittel		
	תִּרְזָה	Baumart: Steineiche		*תְּשׁוּקָה Begehren, Verlangen
I	תֶּרַח	Terach n. pr. m.		תְּשׁוּרָה Geschenk, Gabe (?)
II	*תֶּרַח	Terach n. l.		תֻּשִׁיָּה → תּוּשִׁיָּה
	תִּרְחֲנָה	Tirhana n. pr. m.		תְּשִׁיעִי neunter (Ordinalzahl)
	תַּרְמָה	Täuschung, List		תֵּשַׁע neun (78x)
	תַּרְמוּת	Trug Jer 14,14 K		תְּשֻׁעָה → תְּשׁוּעָה
	תַּרְמִית	Trug		תֵּת → נתן q
	תֹּרֶן	Signalstange, Mastbaum		
	תַּרְעֵלָה	Taumel, Schwanken		

II. Biblisch-Aramäisches Taschenwörterbuch
zum Alten Testament
Gen 31,47; Jer 10,11; Dan 2,4b-7,28; Esr 4,8-6,18; 7, 12-26

א

אַב*	Vater, Vorfahr
אֵב*	Frucht, *koll.* Früchte
אבד	*pe* zugrunde gehen
	haf vernichten, umbringen
	ho vernichtet werden
אֶבֶן	Stein
אִגְּרָה	Brief
אֱדַיִן	dann, darauf
אֲדָר	Adar (12. Monat; Febr./ März)
אִדַּר	Tenne
אֲדַרְגָּזְרִין*	Ratgeber (Amtstitel)
אַדְרַזְדָּא	gewissenhaft
אֶדְרָע	Arm, Gewalt
אַזְדָּא	kundgemacht, unumstößlich
אזה	*pe* heizen
אזל	*pe* gehen
אָח*	Bruder
אַחֲוָיַת	*inf. cs.* (H)*af*el → חוה
אֲחִידָה*	Rätsel
אַחְמְתָא	Achmeta, Ekbatana *n. l.*
אַחַר*	nach
אָחֳרִי	eine andere
אַחֲרִי*	Ende
אָחֳרֵין(?)	zuletzt, endlich
אָחֳרָן	ein anderer
אֲחַשְׁדַּרְפַּן*	Satrap, Statthalter
אִילָן	Baum
אֵימְתָן*	schrecklich, furchtbar
אִיתַי	Dasein, Vorhandensein – es gibt
אכל	*pe* essen, fressen (von Tieren)
אַל	nicht (vor d. Jussiv)
אֵל	diese (*Pl.*)
אֱלָהּ	Gott
אֵלֶּה	diese (*Pl.*)
אֲלוּ	siehe!
אִלֵּין	diese (*Pl.*)
אִלֵּךְ	jene (*Pl.*, nachgestellt)
אִלֵּן	→ אִלֵּין
אֲלַף	tausend
אַמָּה*	Elle
אֻמָּה	Volk, Nation
אמן	*haf* vertrauen; *ptz pass* zuverlässig
אמר	*pe* sprechen, sagen, befehlen
אִמַּר*	(Opfer-) Lamm
אֲנַב*	→ אֵב
אֲנָה	ich
אִנּוּן	sie, jene (*Pl.*)
אֲנוֹשָׁא	→ אֱנָשׁ
אֲנַחְנָא/ אֲנַחְנוּ	wir
אִנִּין	→ אִנּוּן
אנס	*pe* bedrängen
אֲנַף*	Angesicht
אֱנָשׁ	Mensch; *koll.* Menschen
אַנְתָּה K / אנתה Q אַנְתְּ	du (*m.*)
אַנְתּוּן	ihr (*m.*)
אֱסוּר	Fessel, Gefängnis
אָסְנַפַּר	Asnappar *n. pr. m.*
אָסְפַּרְנָא	genau, sorgfältig, pünktlich
אֱסָר	Verbot
עַע	Holz, Balken
אַף	auch
אֲפַרְסָיֵא	Perser *n. g.* od. Beamtentitel (Gouverneur?) Esr 4,9
אֲפַרְסְכָיֵא	Perser *n. g.* od. Beamtentitel (Justizbeamter?) Esr 5,6; 6,6

אֲפַרְסַתְכָיֵא	Beamtentitel (Gesandter ?) od. *n. populi*, Esr 4,9	בְּאִישׁ*	böse
אָפְתֹם	sicherlich, gewiss (?), Esr 4,13	בְּאֵשׁ	*pe* schlecht sein
		בָּאתַר	nach
אֶצְבַּע*	Finger, Zehe	בָּבֶל	Babylon *n. l.*
אַרְבַּע	vier	בַּבְלָי*	die Babylonier *n. g.*
אַרְגְּוָן	Purpur (kleid)	בדר	*pa* zerstreuen
אֲרוּ	siehe!	בְּהִילוּ	Eile
אֹרַח*	Weg, Pfad, Geschick	בהל	*pa jdn.* erschrecken
אַרְיֵה	Löwe		*hitpe* eilen
אַרְיוֹךְ	Arjoch *n. pr. m.*		*hitpa* erschreckt werden
אֲרִיךְ	passend, geziemend	בטל	*pe* aufhören, eingestellt werden
ארך*	lang sein		*pa* hindern, Einhalt gebieten
אַרְכֻּבָּה*	Knie		
אַרְכָה	Länge, Dauer	בֵּין	zwischen
אַרְכְּוָי*	Arkeniter *n. g.* (Leute aus Uruk)	בִּינָה	Einsicht
		בִּירָה*	Festung, Burg
אֲרַע	Erde; אֲרַע מִנָּךְ unter dir, geringer als du	בית	*pe* übernachten
		בַּיִת	Haus, Palast, Tempel
אַרְעִי*	Boden	בָּל	Augenmerk, Sinn
אֲרַק*	Erde	בלה	*pa* aufreiben
אַרְתַּחְשַׁשְׂתָּא/ אַרְתַּחְשַׁסְתְּא	Artachschast (=Artaxerxes I. 465-424)	בְּלוֹ	Steuer, Abgabe
		בֵּלְטְשַׁאצַּר	Beltschazzar *n. pr. m.*
אֻשׁ*	Fundament	בֵּלְשַׁאצַּר	Belsazzar *n. pr. m.*
אֶשָּׁא	Feuer, Feueropfer	בנה	*pe* bauen
אָשַׁף	Wahrsager, Zauberer		*hitpe* gebaut werden
אֻשַּׁרְנָא*/ אֻשְׁרָן*	Holzwerk, Mobiliar (?)	בִּנְיָן*	Gebäude
אֶשְׁתַּדּוּר	Aufruhr	בְּנִין*	→ II בַּר*
אָת*	zeichen	בנס	*pe* zürnen, sich ärgern
אתה/אתא	*pe* kommen	בעה/ בעא	*pe* suchen, erbitten, im Begriff sein
	haf bringen		
	hof gebracht werden		*pa* aufsuchen, besuchen
אַתּוּן*	Feueropfer	בָּעוּ	Bitte, Gebet
אָתִי	→ אִיתַי	בְּעֵל*	Herr, Besitzer
אֲתַר	Ort, Stelle, Spur	בִּקְעָה	Ebene
		בקר	*pa* suchen, nachforschen
ב			*hitpa* nachgeforscht werden
בְּ	in, an, zu, bei, durch, mit	I בַּר*	Feld
		II בַּר*	Sohn

I	בָּרַךְ	pe niederknien			fertig
II	בָּרַךְ	pe ptz pass gesegnet	גְּנַז* / גְּנַז	Schatz
		pa segnen, preisen	גַּף*	Flügel
	בְּרַךְ* / בֶּרֶךְ	Knie	גֶּרֶם*	Knochen
	בְּרַם	aber	גְּשֵׁם*	Körper, Leib
	בְּשַׂר	Fleisch		
	בַּת*	Hohlmaß		
	בְּאתַר	→ בָּתַר		**ד**

			דָּא diese(s) (Sg. fem.)
	ג		דֹּב Bär
			דבח pe opfern
	גַּב*	Rücken, Seite	דְּבַח Schlachtopfer
	גֹּב*	Grube	דבק pe haften an,
	גְּבוּרָה	Stärke, Kraft	zusammenhalten
	גְּבַר	Mann	דִּבְרָה* Sache, Angelegenheit
	גִּבָּר*	Held, starker Mann	דְּהַב Gold
	גְּדָבָר*	Hofschatzmeister	K הֲוֵא l דִּי־הוּא das heißt/ ist Esr 4,9
	גדד	pe umhauen, fällen	
	גַּו* / גּוֹ(א)	Inneres, Mitte	דוק → דקק
	גּוּב	→ גֹּב*	דּוּר pe wohnen
	גֵּוָה	Stolz, Hochmut	דּוּרָא Dura n. l. od. n. fl.
	גוח	→ גיח	דּוּשׁ pe zertreten
	גִּזְבָּר*	Schatzmeister	דַּחֲוָה* Musikinstrument (?)
	גזר	pe ptz Pl. Wahrsager, Astrologen	דחל pe sich fürchten; ptz pass furchtbar
		hitpe/ itpe sich losreißen, lösen	pa jdn. erschrecken
	גְּזֵרָה*	Beschluss, Verfügung	דִּי Relativpartikel: dass, so dass, damit, denn, weil
	גיח	af aufwühlen, erregen	דִּין pe Recht sprechen
	גִּיר*	Kalk, Verputz	דִּין Recht, Gericht
	גלא	→ גלה	דַּיָּן* Richter
	גַּלְגַּל*	Rad	דִּינָיֵא Dinäer n. g.
	גלה	pe enthüllen, offenbaren	דֵּךְ jener
		pe pass enthüllt, offenbart werden	דִּכֵּן jener, jene
		haf ins Exil führen	דְּכַר* Widder
	גָּלוּ*	Wegführung, Exil	דִּכְרוֹן Protokoll, Memorandum
	גְּלָל	c. אֶבֶן koll. Quadersteine	דִּכְרָן Annalen
	גמר	pe ptz pass vollständig,	דלק pe brennen
			דמה pe ähnlich sein, gleichen

דְּנָה	dieser (Sg. m.)
דָּנִיֵּאל	Daniel n. pr. m.
דקק	pe zermalmt sein
	haf zermalmen
דָּר	Geschlecht, Generation
דָּרְיָוֶשׁ	Darius n. pr. m.
דְּרָע*	Arm
דָּת	Gesetz, Befehl
דֶּתֶא	Gras
דְּתָבָר*	Beamtentitel: Richter o.ä.

ה

הֲ / ה	Fragepartikel
הָא	siehe! (Interjektion)
הֵא	so wie
הַדָּבְרִין	Beamtentitel: Minister o.ä.
הַדָּם	Stück
הדר	pa ehren, rühmen
הֲדַר*	Hoheit, Majestät
הוּא	er
הוה	pe sein, werden, geschehen
הוּךְ	pe gehen, gelangen
הִיא	sie (Sg.)
הֵיךְ*	wie (→הֵא)
הֵיכַל*	Palast, Tempel
הלך	pa umhergehen, wandeln haf umhergehen, wandeln Dan 3,25; 4,34 l pa (?)
הֲלָךְ	Steuerart: Grundsteuer o.ä.
הִמּוֹ / הִמּוֹן	sie (Pl.)
K הַמְנִיכָא *הַמוּנָךְ	Q Halskette
הֵן	wenn, ob
הַנְזָקָה*	→ נזק Hof
הַרְהֹר*	Erscheinung, Traumphantasie
הִתְבְּהָלָה	Eile
הִתְנַדְּבוּ*	Spende

ו

וְ / וּ	und, aber

ז

זבן	pe kaufen
זָהִיר*	vorsichtig
זוּן	hitp sich nähren von
זוּעַ	pe zittern, beben
זִיד	haf übermütig handeln
זִיו	Glanz, Ausstrahlung
זָכוּ	Unschuld
זְכַרְיָה	Secharja n. pr. m.
זמן	hitpe, hitpa sich verabreden, übereinkommen
זְמָן	Zeit(punkt), Mal
זְמָר*	Saitenspiel, Musik
זַמָּר*	Sänger, Musikant
זַן*	Art
זְעֵיר*	klein
זעק	pe rufen, schreien
זְרֻבָּבֶל	Serubbabel n. pr. m.
זְרַע*	Same, Nachkommenschaft

ח

חֲבוּלָה	Vergehen, Verbrechen
חבל	pa vernichten, zerstören hitp zerstört werden
חֲבָל	Verletzung, Schaden
חֲבַר*	Gefährte, Freund
חַבְרָה *	Gefährtin

	חַגַּי	Haggai *n. pr. m.*	חֶסֶף	geformter Ton, Keramik
	חַד / חֲדָה	eins, einer, eine	חֲצַף	*haf ptz* streng
	חֶדְוָה	Freude	חרב	*hof* verwüstet, zerstört
	*חֲדִי / חֲדֵה	Brust		werden
	חֲדַת	neu	חַרְטֹם	Wahrsager, Magier
	חוה	*pa* anzeigen, mitteilen	חרך	*hitpa* versengt, angesengt
		haf anzeigen, mitteilen,		werden
		deuten	*חֲרַץ	Hüfte
	חוט	→ חיט	חשׁב	*pe* rechnen, achten, halten
	חִוָּר	weiß		für
	חזה	*pe* sehen, schauen	חֲשׁוֹךְ	Finsternis
	*חֵזוּ / *חֲזוּ	Vision, Gesicht, Aussehen	חשׁח	*pe* nötig haben
	חֲזוֹת	Anblick, Sichtbarkeit	*חַשְׁחָה	Bedarf
	חטא	*pa* entsündigen	*חַשְׁחוּ	Bedarf
Q	חַטָּאָה → חַטָיָא K		חשׁל	*pe* zermalmen
	*חֲטִי	Sünde	חתם	*pe* versiegeln
K	חַטָיָה חַטָאָה Q	Sündopfer		
	חַי	lebend, Leben		ט
	היה	*pe* leben		
		haf lebendig machen	טאב	*pe* gut sein
	חֵיוָה	Tier, Getier	טָב	gut
	חיט	*pe/ haf* ausbessern (?),	*טַבָּח	Leibwächter, Scharfrichter
		reparieren (?)	טוּר	Berg, Bergmassiv
	חַיִל	Kraft, Stärke, Heer	טְוָת	fastend, nüchtern
	חַכִּים	weise, Weiser	*טִין	Lehm
	חָכְמָה	Weisheit	*טַל	Tau
	חֵלֶם	Traum	טלל	*haf* Schatten suchen,
	חלף	*pe* vorbeigehen		nisten (?)
	חֲלָק	Anteil	טעם	*pa* zu essen geben
	חֲמָה / חֱמָא	Zorn	טְעֵם	Verstand, Befehl,
	חֲמַר	Wein		Gutachten, Bericht
	חִנְטִין	Weizen	*טְפַר	Nagel, Kralle
	חֲנֻכָּה	Einweihung, Weihe	טרד	*pe* vertreiben
	חנן	*pe* sich erbarmen		*pe pass* verjagt, vertrieben
		hitp flehen, beten		werden
	חֲנַנְיָה	Hananja *n. pr. m.*	טַרְפְּלָיֵא	Beamtentitel:
	חַסִּיר	mangelhaft, gering		Kanzleibeamter od.
	חסן	*haf* in Besitz nehmen,		Tarpeliter *n. g.* (Bewohner
		erhalten		von Tripolis ?)
	*חֵסֶן	Macht		

י

יבל *haf* bringen
סבל (?)→ *šaf*
*יַבָּשָׁה trockenes Land, Erde
*יְגָר Steinhaufen
*יָד Hand, Arm, Tatze, Macht
ידה *haf* loben, preisen
ידע *pe* wissen, kennen, verstehen, erfahren
haf wissen lassen, mitteilen, belehren
יהב *pe* geben
pe pass gegeben sein/werden
hitpe gegeben, bezahlt werden
יְהוּד Juda, Judaea *n. t.*
*יְהוּדִי Jude *n. g.*
יוֹם Tag, Zeit
יוֹצָדָק Jozadak *n. pr. m.*
*יִזב → שׁיזב
יטב *pe* gefallen
יכל *pe* können, imstande sein, überwältigen
*יָם Meer
יסף *ho* hinzugefügt werden
יעט *Jtpa* sich beraten
*יָעֵט Ratgeber d. Königs
*יצא → שׁיצא
יצב *pa* genau feststellen
יַצִּיב gewiss, wahr, zuverlässig
יקד *pe* brennen
*יְקֵדָה das Brennen
*יַקִּיר schwierig, berühmt
יְקָר Ehre, Ansehen, Majestät
יְרוּשְׁלֶם Jerusalem *n. l.*
*יְרַח Monat
*יַרְכָה Hüfte, Oberschenkel
יִשְׂרָאֵל Israel *n. populi*

יֵשׁוּעַ Jeschua *n. pr. m.*
*יָת nota accusativi
יתב *pe* sich setzen, wohnen
haf wohnen lassen, ansiedeln
יַתִּיר außergewöhnlich, sehr

כ

כְּ wie, gemäß, entsprechend, ungefähr, als
כִּדְבָה lügenhaft, Lüge
כָּה hier
כהל *pe* können, in der Lage sein
*כָּהֵן Priester
*כַּוָּה Fenster
כּוֹרֶשׁ Kyros (II. der Große, 559-529 v. Chr.) *n. pr. m.*
כִּכַּר Gewicht, Talent
*כֹּל ganz, jeder, alle
כלל *šaf* vollenden
hištaf vollendet werden
כֵּן so, also
כִּנְמָא so
כנשׁ *pe* versammeln
hitpa sich versammeln
*כְּנָת Gefährte, Kollege
*כַּסְדָּי → כַּשְׂדָּי
כְּסַף Silber
כְּעַן jetzt, nun
כְּעֶנֶת jetzt, nun
כְּעֶת → כְּעֶנֶת Esr 4,17 jetzt, nun
כפת *pe pass* gebunden werden
pa binden, fesseln
כֹּר Kor (Hohlmaß für Trockenes)
*כַּרְבְּלָה Mütze

כרה	*itpe* bekümmert sein	
*כָּרוֹז	Herold	
כרז	*haf* öffentlich ausrufen	
*כָּרְסֵא	Thron, Sessel	
*כַּשְׂדָּי	Chaldäer *n. populi*; Chaldäer als Astrologen	
כתב	*pe* schreiben	
כְּתָב	Schrift, Inschrift, Urkunde	
*כְּתַל	Wand	

ל

לְ	„in Bezug auf"; zu, um zu, für, gegen
לָא	nicht
לֵב / לְבַב	Herz
לְבוּשׁ	Kleid, Gewand
לבש	*pe* anziehen; *haf jdn.* bekleiden
לֵהּ	→ לָא
I לָהֵן	deshalb
II לָהֵן	außer, aber, jedoch
*לֵוִי	Levit *n. g.*
*לְוָת	bei
לְחֵם	Mahl
*לְחֵנָה	Nebenfrau
*לֵילֵי	Nacht
לִשָּׁן	Zunge, Sprache, Volk (als Sprachgemeinschaft)

מ

מָא	→ מָה
מְאָה	hundert
*מֹאזְנַיִן	Waage
מֵאמַר	Wort, Befehl
*מָאן	Gefäß
מְגִלָּה	Schriftrolle
מגר	*pe* stürzen
*מַדְבַּח	Altar
מִדָּה	Abgabe, Steuer
*מְדוֹר	Wohnung, Aufenthaltsort
מָה	was? was, mit כְּ wie; mit עַל warum?; mit לְ damit nicht
מוֹת	Tod
מָזוֹן	Speise, Nahrung
מחא	*pe* schlagen; *pa* schlagen; *hitpe* angeschlagen werden
*מַחְלְקָה	Abteilung (der Leviten)
מְחַן	→ חנן *pe*
מטה	→ מטא
מִישָׁאֵל	Mischael *n. pr. m.*
מֵישַׁךְ	Meschach *n. pr. m.*
מלא	*pe* füllen; *hitpe* erfüllt werden
*מַלְאָךְ	(Gottes-) Bote, Engel
מִלָּה	Wort, Befehl, Sache
מלח	*pe* salzen; Esr 4,14 Salz essen (=im Dienst des Königs stehen)
מְלַח	Salz
מֶלֶךְ	König
מְלַךְ	Rat
מַלְכָּה	Königin(mutter)
מַלְכוּ	Königsherrschaft, Königreich
מלל	*pa* reden
מַן	wer? לְמַן־דִּי מַן־דִּי wer; wem
מִן	von, aus, seit, im Vergleich zu
מְנֵא	Mine (Gewichtseinheit)
מִנְדָּה	→ מִדָּה
מַנְדַּע	Verstand

מְנָה	pe zählen; ptz pass מְנָא	נִדְנֶה	(Schwert-) Scheide, d.h. Hülle, Körper Dan 7,15
	pa bestellen, einsetzen		
מִנְחָה	Opfer (Speiseopfer vegetabilisch)	*נְהוֹר	Licht
		נְהִירוּ	Erleuchtung (des Geistes)
*מִנְיָן	Zahl	נְהַר	Strom, Fluss
*מַעֲבָד	Tat, Werk	נוד	pe fliehen
*מְעִין	Bauch (gegend, Leib)	נְוָלִי / נְוָלוּ	Trümmerhaufen
*מֶעָל	Untergang (der Sonne)	נוּר	Feuer
*מָרֵא	Herr	נזק	pe zu Schaden kommen
מְרַד	Empörung, Rebellion		haf schädigen
*מָרָד	aufrührerisch, rebellisch	נְחָשׁ	Kupfer, Bronze
מרט	pe pass ausgerupft	נחת	pe herabsteigen
מְשַׁח	Öl		haf niederlegen, deponieren
*מִשְׁכַּב	Lager, Bett		
*מִשְׁכַּן	Wohnung (Gottes)		hof gestürzt werden
מַשְׁרוֹקִי	Musikinstrument: Rohrpfeife	נטל	pe erheben, aufheben
			pe pass aufgerichtet werden
*מִשְׁתֵּי	Trinken, Gelage, Fest		
*מַתְּנָה	Geschenk	נטר	pe behalten, bewahren
		*נִיחֹחַ	Räucheropfer
נ		נִכְסִין	Reichtümer, Schätze
		נְמַר	Raubkatze: Leopard od. Panther
נבא	hitpa als Prophet auftreten, weissagen	נסח	hitp herausgerissen werden
*נְבוּאָה	Prophezeiung, Weissagung	נסך	pa darbringen
		*נְסַךְ	Trankopfer
נְבוּכַדְנֶאצַּר	Nebukadnezar (II. 604-562 v. Chr; babyl. König)	נפל	pe fallen, niederfallen, zufallen
נְבִזְבָּה	Geschenk, Gabe	נפק	pe ausgehen, hervorkommen
*נְבִיא	Prophet		
*נֶבְרְשָׁה	Leuchter, Lampe		haf herausholen
נגד	pe fließen, sich ergießen	*נִפְקָה	Kosten
נֶגֶד	in Richtung nach	*נִצְבָּה	Festigkeit, Härte
נְגַהּ	Helligkeit	נצח	hitpa sich hervortun
נְגוֹ(א)	→ עֲבַד נְגוֹ(א)	נצל	haf retten
נדב	hitpa willig sein, spenden	נְקֵא	rein
נִדְבָּךְ	Schicht, Lage (von Steinen od. Holz)	נקשׁ	pe aneinander schlagen
		נשׂא	pe nehmen, wegtragen
נדד	pe fliehen		hitpa sich erheben

*נָשִׁין	Frauen
*נִשְׁמָה	Lebensatem, Leben
נְשַׁר	Adler od. Geier
*נִשְׁתְּוָן	Dekret, Brief
*נְתִינִין	Tempelsklaven
נתן	pe geben
נתר	af abstreifen

ס

סַבְכָא → שַׂבְּכָא	
סבל	po erhalten werden (?)
סבר	pe trachten
סַגִּיאָן → שַׂגִּיא	
סגד	pe huldigen
סְגַן	Beamtentitel: Statthalter, Präfekt
סגר	pe verschließen
סוּמְפֹּנְיָה	Doppelflöte, Sackpfeife, od. Orchester (?)
סוף	pe sich erfüllen
	haf ein Ende machen, vernichten
*סוֹף	Ende
סוּפֹּנְיָה/ סִיפֹּנְיָה	→ סוּמְפֹּנְיָה
סלק	pe hinauf-, emporsteigen
	haf hinaufbringen
	hof heraufgeholt werden
סָפַר	Schreiber, Sekretär
*סְפַר	Buch
*סַרְבָּל	Kleidungsstück: Mantel od. Hose
*סָרַךְ	Beamtentitel: Minister (?), Präsident (?)
I סתר	pa ptz pass d. Verborgene
II סתר	pe zerstören

ע

עבד	pe tun, machen
	hitpe gemacht werden
עֲבֵד	Sklave, Diener
עֲבֵד נְגוֹ	Abednego n. pr. m.
*עֲבִידָה	Arbeit, Dienst, Verwaltung
*עֲבַר	d. jenseitige Ufer (Syrien, Palästina)
עַד	bis, bis dass
עַד־אָחֳרֵין	bis schließlich, endlich
עַד־דִּבְרַת דִּי	um deswillen, dass
עַד־כָּה	bis hierher
עַד־כְּעַן	bis jetzt
עַד־עִדָּן	auf Zeit
עדה	pe kommen, gelangen zu, weggehen, aufhören
	haf wegnehmen, absetzen
עִדּוֹא	Iddo n. pr. m.
עִדָּן	Zeit, Jahr
עוֹד	noch
*עֲוָיָה	Sünde
עוֹף	Vogel, koll. Vögel
עוּר	Spreu
עֵז	Ziege
*עִזְקָה	Siegelring
עֶזְרָא	Esra n. pr. m.
עֲזַרְיָה	Asarja n. pr. m.
עֵטָא	Rat
*עַיִן	Auge
עִיר	Wächter, Bote, Engel
עַל	auf, über, gegen, für
עַל־דְּנָה	deshalb
עַל־מָה	warum
עֵלָּא	oben, oberhalb
עִלָּה/א	Ursache, Vorwand
*עֲלָוָה/ עֲלָוָה	Brandopfer
*עִלָּי	oberer, höchster
*עִלִּי	Obergemach

*עֶלְיוֹן	Höchster		
עלל	pe hineingehen		**פ**
	haf hineinführen		
	hof hineingeführt werden	פֶּחָה	Beamtentitel: Statthalter, Gouverneur
עָלַם	fernste Zeit, Ewigkeit	פֶּחָר	Töpfer
*עֵלְמָי	Elamiter n. g.	*פְּטִישׁ	Kleidungsstück: Hemd (?), Beinkleid, Hose
*עֲלַע	Rippe		
עִם	mit, bei, an	פלג	pe teilen
עַם	Volk	*פְּלַג	Hälfte
*עַמִּיק	tief, das Tiefe, Unerforschliche	*פְּלֻגָּה	Abteilung, Gruppe
		פלה	pe verehren, dienen
עֲמַר	Wolle	*פָּלְחָן	Gottesdienst, Kult
*עַן → כְּעַן		פֻּם	Mund, Öffnung
ענה	pe antworten, zum reden anheben	*פַּס	Handfläche
		פְּסַנְתֵּרִין/ פְּסַנְטֵרִין	Saiteninstrument: Zither, Hackbrett
*עֲנֵה	arm, elend		
עֲנָיִן	Pl. von *עֲנֵה	פַּרְזֶל	Eisen
*עֲנָן	Wolke	פרס	pe zerteilt werden
עֲנַף	Zweig	*פְּרֵס/ פְּרַס	Maß- u. Gewichtseinheit: halbe Mine, halber Schekel (?)
*עֲנָשׁ	Geldstrafe, Geldbuße		
*עֲנֵת → כְּעֶנֶת			
*עֳפִי	Laub	פָּרַס	Perser n. g.; Persien n. t.
עֲצִיב	ängstlich, betrübt	*פַּרְסִי	Perser n. g.
עקר	itpe ausgerissen werden	פרק	pe entfernen, tilgen
*עִקַּר	Stamm, Pfahl (?)	פרשׁ	pa ptz pass getrennt
*עָר	Widersacher, Gegner	*פַּרְשֶׁגֶן	Abschrift
ערב	pa mischen	פשׁר	pe erklären, deuten pa ptz Deuter
	hitpa sich mischen		
*עֲרָד	Wildesel	*פְּשַׁר	Erklärung, Deutung
*עַרְוָה	Blöße, Schande	פִּתְגָם	Wort, Erlass
עֲשַׂב	koll. Kraut, Kräuter	פתח	pe öffnen
עֲשַׂר	zehn	*פְּתָי	Breite
עֶשְׂרִין	zwanzig		
עשׁת	pa planen		**צ**
*עֵת → כְּעֶת			
*עֲתִיד	bereit	צבה	pe wünschen, wollen
*עַתִּיק	alt	צְבוּ	Angelegenheit, Sache
		צבע	pa benetzen
			hitpa benetzt werden

צַד*	Seite, Flanke	קְטַר*	Knoten > Gelenk, schwierige Aufgabe
צִדְאָ	Wahrheit; הַצְדָא wirklich?, ist es wahr?	קַיִט*	Sommer
צִדְקָה	Gerechtigkeit, rechtes Handeln	קְיָם	Verordnung
		קַיָּם	dauernd
צַוַּאר*	Hals	קִיתְרֹס	Q קַתְרוֹס Zither
צלה	pa beten	קָל	Stimme, Klang
צלח	haf gut gehen lassen, vorankommen, Erfolg haben	קנה/א	pe kaufen
		קְצַף	pe zornig werden
		קְצַף	Zorn
צֶלֶם*	Bild, Statue	קצץ	pa abschlagen
צְפִיר*	Bock	קְצָת*	Ende, Teil
צִפַּר*	Vogel	קרא	pe rufen, lesen
			pe pass vorgelesen werden
			hitpe gerufen werden
ק		קרב	pe hinzutreten
			pa darbringen
קבל	pa empfangen		haf hinführen, darbringen
קֳבֵל	vor, gegenüber	קְרָב	Krieg
	לְקָבֵל vor, gegenüber, wegen	קִרְיָא	Ortschaft, Stadt, Dorf
	כָּל־קֳבֵל deshalb	קֶרֶן	Horn (eines Tieres), Musikinstrument
	כָּל־קֳבֵל דִּי weil	קְרַץ*	Stück, mit אכל jem. verleumden
קַדִּישׁ	heilig		
קֳדָם	vor	קְשֹׁט	Wahrheit
קַדְמָה*	vordem (mit מִן)	קַתְרוֹס	→ קיתרס K
קַדְמָי*	vorderer, -e, -es; erster, erste, erstes		
קוּם	pe aufstehen, dastehen, bestehen	**ר**	
	pa hinstellen, festsetzen	רֵאשׁ*	Kopf, Anfang
	haf aufstellen, aufrichten, einsetzen, erlassen	רַב	groß, Groß-, Ober-
		רבה	pe groß werden, wachsen
	af aufstellen (lassen)		pa groß machen, erhöhen
	hof aufgestellt werden	רְבוּ	Größe, Macht
קטל	pe töten	רִבּוֹ*	große Menge, zehntausend(e)
	pe pass getötet werden		
	pa töten	רְבִיעִי*	vierter
	hitpe getötet werden	רַבְרְבִין*	Große, Mächtige
	hitpa töten	רַבְרְבָנִין*	Große, Mächtige

רגז	*hof* jem. zornig machen
רֹגֶז	Zorn
רְגַל / רְגֵל	Fuß
רגשׁ	*haf* hereinstürmen
*רֵו	Aussehen
רוּחַ	Wind, Geist
רום	*pe* sich erheben
	pol preisen, loben
	hitpol sich erheben
	haf jem. erhöhen
*רוּם	Höhe
רָז	Geheimnis
רְחוּם	Rehum *n. pr. m.*
*רַחִיק	fern
רַחֲמִין	Barmherzigkeit
רחץ	*hitpe* sich verlassen auf
*רֵיחַ	Geruch
רמה	*pe* werfen, auferlegen
	pe pass geworfen werden, aufgestellt werden
	hitpe geworfen werden
*רְעוּ	Wille, Entscheid
*רַעְיוֹן	Gedanke
רַעֲנַן	glücklich
רעע	*pe* zerschmettern
	pa zerschlagen
רפס	*pe* zertreten
רשׁם	*pe* schreiben
	pe pass geschrieben werden

שׂ

*שָׂב	Ältester
שַׂבְּכָא	Saiteninstrument: Harfe
שׂגא	*pe* groß werden, sein
שַׂגִּיא	groß, viel, sehr
*שָׂהֲדוּ	Zeugnis
שְׂטַר	Seite
שִׂיב	*pe ptz Pl.* Alte, Älteste
שִׂים	*pe* setzen, stellen, legen
	pe pass gesetzt, gestellt, gelegt werden
	hitpe gelegt werden
שׂכל	*hitpa* anschauen, beobachten
שָׂכְלְתָנוּ	Einsicht, Kenntnis
שׂנא	*pe* hassen; *ptz* Feind
*שְׂעַר	Haar

שׁ

שׁאל	*pe* verlangen, bitten, fragen
*שְׁאֵלָה	Angelegenheit, Sache, Bitte
שְׁאַלְתִּיאֵל	Schealtiël *n. pr. m.*
*שְׁאָר	Rest, Übriges
שׁבח	*pa* loben, preisen
*שְׁבַט	Stamm
*שְׁבִיב	Flamme
שְׁבַע	sieben
שׁבק	*pe* zurücklassen, gewähren lassen
	hitpe überlassen werden
שׁבשׁ	*hitpa* angst und bange werden
*שֵׁגָל	Königsgemahlin
שׁדר	*hitpa* sich bemühen
שַׁדְרַךְ	Schadrach *n. pr. m.*
שׁוה	*pa* gleichstellen
	hitpa gemacht werden zu
*שׁוּר	Mauer
*שׁוּשַׁנְכָי	Susaniter *n. g.*
שׁחת	*pe ptz pass* schlecht, falsch
שׁיזב	*šaf el* (?) retten, befreien
שׁיצא	*šaf el* (?) vollenden

שכח hitpe gefunden werden
haf finden
שכלל šaf'el von כלל vollenden, fertigstellen
שכן pe wohnen
pa wohnen lassen
שְׁלֵה* ruhig, zufrieden
שלה Dan 3,29 1 Q שָׁלוּ
שָׁלוּ* Nachlässigkeit, Versäumnis
שְׁלֵוָה* Ruhe, Wohlergehen
שלח pe senden, schicken
pe pass gesandt sein, werden
שלט pe herrschen, sich bemächtigen
haf zum Herrscher machen
שִׁלְטוֹן* Amtsträger, Beamter
שָׁלְטָן Herrschaft, Macht
שַׁלִּיט mächtig, Machthaber
שלם pe vollendet, fertig sein
haf abliefern, preisgeben
שְׁלָם Wohlbefinden, Heil
שֵׁם* Name
שמד haf vertilgen
שְׁמַיִן* Himmel
שמם etpoʿal vor Schreck erstarren
שמע pe hören
hitpa gehorchen
שָׁמְרַיִן Samaria n. l.; n. t.
שמש pa dienen
שֶׁמֶשׁ* Sonne
שִׁמְשַׁי Schimschai n. pr. m.
שֵׁן* Zahn
שנה pe sich unterscheiden, verändert werden
pa verwandeln, (einen Befehl) übertreten

etpa sich ändern
haf abändern, übertreten
I שְׁנָה* Jahr
II שְׁנָה* Schlaf
שָׁעָה kurze Zeit, Augenblick
שפט pe ptz Richter
שַׁפִּיר schön
שפל haf erniedrigen
שְׁפַל* niedrig
שפר pe schön sein, gefallen
שְׁפַרְפָּר Morgendämmerung
שָׁק* Schenkel, Bein
שרה pe lösen, wohnen
pa beginnen
hitpa sich lösen, schlottern
שְׁרָשׁ* Wurzel
שָׁרְשֵׁי 1 Q שָׁרֹשִׁי Esr 7,26 Entwurzelung, Verbannung
שֵׁשְׁבַּצַּר Scheschbazzar n. pr. m.
שֵׁת sechs
שתה pe trinken
שִׁתִּין sechzig
שְׁתַר בּוֹזְנַי Schetar-Bosuai n. pr. m.

ת

תבר pe ptz pass zerbrechlich
תְּדִיר* Fortdauer, mit בְּ beständig
תוב pe zurückkehren
haf zurückgeben, zurückbringen
תוה pe erstaunen, erschrecken
תּוֹר* Rind, Stier
תְּחוֹת unter
תַּחַת* → תְּחוֹת
תְּלַג Schnee
תְּלִיתָי dritter

תְּלָת drei
תִּלְתָּא Beamtentitel: Dritter (im Königreich) (?)
תְּלָתִין dreißig
תְּמַהּ* Wunder
תַּמָּה dort
תִּנְיָן zweiter
תִּנְיָנוּת zum zweiten Mal, abermals
תִּפְתָּי Beamtenbezeichnung: Polizeibeamter
תַּקִּיף* stark, mächtig
תקל pe pass gewogen werden
תְּקֵל Gewichtseinheit: Schekel

תקן ho wieder eingesetzt werden
תקף pe stark, mächtig sein/werden
pa in Kraft setzen
תְּקֹף* Stärke, Kraft
תְּקָף Stärke, Kraft
תְּרֵין* zwei
תְּרַע* Öffnung, Tor
תָּרָע* Torhüter
תַּרְתֵּין zwei
תַּתְּנַי Tattenai n. pr. m.

III. Vokabeln nach Häufigkeit

1. Hebräische Wörter

> 1000x

אָב		כִּי	עַם
אֵל־	הוּא	כֹּל	עִם
אֱלֹהִים	הָיָה		עָשָׂה
אמר	הלך	לְ	
אֶרֶץ	הִנֵּה		פָּנִים
		מֶלֶךְ	
בְּ	וְ		רָאָה
בוא		נתן	
בַּיִת	יָד		שׁוּב
בֵּן	יוֹם II	עַד	שׁמע
		עִיר	
דבר	כְּ	עַל	

700-999x

אֶחָד		כֹּהֵן	עֶבֶד
אַחַר			עַיִן
I אַיִן	הַ	לקח	שׁלח
אכל			שָׁם
אַל	ידע	מָה/ מַה/ מֶה I	שֵׁם
אֵלֶּה	יְהוּדָה		שָׁנָה
אֲנִי	יצא	נֶפֶשׁ	שְׁנַיִם
אִשָּׁה	ישׁב	נשׂא	

500-699x

אָדוֹן/ אָדֹן		מוּת	I קרא
אָדָם	דֶּרֶךְ	מַיִם I	רֹאשׁ
אָח		מצא	
	הֵם/ הֵמָּה	מִצְרַיִם I	שֶׁבַע
בוא	הַר		
בַּת		עלה	
	כֹּה		
גָּדוֹל	כֵּן		

200-499x

אֶבֶן	אֹהֶל	אֹיֵב/ אוֹיֵב II	אֶלֶף
I אֲדָמָה	אוֹ	אֵל	אִם

צֹאן	מַעֲשֶׂה	יֶלֶד	אָנֹכִי II
צִוָּה	מָקוֹם	יָם	אַף
קֹדֶשׁ	מִשְׁפָּחָה	יָצָא	אָרוֹן
קוּם	נָא I	יָרֵא	אֵשׁ
	נְאֻם	יָרַד	
רַב	נָבִיא		בֵּין*
רֶגֶל	נֶגֶד	כְּלִי	בָּנָה
רוּחַ	נַחֲלָה I	כֶּסֶף	בָּשָׂר
רַע / רָע	נִכָּה	כָּתַב	
רָעָה	נַעַר		גְּבוּל
רָשָׁע	נָפַל	לֵב / לֵבָב	
		לֵוִי	דָּם
שָׂדֶה	סָבִיב	לַיְלָה	
שָׁלוֹם		לָכֵן	הִיא
שָׁמַיִם	עָבַר		
שָׁמַר	עוֹד	מְאֹד	זֶרַע
שַׁעַר	עוֹלָם	מִדְבָּר	
שֵׁשׁ	עָלָה	מוֹעֵד	חָדָשׁ
שָׁתָה	עָלָה	מִזְבֵּחַ	חַטָּאת
	עָמַד I	מַחֲנֶה	חַי
תָּוֶךְ	עָנָה	מַטֶּה I	חַיָּה
תּוֹרָה	עֵץ	מִי	חָמֵשׁ
	עֶשֶׂר	מַלְאָךְ	חֶסֶד
	אֵת	מִלְחָמָה	חֶרֶב
	עַתָּה	מֶלֶךְ	
	פָּקַד	מִנְחָה	טוֹב
		מַעַן*	

100-199x

חוּץ	דּוֹר	בָּחַר	אָבַד
חָטָא		בָּטַח	אָהַב
חַיִּים	הִלֵּל	בָּכָה	אָז
חָכָם	הָרַג	בְּכוֹר	אֹזֶן
חָכְמָה		בִּלְתִּי	אָחוֹת
חֵמָה	זֶבַח	בָּמָה	אַחֵר I
חֲצִי	זָבַח	בַּעַד	אַךְ
חָצֵר	זָכַר	בַּעַל	אָסַף I
חֹק	זָקֵן		אַף I
חֻקָּה		גִּבּוֹר	
	חוֹמָה		בְּהֵמָה

שָׂמַח				מְלָאכָה		יַיִן	
שָׂנֵא		פֶּן		מַמְלָכָה		יָכֹל	
שָׂפָה		פָּנָה		מִסְפָּר		יֶלֶד	
שָׂרַף		פַּעַם	I	מְעַט		יָמִין	
שֹׁ׳ / שֶׁ׳		פַּר		מָצָא		יָסַף	
שָׁאַל		פְּרִי		מִצְוָה		יָסַר	
שָׁאַר		פָּתַח		מִשְׁכָּן		יַרְדֵּן	
שֵׁבֶט		צַדִּיק		נֶגֶד		יָרֵשׁ	
שֶׁבַע		צֶדֶק		נָגַע		יֵשׁ	
שָׁבַר		צְדָקָה	I	נָהָר		יָשַׁע	
שָׁחַט		צָפוֹן		נוּס	I	יָשָׁר	
שָׁכַב		קָדוֹשׁ		נָחַל		כָּבוֹד	
שָׁכַן		קָהָל		נְחֹשֶׁת		כֶּבֶשׂ	
שְׁלִישִׁי		קָרָא		נָטָה		כּוּן	
שָׁלַךְ		קָרַב	II	נָסַע		כֹּחַ	
שֶׁמֶן		רִאשׁוֹן		נָצַל		כָּלָה	
שְׁמֹנֶה		רַב		סוּס		כְּמוֹ	
שֶׁמֶשׁ		רָבָה		סוּר	I	כִּסֵּא	
שֵׁנִי		רָדַף		סֵפֶר		כָּסָה	
שָׁפַט		רוּם		עֲבֹדָה		כַּף	
שָׁפַךְ		רֶכֶב		עַמּוּד	II	לָשׁוֹן	
שֶׁקֶר		רַע		עָפָר		מִגְרָשׁ	
תּוֹעֵבָה		רָעֵב		עֶצֶם	I	מָוֶת	
תָּמִיד		רָעָה		עֶרֶב		מָוֶת	
		רַק		עֲרָבָה		מָלֵא	

50-99x

גֶּפֶן		בְּלִי		אָסַף		אָבָה	
		בְּתוּלָה		אָסַר		אָוֶן	
דְּבַשׁ				אַרְיֵה		אוֹר	I
דֶּלֶת		גָּאַל		אָרַר		אָחֹז	
דַּעַת		גְּבוּרָה				אַחֲרִית	
דֶּרֶךְ		גִּבְעָה		בּוֹר		אֱלוֹהַּ	
		גֶּבֶר		בּוֹשׁ		אַלְמָנָה	
הֶבֶל		גָּדַל		בֶּטֶן		אָמָה	
הוֹי		גָּלָה		בִּין		אַמָּה	I
הָלַךְ		גָּמָל		בַּל		אֱמֶת	

הָמוֹן		יָרֵא		מַחֲשָׁבָה	II	עָנָה
הֶפֶךְ		ירד		מכר		עָנִי
		יְרִיעָה		מָלֵא		עָנָן
זָכָר		ירשׁ		מלט		עֵצָה
זעק		יְשׁוּעָה		משׁח		עֶרְוָה
זְרוֹעַ		יתר	I	משׁל		ערך
		יֶתֶר				עשׂה
חדל				נבא		
חָדָשׁ		כּוּן		נבט		פֵּאָה
חזק		כִּכָּר		נֶגַע		פדה
חָזָק		כלה		נגשׂ		פֶּה / פּוֹ
חַיָּה		כְּסִיל		גֶּדֶר / גָּדֵר		פלא
I	חֵלֶב		כפר		II	פלל
	חָלוֹם		כְּרוּב		נחם		פעל
	חלל		כֶּרֶם		נטה		פרשׂ
	חָלָל		כרת		נטל		פָּרָשׁ
	חֵלֶק		כַּשְׂדִּים		נטשׁ		פֶּשַׁע
	חֲמוֹר		פֶּתֶף		נַעֲרָה		פתח
	חָמָס				נצב		
	חֵן		לבשׁ		נצח		צוּר
	חנן		לין		נצר		צֵל
	חפץ		לכד		נשׂג		צַר
	חֵץ		למד		נשׁק		עָרָה
	חרה						
	חשֶׁךְ		מאס		סֶלָה		קבר
			מַלְכוּת		סֶלַע		קֶבֶר
	טוֹבָה		מַצָּה		ספר		קָדִים
	טמא		מִקְדָּשׁ		סֵפֶר		קֶדֶם
	שֶׁרֶם		מִקְנֶה				קדשׁ
			מַרְאֶה		*עֲבוּר		קָטֹן
	יְאֹר		מָרוֹם		עבר		קטר
	ידה		מִשְׁמֶרֶת		עֶבֶר	I	קִיר
	יְהוּדִי		מָגֵן		עַד		קָנֶה
	יוֹמָם		מִדָּה		עֵדוּת		קֵץ
	יַחְדִּי		מַדּוּעַ		עוֹף		קָרוֹב
	יטב		מהר		עוֹר		קֶרֶן
	יכח		מִזְמוֹר		עַז		קרע
	יֶלֶד		מִזְרָח		עמד		קֶשֶׁת
	יַעַן		מַחֲלֹקֶת		עָמָל		
	יַעַר		מָחָר		עֵמֶק		רֵאשִׁית

	רְבִיעִי		שְׂמֹאל		שִׁיר		שׁקה
	רוץ		שֵׁם		שִׁית		שׁרת
	רָחוֹק	I	שָׂעִיר		שׁכח		
	רחץ				שׁכם		תְּהִלָּה
	ריב		שָׁאוּל		שֻׁלְחָן		תמם
	רִב		שְׁאֵרִית		שָׁלָל		תִּפְאֶרֶת/ תִּפְאָרָה
	רכב		שְׁבִיעִי		שׁלם		תפשׂ
I	רעע	I	שֶׁבֶר		שֶׁלֶם		תקע
	רפא		שׁבת		שׁמד		תְּרוּמָה
	רָצוֹן		שָׁוְא		שׁמם		תֵּשַׁע
			שׁוֹפָר		שְׁמָמָה		
	שׂבע		שׁוֹר	I	שֵׁן		
	שׂכל	I	שׁחט		שִׁפְחָה		

10-49x

	אבד		גַּן		חֳלִי		יטב
	אבל	II	גנב		חלם		ילל
	אהב	II	גרשׁ	I	חלק		יסד
	אוּלַי				חמד		יסף
	אזן		דבק		חֲמִישִׁי		יעץ
	אִי/ אֵי		דֶּבֶר		חמל		יָפֶה
	אַיֵּה		דין		חֲנִית		יצב
	אכל		דַּל		חנם		יצר
	אֱמוּנָה		דְּמוּת		חסה		ירא
	אֱנוֹשׁ				חרד		יִרְאָה
I	אֲרִי		הגה	III	חָרוֹן		ירה
			הלך		חרם		יָרֵךְ
	בדל		הפך		חרף		ישׁב
	בזה		הרה		חרשׁ		ישׁע
	בָּחוּר		הרס		חֹשֶׁךְ		יָתוֹם
	בְּכִי				חשׁב		
	בלל		זַיִת				כבד
	בלע		זנה		טהר		כבס
I	בער		זרע		טל		כּוֹכָב
					טמן		כֹּל
	גָּאוֹן		חבא		טף		כלם
	גִּבְעָה		חגר				כְּלִמָּה
	גיל		חָלָב		יבשׁ		כִּנּוֹר
	גלה		חלה		יָהּ		כְּפִיר

	כֶּשֶׁל		מַעֲלָל		נְקָמָה		פֶּרֶץ
			מְעָרָה		גֵּר		פרר
	לְאֹם		מַצֵּבָה		נתץ		פשט
	לוּחַ		מַר				פשע
	למד		מרה		סבב		
	לקט		מְרִי		סגר		צַד
	לְשָׁכָה		מֶרְכָּבָה		סְפָה		צַוָּאר
		I	מִרְמָה		סלח		צוּר
	מְאוּמָה	I	מַשָּׂא		סמך		צֶלַח
	מֹאזְנַיִם	II	מַשָּׂא		ספד		צֶלַע
	מַאֲכָל		מָשִׁיחַ		סָרִיס		צעק
	מָאן		משך		סתר		צִפּוֹר
	מָבוֹא		מִשְׁכָּב			I	צרר
	מִבְצָר		מָשָׁל		עבד		
I	מִגְדָּל		מִשְׁקָל		עֲבֹדָה		קבץ
	מְגִלָּה		מִשְׁתֶּה		עֵגֶל	I	קוה
	מַגֵּפָה		מָתַי	I	עַד		קָטֹן
	מדד		מָתְנַיִם	III	עוֹד		קלל
	מוט			III	עוּר		קנא
	מוּל		נְבֵלָה		עַל		קִנְאָה
	מוּל		נָגִיד		*עָמַד		קָצִיר
	מוּסָר		נגע		עָרֵל	I	קצר
	מוֹפֵת		נגף		עֹרֶף		קָרְיָה
	מוֹקֵשׁ		נגש		עֶשֶׂב		קשב
	מוֹשָׁב		נדח		עשק		קָשֶׁה
	מוֹשִׁיעַ		נָדִיב		עֹשֶׁר		קשר
	מַחְסֶה		נהג				
	מָחֳרָת		נוע		פגע		רוע
	מִטָּה		נוף		פוץ		רחב
	מָטָר		נחה		פַּחַד	I	רֹחַב
	מַכָּה		נחל		פִּלֶגֶשׁ		רחם
	*מְלֹא		נחם		פלט		רַחֲמִים
	מִלָּה		נָחָשׁ		*פָּלִיל		רחק
	מַלְכָּה		נִיחוֹחַ		פֶּסַח	I	רִנָּה
	מנע		נכח		פֶּסֶל		רנן
	מַסֵּכָה		נָכְרִי		פֹּעַל		רפה
	מְסִלָּה		נסה		פְּקֻדָּה	I	רצה
	מְעִיל		נְעוּרִים		פרה		רצח
	מַעַל	I	נקה		פָּרָה		רֶשַׁע
	מַעֲלָה		נָקִי		פרח		

שֶׂה	שְׁבִי	שֹׁרֶשׁ	תּוֹלֵעָה
שְׂחֹק	שרד		תִּירוֹשׁ
שָׂטָן	שַׁדַּי	תְּאֵנָה	תְּכֵלֶת
שַׂק	שִׁיר	תְּבוּנָה	תעה
	שָׁנִי	תֵּבֵל II	תִּקְוָה
שבה	שקט	תְּהוֹם	תְּשׁוּעָה

2. Biblisch-aramäische Wörter

> 50x

אֱדַיִן		לָא	
אֱלָה	הוה	מֶלֶךְ	עַל
אמר	כֹּל	מַלְכוּ	
דִּי		מִן	

40x-50x

| בַּיִת | דְּנָה | ידע | קֳדָם |

30x-40x

| קוּם | רַב | שְׁמַיִן | |

20x-30x

אֱנָשׁ	דְּהַב		פְּשַׁר
אֲרַע		מִלָּה	
	חזה		שִׂים
בֵּאדַיִן	חֵיוָה	עבד	
בנה		עַד	שנה
	טְעֵם	עַם	
גְּבַר		ענה	
	יהב		

10x-20x

איתי	הֵן / הֵן...הֵן	כְּתָב	עִדָּן
אלך			עלל
אֲנָה	חַד / חֲדָה	*מְדִינָה	עָלַם
אתה	חוא / ה	מָה	עַם
	חַכִּים		
בעה	חֵלֶם	נְהַר	פַּרְזֶל
		נוּר	
*גּוֹ	יַד	נפל	צְלֵם
גּוֹא	יוֹם	נפק	
	יכל		קַדִּישׁ
דָּת		סגד	קרא
	כָּל־קֳבֵל דִּי		קֶרֶן
הוּא	כְּסַף	*עֲבַר	
*הֵיכַל	כְּעַן	עַד דִּי	רֵאשׁ

תְּלָת	שְׁלַח	שְׁאַר	רוּחַ
	שָׁלְטָן	שֵׁיזִב	רמה
	שַׁלִּיט	שכח	
	שֵׁם		שַׂגִּיא

5x-10x

קְטַל	לִשָׁן	דקק	אַב
קָל			אבד
קְרָב	מְאָה	הִיא	אֶבֶן
קִרְיָה	*מָאן	הלך	אזל
	מחא		אַחֲרֵי
רבה	מטא	*זִיו	אָחֳרָן
רְבוּ	מִן	זְמַן	*אֲחַשְׁדַּרְפַּן
רְבִיעִי	מנה	זְמָר	אכל
רוּם	מִשְׁכַּב		אָמָה
רָז		חבל	אַנְתְּ
רַעְיוֹן	נדב	חַי	אֲסַפַּרְנָא
רְשַׁם	נְחָשׁ	חיה	אֱסָר
	נחת	חַיִל	אָע
שָׂב	נתן	חָכְמָה	אֲרוּ
		חֲמַר	אַרְיֵה
שבח	סוֹף	חַרְטֹם	אָשַׁף
שִׁבְעָה	סלק		אֲתַר
שְׁבַק	ספר	טַל	
שְׁלֵט			בטל
שְׁמַע	עֲבַד	יקד	בקר
שְׁנָה	עֲבִידָה	יְקָר	*בַּר
שָׁעָה	עדה	יַתִּיר	ברך
שׂרה	עַיִן		בְּרַם
שֵׁת	עֲשַׂר	כָּהֵן	
שתה		כָּל־קֳבֵל דְּנָה	גַּב
	פֶּחָה	כלל	גְּזַר
תּוּב	פלח	כְּנָת	גלה
תּוֹר	פֻּם	כתב	גְּשֵׁם
תְּחוֹת	פִּתְגָם		
תַּקִּיף		לְבַב	דּוּר
תְּקַף	צבא	לָהֵן	דְּחַל
		לָקֳבֵל	דֵּךְ / דָּךְ / דִּכֵּן